高等学校经济管理类数学基础课程系列教材

微积分（上册）

（第二版）

罗敏娜　王　娜　富爱宁　编著

科学出版社

北京

内容简介

本书是高等院校经济管理等专业经济数学课程系列教材之一，根据作者多年的教学实践经验，结合经济、管理等专业对微积分课程的基本要求，再参照教育部最新颁布的研究生入学考试数学三的考试大纲编写而成.

本书主要内容包括：函数、极限与连续、导数与微分、中值定理与导数的应用、不定积分. 每节都有相应的练习题，每章都有总习题和自测题并配有答案，各章末都有小结. 本教材结构严谨，逻辑清晰，注重应用，文字流畅，例题丰富，与本书配套的有习题的详细解答、电子教案便于学生自学.

本书可供经济、管理、会计、旅游管理等专业的本科生或高职生作为教材，也可用作学生自学考试、报考硕士研究生的参考用书.

图书在版编目(CIP)数据

微积分（上册）/罗敏娜，王娜，富爱宁编著. —2 版. —北京：科学出版社，2017.8

高等学校经济管理类数学基础课程系列教材

ISBN 978-7-03-053918-2

Ⅰ. ①微… Ⅱ. ①罗… ②王… ③富… Ⅲ. ①微积分-高等学校-教材　Ⅳ. ①O172

中国版本图书馆 CIP 数据核字(2017)第 198226 号

责任编辑：王胡权/责任校对：张凤琴
责任印制：张　伟/封面设计：迷底书装

科 学 出 版 社 出版
北京东黄城根北街 16 号
邮政编码：100717
http://www.sciencep.com

北京九州迅驰传媒文化有限公司 印刷
科学出版社发行　各地新华书店经销

*

2011 年 8 月第　一　版　　开本：720×1000 1/16
2017 年 8 月第　二　版　　印张：15
2023 年 7 月第十四次印刷　字数：300 000

定价：37.00 元

(如有印装质量问题，我社负责调换)

第二版前言

《微积分》教材面世已经六年了. 在此期间，不少高等院校的同行使用此教材并提出许多宝贵的意见和建议，在此对大家的关心和支持表示衷心的感谢. 结合过去六年来我们使用本教材的教学实践经验和近年来数学教学改革的一些新动态，我们对第一版教材进行了大量修订. 主要从以下几个方面的内容进行修订：

(1) 修正了原有教材的疏漏以及排版印刷方面的错误.

(2) 调整部分内容的顺序，使其更加符合学生的认知规律.

(3) 每节增加了习题，同时丰富了题型以便读者熟练掌握基础知识和基本概念.

(4) 每章设有总复习题，对整章的内容进行巩固和提高.

(5) 突出数学应用的广泛性，提高数学应用的深度和技巧.

本教材编写分工如下：第 1 章和第 2 章由罗敏娜编写，第 3 章和第 4 章由王娜编写，第 5 章由富爱宁编写.

本教材在修订过程中，广泛地搜集了读者对原教材的建议，同时，得到数学同仁和科学出版社的大力支持和帮助，在此表示由衷的感谢. 希望通过这次修订，使得本教材在第一版的基础上能够更加完善.

由于编者水平有限，教材中的不当之处，敬请读者批评指正.

编 者

2017 年 4 月

第一版前言

本书是作者根据多年的教学实践经验,结合经济、管理等专业对微积分课程的基本要求,并参照教育部最新颁布的研究生入学数学考试的考试大纲编写而成.本书在编写过程中,着重介绍微积分的基本概念、基本理论和基本方法.在编写过程中尽量体现以下要点:

(1)本书作为一门数学基础课的教材,首先保持数学学科本身的科学性和系统性,教材尽量用实际生活中的例子或经济学中的例子来引入数学中的基本概念,用深入浅出的语言,展示本学科的主要教学重点和难点,教材内容层次分明、通俗易懂.

(2)在教学内容及讲解方法上,编者进行了必要的调整,适当淡化运算上的一些技巧,降低了一些理论要求,删除了一些不必要的推理论证过程,突出了理论的应用,强化理论与实际的结合.

(3)本书结构清晰,每章最后均有本章小结,将本章的主要知识点、教学重点和难点进行简明扼要的总结和归纳,并附有知识体系图,更好地帮助学生复习巩固整章的内容.

(4)本书每章后面编入了比较丰富的两类习题,一类是基础练习题,体现了教学的基本要求,同时也加入一些研究生入学考试中的部分优秀试题,供学生平时练习和巩固,二类是自测题,供学生进行本章复习与检验.

本书主要内容包括:函数、极限与连续、导数与微分、中值定理与导数的应用、不定积分、定积分及其应用、无穷级数、多元函数微积分学及应用、微分方程与差分方程初步,共9章内容.每章都有习题和自测题并配有答案,各章末都有小结.

本书在编写过程中,参考了众多的国内教材.科学出版社的领导和编辑对本书的出版给予了热情的支持和帮助,在此表示感谢!

由于编者水平有限,书中难免有疏漏和不妥之处,恳请同行及读者指正.

编 者

2011 年 5 月

目　　录

第二版前言
第一版前言
第1章　函数 ······ 1
　1.1　集合 ······ 1
　1.2　函数概念及性质 ······ 6
　1.3　初等函数 ······ 16
　1.4　经济学中常见的函数 ······ 24
　本章小结 ······ 30
　总习题1 ······ 30
　自测题1 ······ 32
第2章　极限与连续 ······ 34
　2.1　数列极限 ······ 34
　2.2　函数极限 ······ 43
　2.3　无穷小与无穷大 ······ 58
　2.4　函数的连续性 ······ 65
　2.5　闭区间上连续函数的性质 ······ 73
　2.6　利息和连续复利问题 ······ 75
　本章小结 ······ 80
　总习题2 ······ 81
　自测题2 ······ 83
第3章　导数与微分 ······ 85
　3.1　导数的概念 ······ 85
　3.2　求导法则与导数公式 ······ 93
　3.3　高阶导数 ······ 99
　3.4　隐函数及由参数方程所确定的函数的导数 ······ 102
　3.5　函数的微分 ······ 107
　本章小结 ······ 111
　总习题3 ······ 112
　自测题3 ······ 113

第4章 中值定理与导数的应用 ·· 115
4.1 微分中值定理 ·· 115
4.2 洛必达法则 ·· 124
4.3 函数的单调性与极值 ·· 130
4.4 曲线的凹凸性及函数作图 ·· 139
4.5 导数在经济学中的简单应用 ·· 147
本章小结 ·· 157
总习题 4 ·· 158
自测题 4 ·· 160

第5章 不定积分 ·· 163
5.1 不定积分的概念及性质 ·· 163
5.2 不定积分的基本公式、直接积分法 ·· 168
5.3 换元积分法 ·· 171
5.4 分部积分法 ·· 186
5.5 简单的有理函数积分法 ·· 192
本章小结 ·· 195
总习题 5 ·· 196
自测题 5 ·· 197

习题参考答案 ·· 200
附录 1 初等数学常用公式 ·· 217
附录 2 常用积分公式 ·· 219
附录 3 几种常用的曲线 ·· 229

第1章 函 数

在中学数学课程中，我们对函数的概念和性质已经有了初步的了解，知道函数是数学中最基本的概念之一. 微积分研究的就是函数的一些局部的和整体的性态.

本章从集合入手复习一些基本知识，然后介绍函数的概念和几何性质，以及反函数、复合函数、基本初等函数等概念，最后学习经济学中几种常用的函数.

1.1 集 合

1.1.1 集合的概念

集合是一个只能描述而难以精确定义的概念，我们只给出集合的一种描述：**集合**是指所考察的具有确定性质的对象的总体，集合简称集，组成集合的每一个对象称为该集合的元素.

下面举几个集合的例子：

例1 2016年1月1日在中国出生的人.

例2 平面上所有直角三角形.

例3 $x^2-3x-4=0$ 的根.

例4 直线 $x-y=1$ 上所有的点.

由有限个元素构成的集合，称为**有限集合**，如例1，3；由无限多个元素构成的集合，称为**无限集合**，如例2，4.

通常用大写字母 $A,B,X,Y,\cdots$ 表示集合，用小写字母 $a,b,x,y,\cdots$ 表示集合的元素，若 x 是集合 A 的元素，则说 x 属于 A，记作 $x\in A$；若 x 不是集合 A 的元素，则说 x 不属于 A，记作 $x\notin A$.

不含有任何元素的集合称为空集，记为 $\varnothing$，空集在研究集合运算和集合之间的关系时，有其逻辑上的意义.如，由方程 $x^2+1=0$ 的实根构成的集合，即为空集.

集合一般有两种表现方法：

一是列举法，把它的所有元素一一列举在一个花括号内.例如，集合 A 由元素 $a_1,a_2,\cdots,a_n$ 组成，表示为 $A=\{a_1,a_2,\cdots,a_n\}$；自然数集 $\mathbf{N}$ 表示为 $\mathbf{N}=\{0,1,2,\cdots,n,\cdots\}$. 这种表示法一般适用于有限集和可数无限集.

二是描述法,指明集合中元素所具有的确定性质.一般形式为

$$A = \{x | x \text{具有性质} P\},$$

如,方程 $x^2 - 3x - 4 = 0$ 的解集,记为

$$A = \{x | x^2 - 3x - 4 = 0\},$$

又如,平面上以原点为中心的单位圆内的点的全体组成的集合,记为

$$A = \{(x, y) | x^2 + y^2 < 1\}.$$

元素为数的集合称为**数集**,通常用 **N** 表示自然数集,**Z** 表示整数集,**Q** 表示有理数集,**R** 表示实数集和 **C** 表示复数集.有时我们在表示数集的字母右上角添"+"、"-"上标,来表示该数集的几个特定子集,以实数为例,$\mathbf{R}^+$ 表示全体正实数之集,其他数集的情况类似,不再赘述.

只有一个元素的集合,称为**单元数集**,记为 $\{x\}$.

若集合 A 的元素都是集合 B 的元素,则称 A 是 B 的**子集**,记作 $A \subseteq B$ 或 $B \supseteq A$.

若集合 A 与集合 B 互为子集,即 $A \subseteq B$ 且 $B \subseteq A$,就称 A 与 B **相等**,记作 $A = B$.

若 A 是 B 的子集,而 B 中至少有一个元素不属于 A,则称 A 是 B 的**真子集**,记作 $A \subset B$ 或 $B \supset A$.

空集 $\varnothing$ 是任何集合的子集.

1.1.2 集合的运算

集合有三种基本运算,即并集、交集和补集.

设 A, B 是两个集合,则集合 $A \cup B = \{x | x \in A \text{ 或 } x \in B\}$ 称为 A 和 B 的并集;

集合 $A \cap B = \{x | x \in A \text{ 且 } x \in B\}$ 称为 A 和 B 的交集;

集合 $C_U A = \{x | x \in U \text{ 但 } x \notin A\}$ 称为 A 的补集.

其中 U 称为全集,如在实数集 **R** 中,集合 $A = \{x | |x| < 1\}$,则补集为 $C_U A = \{x | x \leqslant -1 \text{ 或 } x \geqslant 1\}$.

集合的并集、交集、补集满足如下运算律:

(1) **交换律** $A \cup B = B \cup A$, $A \cap B = B \cap A$

(2) **结合律** $(A \cup B) \cup C = A \cup (B \cup C)$, $(A \cap B) \cap C = A \cap (B \cap C)$

(3) **分配律** $A \cap (B \cup C) = (A \cap B) \cup (A \cap C)$,
$A \cup (B \cap C) = (A \cup B) \cap (A \cup C)$,

(4) **德·摩根律** $C_U(A\cap B)=(C_UA)\cup(C_UB)$, $C_U(A\cup B)=C_UA\cap C_UB$.

另外可以验证下列等式的正确性：

$$A\cup\varnothing=A, \quad A\cap\varnothing=\varnothing, \quad A\cup\Omega=\Omega, \quad A\cap\Omega=A,$$

$$A\cap C_UA=\varnothing, \quad A\cup C_UA=U, \quad C_U(C_UA)=A.$$

例 5 设集合 $M=\{x|x^2+x-6<0\}$, $N=\{x|1\leqslant x\leqslant 3\}$, 则 $M\cap N=$ (　　)

A. $[1,2)$　　　　B. $[1,2]$　　　　C. $(2,3]$　　　　D. $[2,3]$

答案 A

解析 因为 $M=\{x|-3<x<2\}$, $M\cap N=[1,2)$, 所以应选 A.

1.1.3 绝对值

设 x 为一实数, 则其绝对值定义为

$$|x|=\begin{cases} x, & x\geqslant 0, \\ -x, & x<0, \end{cases}$$

$|x|$ 的几何意义是表示数轴上从原点 O 到点 x 的距离, 而 $|x-y|$ 则表示数轴上两点 x 和 y 之间的距离.

如设 $a>0$, 则 $|x|<a$ 表示数轴上点 x 与原点 O 之间的距离小于 a, 即 $-a<x<a$, 所以

$$|x|<a \Leftrightarrow -a<x<a,$$

同样 $|x|>a \Leftrightarrow x<-a$ 或 $x>a$.

绝对值不等式性质：设 x,y 是任意两个实数, 则有

(1) $|x|\geqslant 0$;

(2) $-|x|\leqslant x\leqslant |x|$;

(3) $|xy|=|x||y|$;

(4) $\left|\dfrac{x}{y}\right|=\dfrac{|x|}{|y|}, y\neq 0$;

(5) $||x|-|y||\leqslant |x\pm y|\leqslant |x|+|y|$.

上面性质由定义不难证明, 请读者自己试一试.

1.1.4 区间和邻域

区间和一点的邻域是常用的一类实数集.

在微积分中，用的最多的数集是区间或邻域，下面先介绍区间的分类和表示法，区间分成有限区间和无限区间两种.

1. 有限区间

设 $\forall a,b \in \mathbf{R}$，$a<b$，定义：

(1) 开区间

$(a,b) = \{x | a<x<b\}$；坐标轴表示

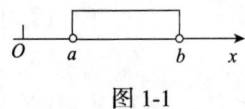

图 1-1

(2) 闭区间

$[a,b] = \{x | a \leqslant x \leqslant b\}$；坐标轴表示

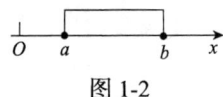

图 1-2

(3) 半开半闭区间

$[a,b) = \{x | a \leqslant x < b\}$；坐标轴表示

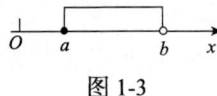

图 1-3

$(a,b] = \{x | a < x \leqslant b\}$；坐标轴表示

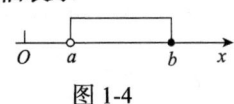

图 1-4

2. 无限区间

$[a, +\infty) = \{x | x \geqslant a\}$；　　　　$(-\infty, b) = \{x | x < b\}$；

$(a, +\infty) = \{x | x > a\}$；　　　　$(-\infty, b] = \{x | x \leqslant b\}$；

$(-\infty, +\infty) = \{x | -\infty < x < +\infty\} = \mathbf{R}$.

两端点间的距离(线段的长度)称为**区间的长度**.

除了区间的概念外，为了阐述函数的局部性态，还常用到邻域的概念.

3. 邻域

(1) 设 a 与 δ 是两个实数，且 $\delta > 0$，数集 $\{x | |x-a| < \delta\}$ 称为**点 a 的 δ 邻域**，记作 $U(a, \delta)$，点 a 叫做这邻域的中心，δ 叫做这邻域的半径，有

$$U(a,\delta)=\{x\mid a-\delta<x<a+\delta\},$$

所以 $U(a,\delta)$ 就是开区间 $(a-\delta,a+\delta)$ (如图 1-5).

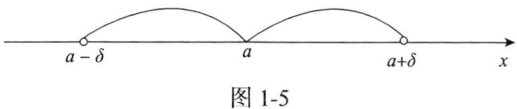

图 1-5

(2) 在 $U(a,\delta)$ 中去掉中心 a 后得到的数集

$$\{x\mid 0<|x-a|<\delta\}$$

称为**点 a 的去心 δ 邻域**,记作 $\overset{\circ}{U}(a,\delta)$,有

$$\overset{\circ}{U}(a,\delta)=(a-\delta,a)\cup(a,a+\delta),$$

所以 $\overset{\circ}{U}(a,\delta)$ 就是两个开区间的并集(如图 1-6).

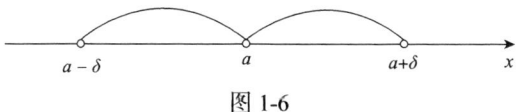

图 1-6

为了方便,有时把开区间 $(a-\delta,a)$ 称为**点 a 的左 δ 邻域**,把开区间 $(a,a+\delta)$ 称为**点 a 的右 δ 邻域**.

(3) 设 M 是任意一个正数,集合 $\{x\mid |x|>M\}$ 称为 ∞ 的 M **邻域**,记作 $U(\infty,M)$,有 $U(\infty,M)=\{x\mid |x|>M\}=(-\infty,-M)\cup(M,+\infty)$ (如图 1-7).

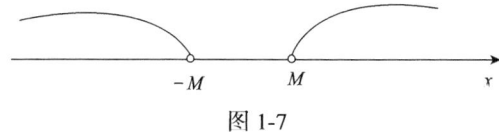

图 1-7

例 6 解不等式 $|x+2|\leqslant 3$,用区间表示.

解 绝对值不等式性质可得, $-3\leqslant x+2\leqslant 3$,解得 $-5\leqslant x\leqslant 1$,区间表示为 $[-5,1]$.

习题 1.1

1. 用适当方法表示下列集合:

(1) 大于 5 的所有实数集合;

(2) 圆 $x^2+y^2=25$ 内部(不包含圆周)一切点的集合;

(3) 抛物线 $y=x^2$ 与直线 $x-y=0$ 交点的集合.

2. 单选题

(1) 已知集合 $A=\{1,2,3,4\}$，那么 A 的真子集的个数是(　　).

A. 15　　　B. 16　　　C. 3　　　D. 4

(2) 已知集合 $M=\{(x,y)|x+y=2\}$，$N=\{(x,y)|x-y=4\}$，那么集合 $M\cap N$ 为(　　).

A. $(x=3,y=-1)$　　　　B. $(3,-1)$

C. $\{3,-1\}$　　　　D. $\{(3,-1)\}$

(3) 设集合 $A=\{4,5,7,9\}$，$B=\{3,4,7,8,9\}$，全集 $U=A\cup B$，则集合 $C_U(A\cap B)$ 中的元素共有(　　).

A. 3 个　　　B. 4 个　　　C. 5 个　　　D. 6 个

3. 用区间表示满足下列不等式的所有 x 的集合:

(1) $|x|\leqslant 2$；　　　　　(2) $|x-4|<3$；

(3) $|x-1|\geqslant 5$；　　　　(4) $|x-2|>4$.

1.2　函数概念及性质

1.2.1　函数概念

在研究实际问题时，所涉及的几个变量之间经常具有某种确定的关系，先看下面的各例：

例 1　设某超市购进鸡蛋 2000 千克，按每千克 6 元的价格出售，当售出的数为 x 千克时，其收益 L 可按公式 $L=6x$ 计算，$x\in[0,2000]$.

分析　对于变量 x 和 L，当 $x\in[0,2000]$ 内取一个定值 x_0，L 就有唯一确定的值 $L_0=6x_0$ 与之对应.

例 2　某物体以 10m/s 的速度作匀速直线运动，则该物体走过的路程 S 和时间 t 有如下关系：$S=10t$，$t\in[0,+\infty)$.

分析　对于变量 t 和 S，当 $t\in[0,+\infty)$ 内每取一个定值 t_0，S 就有唯一确定的值 $S_0=10t_0$ 与之对应.

特点　上面两个例子虽然来自两个不同领域，实际意义也不同，但是它们都是通过一定的对应法则 $(L=6x,S=10t)$ 来反映两个变量之间的依赖关系的，这就是我们中学数学中学习过的函数关系.

1. 函数的定义

定义 1　设 D 是一个非空实数集合，f 是一个对应法则，在此法则下，对每一个 $x\in D$，都有惟一确定的实数 y 与之对应，则称对应法则 f 为定义在 D 上的一个函数关系,称变量 y 是变量 x 的**函数**. 记作 $y=f(x), x\in D$.

其中 x 称为自变量;y 称为因变量;集合 D 称为该函数 f 的**定义域**;因变量的取值集合称为函数的**值域**,记作 $R=\{y|y=f(x),x\in D\}$.

学习函数概念,要注意以下几点:

(1)函数概念中的 f 和 $f(x)$ 的含义不同. f 表示从自变量 x 到因变量 y 的对应法则,而 $f(x)$ 则表示与对自变量 x 对应的函数值. 有时也常用 $y=y(x)$ 表示函数,这时右边的 y 表示对应法则,左边的 y 表示与 x 对应的函数值.

(2)在数学中,通常用小写或大写的拉丁字母 $f,g,h,\cdots,F,G,H,\cdots$ 和一些希腊字母 $\phi,\varphi,\psi,\cdots$ 来作为表示函数的记号.

(3)函数概念反映了自变量 x 与因变量 y 之间的依赖关系,即集合 D 到集合 R 之间的对应规律. 确定函数的两个要素是定义域和对应法则. 如果两个函数的定义域和对应法则都相同,那么这两个函数是**同一函数**.

例 3 判别函数 $y=x, x\in(-\infty,+\infty)$ 与 $y=\sqrt{x^2}, x\in-(\infty,+\infty)$ 是否为同一函数?

解 虽然定义域相同,但当 $x<0$ 时,$y=x<0$,$y=\sqrt{x^2}>0$,可见他们的对应规则不同,值域不同,所以这两个函数不是同一函数.

(4)函数概念中要求对于 $\forall x\in D$,都有唯一确定的 y 值与之对应.

但对于 $y=\pm\sqrt{1-x^2}$,$\forall x\in[-1,1]$,都有两个 y 值与之对应,不符合函数的定义. 也可以定义为一个函数,称之为**多值函数**,相应的把定义 1 中所指的情形称为**单值函数**. 本课程中提到的函数除特别说明都是指单值函数.

2. 函数的表示法

函数常见的表示法一般有三种:列表法、图像法及解析法.

列表法:列一个两行多列的表格,第一行是自变量的取值,第二行是对应的函数值,这种用表格来表示两个变量之间的函数关系的方法叫做**列表法**.

如,一水库的水位在 5 个小时内水位高度变化情况(如表 1-1).

表 1-1

t (小时)	0	1	2	3	4	5
y (米)	10	10.05	10.10	10.15	10.20	10.25

从表中能推出 5 个小时中的水位高度随时间变化的情况.

图像法:以自变量 x 的取值为横坐标,对应的函数值 y 为纵坐标,在平面直角坐标系中描出各个点,这些点构成了函数的图像,这种用图像表示两个变量之间函数关系的方法叫做**图像法**.

如，某气象站用温度自动记录仪记录某地的气温变化情况，设某天 24 小时的气温变化曲线(如图 1-8)：

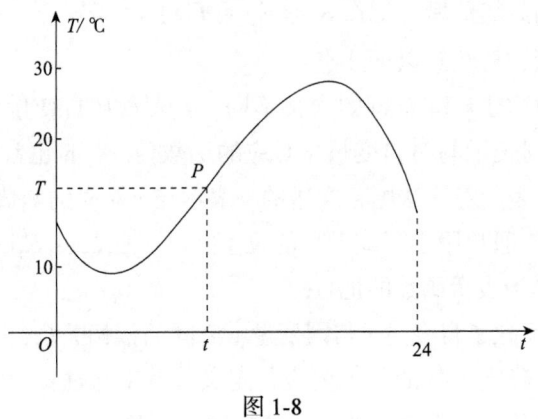

图 1-8

解析法：用数学表达式表示两个变量之间的函数关系，这种表示方法叫做解析法，这个数学表达式叫做**函数的解析式**.

如，设有一个半径为 r 的半圆形铁皮，将此铁皮做成一个圆锥形容器，问该圆锥形容器的体积 V 是多少？

$$V = \frac{\sqrt{3}}{24}\pi r^3.$$

函数的不同表示法具有不同的特点，解析法的特点是能简明、全面地概括了变量间的关系；图像法的特点是直观形象地表示出函数的变化情况；列表法的特点是便于求出函数值，三种表示法各有不同的特点，所以我们常常将它们结合起来使用，在中学数学中已经学习过，这里就不再举例说明了.

在许多实际应用中，在自变量的不同取值范围内需要使用不同的数学式子来表示这种函数称为**分段函数**.

例 4　下列函数都是分段函数.

(1) $y = f(x) = \begin{cases} 2\sqrt{x}, & 0 \leqslant x < 1, \\ x, & x \geqslant 1, \end{cases}$　定义域 $D = [0, +\infty)$，值域 $R = [0, +\infty)$.

(2) 取整函数 $y = [x]$ 表示不超过 x 的最大整数，定义域 $D = (-\infty, +\infty)$，值域 $R = \{0, \pm 1, \pm 2, \cdots\}$.

例如，$[2.6] = 2$，$[-1.3] = -2$，取整函数与函数之间的关系：$[x] \leqslant x < [x] + 1$.

(3) 符号函数

$$y = \operatorname{sgn} x = \begin{cases} 1, & x > 0, \\ 0, & x = 0, \\ -1, & x < 0, \end{cases} \quad 定义域 D = (-\infty, +\infty), \quad 值域 R = \{1, 0, -1\}.$$

(4) 狄利克雷(Dirichlet)函数

$$y = f(x) = \begin{cases} 1, & x 为有理数, \\ 0, & x 为无理数, \end{cases} \quad 定义域 D = (-\infty, +\infty), \quad 值域 R = \{1, 0\}.$$

例 5 设 $f(x) = \begin{cases} |\sin x|, & |x| < \dfrac{\pi}{3}, \\ 0, & |x| \geq \dfrac{\pi}{3}, \end{cases}$ 求 $f\left(\dfrac{\pi}{6}\right), f\left(\dfrac{\pi}{4}\right), f\left(-\dfrac{\pi}{4}\right), f(-2)$.

解 $f\left(\dfrac{\pi}{6}\right) = \left|\sin \dfrac{\pi}{6}\right| = \dfrac{1}{2}, \qquad f\left(\dfrac{\pi}{4}\right) = \left|\sin \dfrac{\pi}{4}\right| = \dfrac{\sqrt{2}}{2},$

$f\left(-\dfrac{\pi}{4}\right) = \left|\sin\left(-\dfrac{\pi}{4}\right)\right| = \dfrac{\sqrt{2}}{2}, \qquad f(-2) = 0.$

3. 函数定义域的求法

在实际问题中,函数的定义域是根据问题的实际意义确定的. 若不考虑函数的实际意义,而抽象地研究用解析式表达的函数,规定函数的定义域是使解析式有意义的一切实数组成的集合.

求函数的定义域时,应考虑以下情况:

(1) 当函数是多项式时,定义域为 $(-\infty, +\infty)$;

(2) 分式函数的分母不能为零;

(3) 偶次根式的被开方式必须大于或等于零;

(4) 对数函数的真数必须大于零;

(5) 反正弦函数与反余弦函数的定义域为 $[-1, 1]$;

(6) 如果函数表达式中含有上述几种函数,则应取各部分定义域的交集;

(7) 分段函数的定义域是各个表达式的定义域的并集.

例 6 求下列函数的定义域:

(1) $y = \sqrt{x+2} + \dfrac{1}{x^2 - 1}$; (2) $y = \sqrt{x^2 - 4} + \arcsin \dfrac{x}{2}$.

解 (1) 要使 $y = \sqrt{x+2} + \dfrac{1}{x^2 - 1}$ 有意义,必须满足

$$\begin{cases} x + 2 \geq 0, \\ x^2 - 1 \neq 0, \end{cases} \quad 即 \quad \begin{cases} x \geq -2, \\ x \neq \pm 1, \end{cases}$$

所以该函数定义域为 $[-2, -1) \cup (-1, 1) \cup (1, +\infty)$.

(2) 要使 $y = \sqrt{x^2 - 4} + \arcsin \dfrac{x}{2}$ 有意义，必须满足

$$\begin{cases} x^2 - 4 \geq 0, \\ -1 \leq \dfrac{x}{2} \leq 1, \end{cases} \quad 即 \quad \begin{cases} x \geq 2 或 x \leq -2, \\ -2 \leq x \leq 2, \end{cases}$$

所以该函数的定义域是 $\{x \mid x = \pm 2\}$.

例 7 设 $f(x) = \begin{cases} 1, & 0 \leq x \leq 1, \\ -2, & 1 < x \leq 2, \end{cases}$ 求函数 $f(x+3)$ 的定义域.

解 由于 $f(x) = \begin{cases} 1, & 0 \leq x \leq 1, \\ -2, & 1 < x \leq 2, \end{cases}$ 则 $f(x+3) = \begin{cases} 1, & 0 \leq x+3 \leq 1, \\ -2, & 1 < x+3 \leq 2, \end{cases}$

即有 $f(x+3) = \begin{cases} 1, & -3 \leq x \leq -2, \\ -2, & -2 < x \leq -1, \end{cases}$ 所以，函数 $f(x+3)$ 的定义域是 $[-3, -1]$.

例 8 已知 $f(\mathrm{e}^x - 1) = x^3 + 2$，求 $f(x)$ 的定义域.

解 令 $t = \mathrm{e}^x - 1$，则 $x = \ln(1 + t)$，可得

$$f(t) = \ln^3(t+1) + 2,$$

即

$$f(x) = \ln^3(x+1) + 2,$$

所以函数 $f(x)$ 的定义域为 $(-1, +\infty)$.

1.2.2 函数的几何性质

给定一个函数，它会具有各种各样的特性，其中与函数的几何图像有关的单调性、有界性、奇偶性和周期性最为重要，本节将作以简单介绍.

1. 奇偶性

定义 2 设函数 $f(x)$ 的定义域 D 关于原点对称，

对于 $\forall x \in D$，有 $f(-x) = f(x)$，称 $f(x)$ 为**偶函数**；

对于 $\forall x \in D$，有 $f(-x) = -f(x)$，称 $f(x)$ 为**奇函数**.

由定义知，奇函数的图像关于原点对称；偶函数的图像关于 y 轴对称（如图 1-9）.

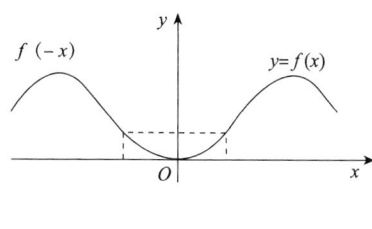 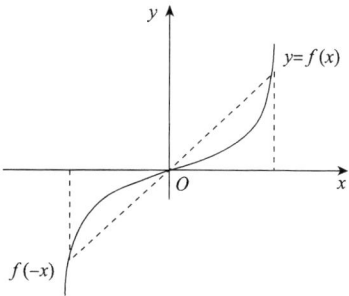

图 1-9

例如，$y = x^3$ 在区间 $(-\infty, +\infty)$ 是奇函数；$y = C$ $(C \neq 0)$ 在区间 $(-\infty, +\infty)$ 是偶函数；$y = \sin x + \cos x$ 在区间 $(-\infty, +\infty)$ 是非奇非偶函数.

思考：$y = 0$ 在区间 $(-\infty, +\infty)$ 是奇函数还是偶函数？为什么？

奇函数与偶函数的性质

(1) 奇函数的图形关于原点对称，若有定义，则 $f(0) = 0$；偶函数的图形关于 y 轴对称. 但如果一个函数是奇(偶)函数，不一定在原点有定义的.

(2) 奇+奇=奇；偶+偶=偶；奇×奇=偶；偶×偶=偶；奇×偶=奇.

(3) 任一个以关于原点对称的区间为定义域的函数=奇函数+偶函数，即

$$f(x) = \frac{f(x) - f(-x)}{2} + \frac{f(x) + f(-x)}{2}.$$

例 9 判断函数 $f(x) = \dfrac{a^x + a^{-x}}{2}$ 的奇偶性，并说出其图像的对称性.

解 因为 $f(-x) = \dfrac{a^{-x} + a^{-(-x)}}{2} = \dfrac{a^x + a^{-x}}{2} = f(x)$，所以函数 $f(x)$ 为偶函数，其图像关于 y 轴对称.

2. 单调性

定义 3 设函数 $f(x)$ 的定义域为 D，区间 $I \subset D$，如果对于区间 I 上任意两点 x_1 及 x_2，当 $x_1 < x_2$ 时，恒有

(1) $f(x_1) \leqslant f(x_2)$（$f(x_1) < f(x_2)$），则称函数 $f(x)$ 在区间 I 上是**单调增加函数**（**严格单调增加函数**）；

(2) $f(x_1) \geqslant f(x_2)$（$f(x_1) > f(x_2)$），则称函数 $f(x)$ 在区间 I 上是**单调减少函数**（**严格单调减少函数**）.

单调增加函数与单调减少函数统称为**单调函数**，则称区间 I 为函数的**单调区间**（如图 1-10）.

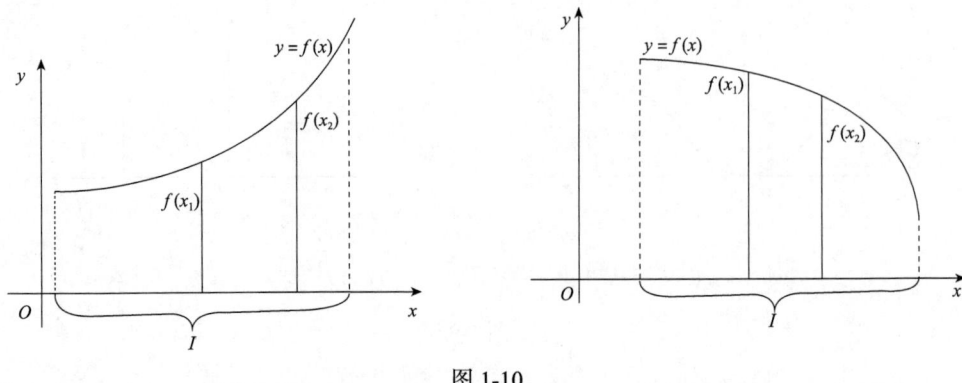

图 1-10

例如，$y=x^2$ 在区间 $(-\infty, 0)$ 内是单调减少的，在区间 $[0,+\infty)$ 内是单调增加的，而在区间 $(-\infty,+\infty)$ 内不是单调函数.

3. 有界性

定义 4 设区间 $X \subset D$，若 $\exists M>0$，使得对于 $\forall x \in X$，有 $|f(x)| \leqslant M$ 成立，则称函数 $f(x)$ 在区间 X 上**有界**，否则称**无界**.

函数的有界性还可以等价地表述为：如果 $\exists$ 常数 M_1, M_2 使得 $M_1 \leqslant f(x) \leqslant M_2\ (\forall x \in X)$，则称函数 $f(x)$ 在 X 上**有界**，M_1 称为 $f(x)$ 在 X 上的**下界**，M_2 称为 $f(x)$ 在 X 上的**上界**. 如图 1-11.

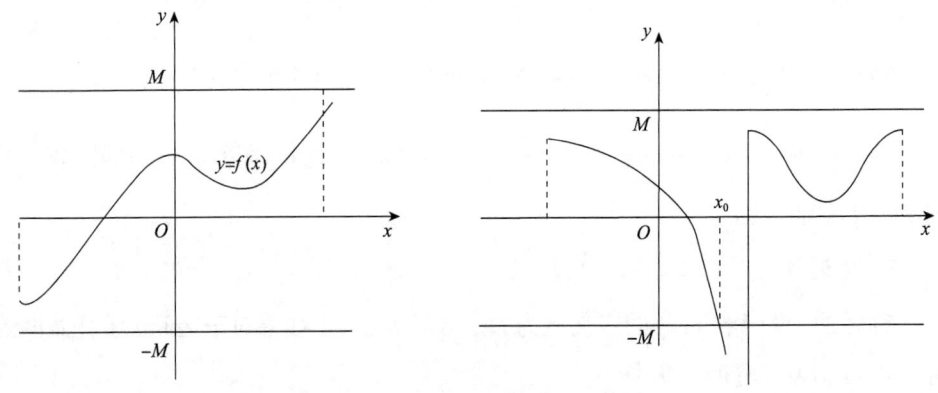

图 1-11

注 无界函数可能有上界而无下界，也可能有下界而无上界，或即无上界又无下界，函数 $f(x)$ 的有界性与讨论的区间 X 有关.

如，函数 $y=\sin x$，因为 $|\sin x| \leqslant 1$，所以它在 $(-\infty,+\infty)$ 内是有界的.

例 10 函数 $y=\dfrac{1}{x^2}$ 在区间 $(0,1)$ 内是（   ）.

A. 单调增加有界的　　　　　　　　B. 单调增加无界的

C. 单调减少有界的   D. 单调减少无界的

解 因为在区间 $(0,1)$ 内，函数 $y = \dfrac{1}{x^2}$ 的值随小 x 的增加而减少，所以是单调减少的.

又因为当 $x > 0$ 时，只要 x 的值充分小，$y = \dfrac{1}{x^2}$ 的值就可以变的充分大，即 $y = \dfrac{1}{x^2}$ 在区间 $(0,1)$ 内是无界的，故答案是 D.

4. 周期性

定义 5 设函数 $f(x)$ 的定义域为 D，如果存在一个不为零的常数 T，使得对于 $\forall x \in D$，且都有 $f(x+T) = f(x)$ $(x \pm T \in D)$ 恒成立，则称 $f(x)$ 为**周期函数**，T 称为 $f(x)$ 的**周期**. （通常，周期函数的周期是指其最小正周期）如图 1-12.

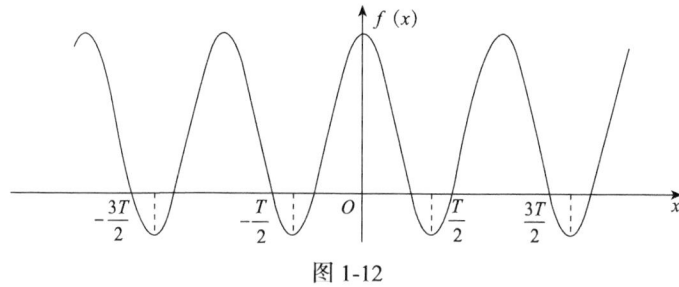

图 1-12

如，$y = \sin x, y = \cos x$ 都是以 2π 为周期的周期函数；而函数 $y = \tan x$, $y = \cot x$, $y = |\sin x|$ 都是以 π 为周期的周期函数.

若 $f(x)$ 的最小正周期为 T，则 $f(\omega x + b)(\omega \neq 0)$ 的最小正周期为 $\dfrac{T}{|\omega|}$.

例 11 下列函数中为周期函数的是（　　）.

A. $y = \sin x^2$ B. $y = \tan(3x - 2)$

C. $y = x|\sin x|$ D. $y = \arcsin 2x$

答案 B

解析 因为 $\tan\left[3\left(x + \dfrac{\pi}{3}\right) - 2\right] = \tan(3x + \pi - 2) = \tan[(3x - 2) + \pi] = \tan(3x - 2)$

所以 $y = \tan(3x - 2)$ 是以 $\dfrac{\pi}{3}$ 为周期的周期函数.

1.2.3 函数关系的建立

为解决实际应用问题，首先要将该问题量化，从而建立起该问题的数学模型，即建立函数关系. 为此需明确问题中的因变量与自变量, 再根据题意建立等式, 从而得出函数关系, 然后确定函数定义域. 应用问题中的定义域, 除函数的解析式外还要考虑变量在实际问题中的含义.

下面, 我们通过几个实例来介绍如何建立函数关系, 为以后运用高等数学方法解决实际问题打下一些基础.

例 12 要做一个圆柱形油桶, 体积为 V, 桶底半径为 r, 试建立表面积与半径之间的函数关系式.

解 设油桶高为 h, 表面积为 S, 则有

$$S = 2\pi r^2 + 2\pi rh,$$

由于 $V = \pi r^2 h$, 所以 $h = \dfrac{V}{\pi r^2}$, 于是

$$S = 2\pi r^2 + \dfrac{2V}{r} \ (0 < r < +\infty).$$

例 13 某商品的单价因购买量不同而不同, 若购买量不超过 50kg(含 50kg), 单价是 5.00 元; 购买量多于 50kg 但不超过 100kg(含 100kg), 单价是 4.95 元; 购买量多于 100kg 但不超过 200kg(含 200kg), 单价是 4.92 元; 购买量超过 200kg, 单价是 4.90 元. 试将总价 y 表示为购买量 x 的函数, 并求 $x = 60, 200, 300$ 时的总价.

解 由题意可得

$$y = \begin{cases} 5.00x, & 0 < x \leq 50, \\ 4.95x, & 50 < x \leq 100, \\ 4.92x, & 100 < x \leq 200, \\ 4.90x, & x > 200. \end{cases}$$

当 $x = 60$ 时, $y = 4.95 \times 60 = 297$ (元),
当 $x = 200$ 时, $y = 4.92 \times 200 = 984$ (元),
当 $x = 300$ 时, $y = 4.90 \times 300 = 1470$ (元).

例 14 一房地产公司有 80 套公寓要出租, 当租金定为每月 1500 元时, 公寓会全部租出去. 当租金每月增加 100 元时, 就有一套租不出去, 而租出去的每套公寓每月需要花费 200 元的维护费. 试建立每个月房租与房地产公司的总收入之间的关系.

解 设房租为 x 元/月 ($x = 1500, 1600, 1700, \cdots$), 出租房总收入为 R 元. 则总收入 $R = $ (房租-维修费) × 租出去的公寓的套数. 另外, 由题知, 房租为 x 元/月时, 可

租出去的公寓套数为 $\left(80-\dfrac{x-1500}{100}\right)$ 套. 因此总收入为

$$R = R(x) = (x-200)\left(80-\dfrac{x-1500}{100}\right)$$
$$= (x-80)\left(95-\dfrac{x}{100}\right), \quad x = 1500, 1600, 1700, \cdots, 9500.$$

总结 要解决实际问题，首先要根据实际问题建立各种变量之间的函数关系式，在建立函数关系式时，要理解题意，设出自变量和因变量，从问题中找出变量间的关系，这种关系用解析式或方程表示出来，就是所要建立的函数关系式.

习题 1.2

1. 填空题

(1) 函数 $y = \sqrt{x-1} + \dfrac{2}{x-2} + \lg(4-x)$ 的定义域为_____.

(2) 函数 $y = \dfrac{\sqrt{x+3}}{|x|\ x}$ 的定义域为_____.

(3) 分段函数 $y = \begin{cases} x^2, & -2 < x \leqslant 0, \\ 2^x, & 0 < x \leqslant 3 \end{cases}$ 的定义域为_____.

(4) 已知 $f(x) = \begin{cases} e^x, & x < 0, \\ 3, & 0 \leqslant x \leqslant 2, \\ x^2 - 1, & x > 2, \end{cases}$ 则 $f(-4), f(4), f(0)$ 分别为_____.

2. 选择题

(1) 下列各对函数中，$f(x)$ 与 $g(x)$ 两函数相同的是（ ）.

A. $y = \lg[x(x-1)]$ 与 $y = \lg x + \lg(x-1)$

B. $y = \lg[x(x+1)]$ 与 $y = \lg x + \lg(x+1)$

C. $y = \lg\dfrac{3-x}{x-2}$ 与 $y = \lg(3-x) - \lg(x-2)$

D. $y = \lg\dfrac{x+1}{x}$ 与 $y = \lg(x+1) - \lg x$

(2) 如果函数 $f(x)$ 的定义域为 $[0,1]$，则函数 $g(x) = f\left(x+\dfrac{1}{4}\right) + f\left(x-\dfrac{1}{4}\right)$ 的定义域是（ ）.

A. $[0,1]$ B. $\left[-\dfrac{1}{4}, \dfrac{3}{4}\right]$ C. $\left[\dfrac{1}{4}, \dfrac{3}{4}\right]$ D. $\left[-\dfrac{1}{4}, \dfrac{5}{4}\right]$

(3) 函数 $y = \lg(\sqrt{1+x^2} + x) + \lg(\sqrt{1+x^2} - x)$ （ ）.

A. 是奇函数，非偶函数　　　　　B. 是偶函数，非奇函数

C. 是非奇函数，又非偶函数　　　D. 既是奇函数，又是偶函数

(4) 函数 $f(x) = \dfrac{\ln x}{x}$ 在区间 $\left[\dfrac{1}{2}, 1\right]$ 上（　　）.

A. 有上界无下界　　　　　　　　B. 有下界无上界

C. 有界，且 $2\ln\dfrac{1}{2} \leqslant f(x) \leqslant 0$　　　D. 有界，且 $\ln\dfrac{1}{2} \leqslant f(x) \leqslant \dfrac{1}{4}$

3. 判断下列每对函数是否为同一函数.

(1) $y = \dfrac{x^2 - 4}{x - 2}$ 与 $y = x + 2$；

(2) $y = 2\lg x$ 与 $y = \lg x^2$；

(3) $y = e^{-\frac{1}{2}\ln x}$ 与 $y = \dfrac{1}{\sqrt{x}}$；

(4) $y = \sin^2 x + \cos^2 x$ 与 $y = 1$；

(5) $y = \sqrt{x(x-1)}$ 与 $y = \sqrt{x}\sqrt{x-1}$；

(6) $y = |x|$ 与 $y = \sqrt{x^2}$.

4. 建立函数关系式.

(1) 设有一块边长为 a 的正方形薄板，将它的四角剪去边长相等的小正方形后制作一只无盖盒子，试将盒子的体积表示成小正方形边长的函数.

(2) 某货运公司规定货物的每吨公里运价：在 100km 以内为 a 元，超过 100km 时，超过部分为 $\dfrac{4}{5}a$ 元. 试写出每吨货物运价 p 与里程 x（单位：km）之间的函数关系式.

1.3　初 等 函 数

1.3.1　基本初等函数

常数函数、幂函数、指数函数、对数函数、三角函数、反三角函数统称为**基本初等函数**. 下面给出基本初等函数的基本性质.

1. 常数函数

称函数 $y = C$ 为常数函数. 其中 C 为常数，它的定义域为 $(-\infty, +\infty)$，当 $C \neq 0$ 时，该函数是偶函数、周期函数但没有最小正周期，图像为平行于 x 轴的一条直线（如图 1-13）.

2. 幂函数

称函数 $y = x^\mu$ 为幂函数. 其中 μ 为常数，它的定义域为随 μ 而不同，但在 $(0, +\infty)$ 都有定义. 经过 $(1,1)$，在第一象限内，当 $\mu > 0$ 时，为增函数；当 $\mu < 0$ 时，为减函数. 常见幂函数有 $y = x$，$y = x^2$，$y = x^3$，$y = x^{-1}$，$y = \sqrt{x}$（如图 1-14）.

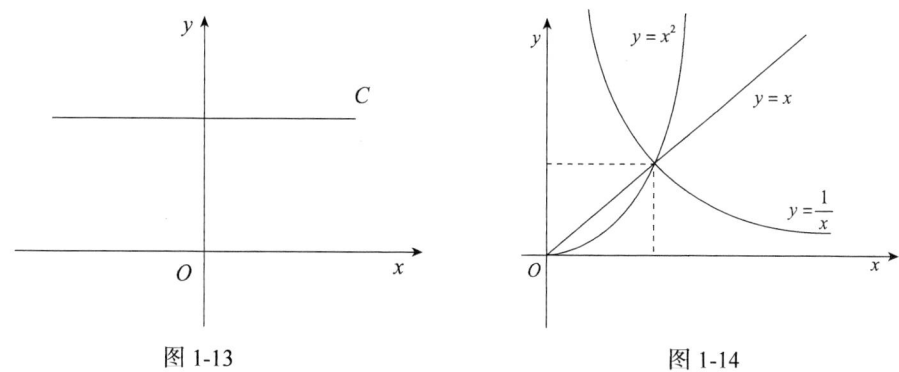

图 1-13   图 1-14

3. 指数函数

称函数 $y=a^x$ $(a>0, a\neq 1)$ 为指数函数. 它的定义域为 $(-\infty,+\infty)$, 图像在 x 轴上方, 且都经过点 $(0,1)$, 当 $0<a<1$ 时, 是单调减少函数; 当 $a>1$ 时, 是单调增加函数 (如图 1-15).

4. 对数函数

称函数 $y=\log_a x$ $(a>0, a\neq 1)$ 为对数函数. 它的定义域为 $(0,+\infty)$, 图像在 y 轴右侧, 都经过点 $(1,0)$, 当 $0<a<1$ 时, 是单调减少函数; 当 $a>1$ 时, 是单调增加函数 (如图 1-16).

特别地, 当 $a=\mathrm{e}=2.71828\cdots$ 时, 函数 $y=\log_\mathrm{e} x=\ln x$ 称为自然对数.

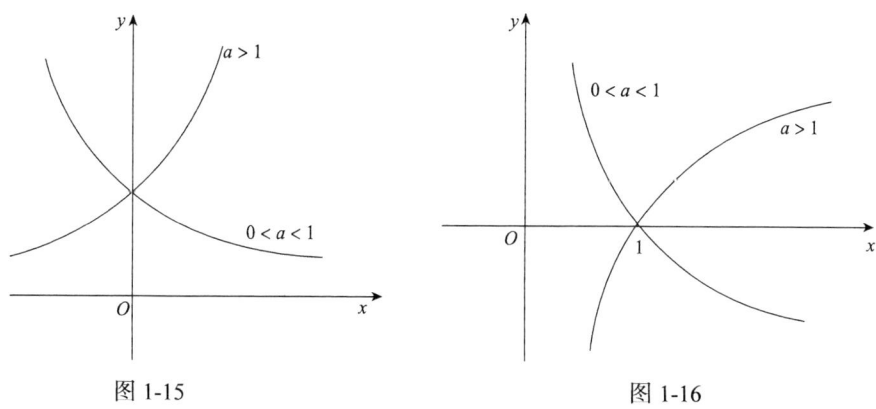

图 1-15   图 1-16

5. 三角函数

(1) 称函数 $y=\sin x$ 为正弦函数, 它的定义域为 $(-\infty,+\infty)$, 值域为 $[-1,1]$. 该函数是有界函数、奇函数、周期为 2π 的周期函数, 在 $\left(2k\pi-\dfrac{\pi}{2},\right.$

$2k\pi + \dfrac{\pi}{2}\right)(k \in \mathbf{Z})$ 内单调增加，在 $\left(2k\pi + \dfrac{\pi}{2}, 2k\pi + \dfrac{3\pi}{2}\right)(k \in \mathbf{Z})$ 内单调减少（如图 1-17）.

(2) 称函数 $y = \cos x$ 为余弦函数，它的定义域为 $(-\infty, +\infty)$，值域为 $[-1, 1]$.

该函数是有界函数、偶函数、周期为 2π 的周期函数，在 $(2k\pi - \pi, 2k\pi)(k \in \mathbf{Z})$ 内单调增加，在 $(2k\pi, 2k\pi + \pi)(k \in \mathbf{Z})$ 内单调减少（如图 1-18）.

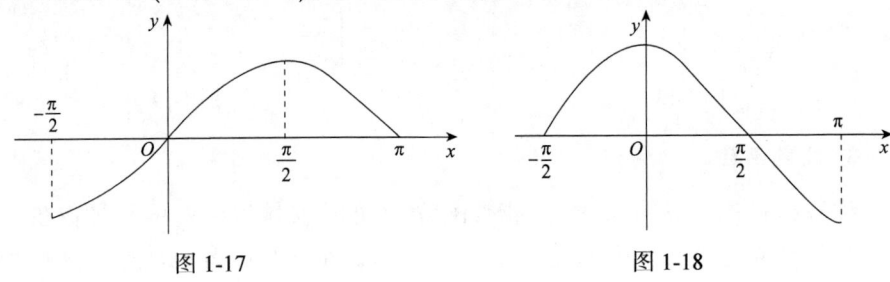

图 1-17　　　　　　　　图 1-18

(3) 称函数 $y = \tan x$ 为正切函数，它的定义域为 $\left(k\pi - \dfrac{\pi}{2},\ k\pi + \dfrac{\pi}{2}\right)(k \in \mathbf{Z})$，值域为 $(-\infty, +\infty)$.

该函数为无界函数、奇函数、周期为 π 的周期函数，在 $\left(k\pi - \dfrac{\pi}{2}, k\pi + \dfrac{\pi}{2}\right)(k \in \mathbf{Z})$ 内是单调增加函数（如图 1-19）.

(4) 称函数 $y = \cot x$ 为余切函数，它的定义域为 $(k\pi,\ k\pi + \pi)(k \in \mathbf{Z})$，值域为 $(-\infty, +\infty)$.

该函数为无界函数、奇函数、周期为 π 的周期函数，在 $(k\pi,\ k\pi + \pi)(k \in \mathbf{Z})$ 内是单调减少函数（如图 1-20）.

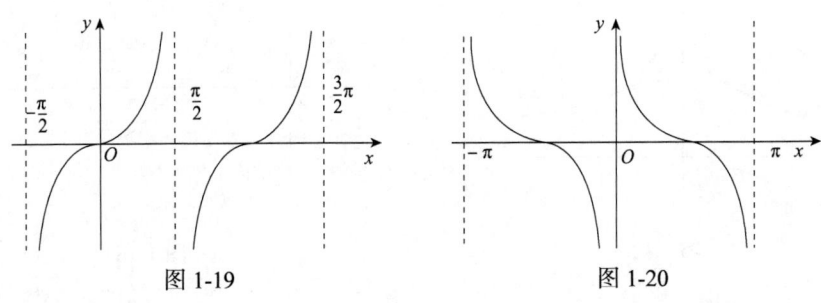

图 1-19　　　　　　　　图 1-20

(5) 称函数 $y = \sec x = \dfrac{1}{\cos x}$ 为正割函数.

(6) 称函数 $y = \csc x = \dfrac{1}{\sin x}$ 为余割函数.

以上讲述的正弦函数、余弦函数、正切函数、余切函数、正割函数和余割函数统称为三角函数.

6. 反三角函数

(1) 称函数 $y=\arcsin x$ 为反正弦函数,它的定义域为 $[-1,1]$,值域为 $\left[-\dfrac{\pi}{2},\dfrac{\pi}{2}\right]$.

该函数是有界函数、奇函数、单调增加函数、非周期函数(如图 1-21).

(2) 称函数 $y=\arccos x$ 为反余弦函数,它的定义域为 $[-1,1]$,值域为 $[0,\pi]$.

该函数是有界函数、非奇非偶函数、单调减少函数、非周期函数(如图 1-22).

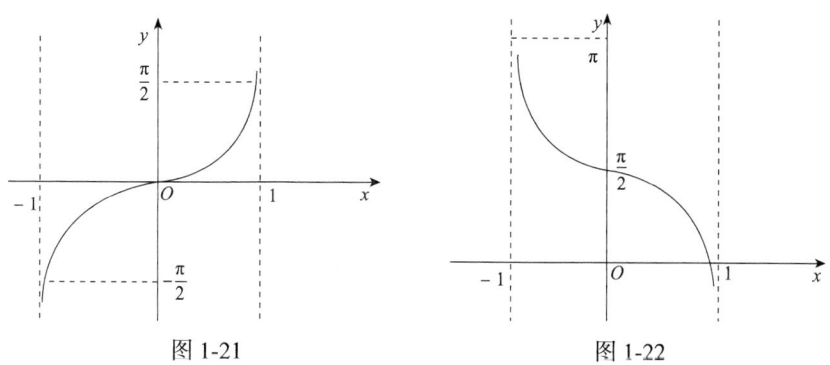

图 1-21   图 1-22

(3) 称函数 $y=\arctan x$ 为反正切函数,它的定义域为 $(-\infty,+\infty)$,值域为 $\left(-\dfrac{\pi}{2},\dfrac{\pi}{2}\right)$.

该函数是有界函数、奇函数、单调增加函数、非周期函数(如图 1-23).

(4) 称函数 $y=\operatorname{arccot} x$ 为反余切函数,它的定义域为 $(-\infty,+\infty)$,值域为 $(0,\pi)$.

该函数是有界函数、非奇非偶函数、单调减少函数、非周期函数(如图 1-24).

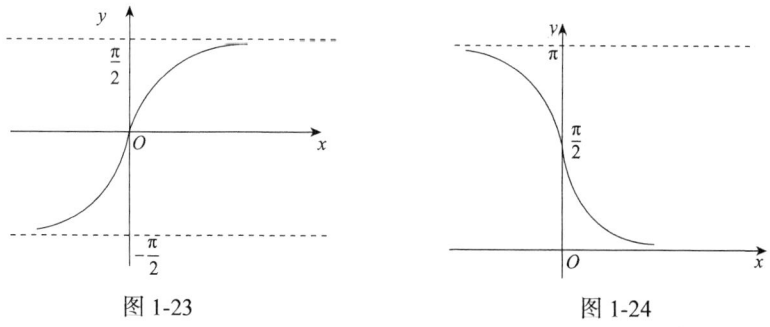

图 1-23   图 1-24

需要指出的是,由于三角函数是周期函数,对于值域内的每个 y 值,都有无穷多个值与之对应,因此,必须限制其在单调区间上建立反三角函数.

1.3.2 复合函数

客观事物往往是错综复杂的，因而表示自然规律、生产规律的函数结构也是复杂的，微积分中为了便于理解、计算，需要把复杂的函数分解为几个简单的函数；有时也需要把两个或两个以上的简单函数组合成另一函数. 下面我们看两个例子：

例如，$y = \cos^2 x$ 可以看成 $y = u^2$ 和 $u = \cos x$ 组合而成的；又如，由 $y = e^u$，$u = \cos x$ 可组合成 $y = e^{\cos x}$.

在这些例子中，除自变量 x 和因变量 y 外，还出现了中间的变量 u，y 通过 u 而成为 x 的函数，称 y 为 x 的复合函数.

1. 复合函数的定义

定义 1 设函数 $y = f(u), u \in D_f, y \in R_f$；$u = g(x), x \in D_g, u \in R_g$.

如果 $R_g \cap D_f \neq \varnothing$，则称函数 $y = f[g(x)], x \in \{x | g(x) \in D_f\}$ 为由函数 $y = f(u), u = g(x)$ 复合而成的复合函数. 其中 x 为自变量，y 为因变量，u 称为中间变量. 注意:复合函数的定义域记为 D_F，且 $D_F = \{x | g(x) \in D_f\}$.

2. 关于概念的几点说明

(1)不是任何两个函数都可以构成一个复合函数. 函数 $y = f(u), u = g(x)$ 可以构成复合函数的条件是 $R_g \cap D_f \neq \varnothing$.

(2)复合函数不仅可以有一个中间变量，还可以有多个中间变量，如 u, v, w, t 等.

(3)复合函数通常不一定是由纯粹的基本初等函数复合而成，而更多是由基本初等函数经过四则运算形成的简单函数构成的，因此复合函数的合成和分解往往是对简单函数的.

(4)函数的复合一般与复合的次序有关，即 $f[g(x)]$ 与 $g[f(x)]$ 一般不是同一函数，甚至可能其中一个有意义而另一个没有意义.

例 1 函数 $y = 3^{\arccos\sqrt{2-x^2}}$ 可以分解成哪几个简单的函数.

解 可以分成 $y = 3^u$，$u = \arccos v$，$v = \sqrt{w}$，$w = 2 - x^2$，其中 u, v, w 为中间变量.

将一个复合函数"拆成"（或"分解"）多个简单函数的复合，在第三章导数的计算中是非常重要的.

例 2 设 $y = f(u) = 1 + u^2, u = g(x) = \ln(1 + x^2)$，判断以上两个函数是否能复合成 $y = f[g(x)]$？若能，求其定义域 D_F.

解 由于 $D_f = \mathbf{R}, R_g = [0, +\infty)$，且 $D_f \cap R_g \neq \varnothing$，

所以能够复合成 $y = f[g(x)]$.

$$y = f[g(x)] = 1 + g^2(x) = 1 + \ln^2(1+x^2)，故 D_F = \mathbf{R}.$$

例 3 已知 $f(x) = \dfrac{1}{x-1}$，求 $f(1+f(x))$.

解 将 $1+f(x)$ 代入已知，得

$$f(1+f(x)) = \frac{1}{1+f(x)-1} = \frac{1}{f(x)} = x-1.$$

例 4 设 $f\left(\dfrac{1}{x}-1\right) = \cos x$，求 $f(x)$.

解 令 $u = \dfrac{1}{x} - 1$，则 $x = \dfrac{1}{u+1}$，有

$$f(u) = \cos\frac{1}{u+1},$$

即

$$f(x) = \cos\frac{1}{x+1}.$$

1.3.3 初等函数

由基本初等函数经过有限次的四则运算（加、减、乘、除）以及有限次的函数复合所构成的并且能用一个式子表示的函数称为**初等函数**. 本课程所研究的函数主要是初等函数.

例如，$y = \cos^2 x, y = \sqrt{2+x^2}, y = \lg\sqrt{4+2x^2}, y = \arctan\sqrt{\dfrac{2+\sin 2x}{3+\cos x}}$ 等都是初等函数. 通常情况下，分段函数不是初等函数，如符号函数、取整函数都不是初等函数.

例 5 下列函数中哪些是初等函数？哪些不是初等函数？

(1) $y = \sin(x^2+1) + e^{x^2} \cdot \ln x$；　　(2) $y = \sqrt{x} + \ln\left(3 - \dfrac{1}{2}\sin x\right)$；

(3) $y = \begin{cases} 2, & x \leqslant 0, \\ -1, & x > 0; \end{cases}$　　(4) $y = \sqrt{x + \sqrt{x + \sqrt{x + \cdots}}}$.

解 (1)(2)是初等函数；(3)(4)不是初等函数.

初等函数是最常见、应用最广泛的一类函数，它是微积分的主要研究对象.

设 $f(x), g(x)$ 是两个初等函数，$f(x) > 0$，则函数 $y = [f(x)]^{g(x)}$ 也是初等函数. $y = [f(x)]^{g(x)} = e^{g(x)\ln f(x)}$，通常把 $y = [f(x)]^{g(x)}$ 称为**幂指函数**. 例如函数 $y = x^x$，

$y = (1+x)^{\sin x}$ 均是幂指函数.

例6 指出函数 $y = x^x$，$y = x^{\sin x + 1}$ 的复合过程.

解 由于 $y = x^x = e^{x \ln x}$，所以可以分解为 $y = e^u$，$u = x \ln x$；

由于 $y = x^{\sin x + 1} = e^{(\sin x + 1)\ln x}$，所以可以分解为 $y = e^u$，$u = (\sin x + 1)\ln x$.

1.3.4 反函数

引例 设某种商品的单价为 p，销售量为 q，则销售收入 R 是 q 的函数为

$$R = pq，$$

这时 q 是自变量，R 是函数.

若已知收入 R，反过来求销售量 q，则有

$$q = \frac{R}{p}，$$

这时 R 是自变量，q 就是 R 的函数.

上面的两个式子是同一个关系的两种写法，但从函数的角度来说，对应法则不相同，所以它们是两个不同的函数，我们称它们为互为反函数.

1. 反函数的定义

定义 2 设函数 $y = f(x)$ 的定义域是 D_f，值域是 R_f，如果对于 $\forall y \in R_f$，都有唯一对应值 $x \in D_f$，满足 $y = f(x)$，则 x 定义在 R_f 上以 y 为自变量的函数，记此函数为 $x = f^{-1}(y)$，$y \in R_f$，并称其为 $y = f(x)$ 的反函数.

由定义知，函数 $y = f(x)$ 的反函数 $x = f^{-1}(y)$ 的定义域为 $y = f(x)$ 的值域 R_f，值域为 $y = f(x)$ 的定义域 D_f.

习惯上常用 x 表示自变量，y 表示因变量. 因此将 $x = f^{-1}(y)$ 改写为 $y = f^{-1}(x)$. 从图像看，函数 $y = f(x)$ 与反函数 $y = f^{-1}(x)$ 的图形是关于直线 $y = x$ 对称的.

2. 关于概念的几点说明

(1) 只有一一对应的函数（自变量不同时因变量也不同）才有反函数，多值函数的反函数可以根据原自变量（反函数的因变量）的取值范围分成几个.

如 $y = x^2, x \in (0, +\infty)$ 内的反函数是 $y = \sqrt{x}, x \in (-\infty, 0)$ 内的反函数是 $y = -\sqrt{x}$；

(2) 函数 $y = f(x)$ 与其反函数 $y = f^{-1}(x)$ 的定义域、值域互相交换可得.

3. 求反函数的一般步骤

(1) 把 x 作为未知数, 从方程 $y=f(x)$ 中解出, 得到 $x=f^{-1}(y)$;

(2) 所得的表达式中 x 与 y 对换, 即得 $y=f^{-1}(x)$, 并求出相应的函数的定义域.

例 7 求 $y=2x-1$ 的反函数.

解 由 $y=2x-1$ 求出 $x=\dfrac{y+1}{2}$. 用 x 表示自变量, y 表示因变量, 于是 $y=2x-1$ 的反函数是 $y=\dfrac{x+1}{2}(x\in\mathbf{R})$.

例 8 设 $f(x)=\begin{cases}x-1, & x<0,\\ x^2, & x\geqslant 0,\end{cases}$ 则 $f^{-1}(x)=$ _____.

解 分别求出各区间上的反函数与定义域(原函数的值域).

(1) 当 $x<0$ 时, 由 $y=x-1$ 解得 $x=y+1$;

(2) 当 $x\geqslant 0$ 时, 由 $y=x^2$ 解得 $x=\sqrt{y}$;

(3) 将 x,y 位置互换, 得反函数 $f^{-1}(x)=\begin{cases}x+1, & x<-1,\\ \sqrt{x}, & x\geqslant 0.\end{cases}$

1.3.5 隐函数

到目前为止,我们所遇到的函数 y, 它们均由自变量 x 的某一个解析式所表达, 例如

$$y=x^3, \quad y=\log_a x(a>1, a\neq 1), \quad y=\dfrac{2x+1}{\sqrt{x-3}}$$

等这种函数称为**显函数**; 但还有一种形式的函数, 自变量 x 与因变量 y 之间的对应法则不像上面的函数表示那样明显, 而是含于一个二元方程 $F(x,y)=0$ 之中, 这样确定的函数 $y=f(x)$ 称为**隐函数.**

例如, 由方程 $xy-2x+3y-1=0$ 确定的隐函数 $y=f(x)$, 这时可以用 y 来表示, 即 $y=\dfrac{2x+1}{x+3}$.

再如, 由方程 $xy-\mathrm{e}^y=0$ 确定的隐函数 $y=f(x)$, 但 y 无法用 x 的显函数形式来表达.

由此可见, 并不是所有由方程确定的隐函数都能表示成显函数的形式.

习题 1.3

1. 填空题

(1) 函数 $y = \ln\sin^2 x$ 与函数 $y = x^{\sin x}$ 的复合过程分别是 _____ , _____ .

(2) 设 $f(x) = \dfrac{1}{1-x^2}$ 则 $f(-x) = $ _____ , $f[f(x)] = $ _____ , $f\left[\dfrac{1}{f(x)}\right] = $ _____ .

2. 选择题

(1) 下列函数 $y = f(u)$, $u = \varphi(x)$ 中能构成复合函数 $y = f[\varphi(x)]$ 的是( ).

A. $y = f(u) = \dfrac{1}{\sqrt{u-1}}$, $u = \varphi(x) = -x^2 + 1$

B. $y = f(u) = \lg(1-u)$, $u = \varphi(x) = x^2 + 1$

C. $y = f(u) = \arcsin u$, $u = \varphi(x) = x^2 + 2$

D. $y = f(u) = \arccos u$, $u = \varphi(x) = -x^2 + 2$

(2) 下列函数中不是初等函数的是( ).

A. $y = x^2$ B. $y = |x|$

C. $y = \text{sgn } x$ D. $e^x + xy - 1 = 0$

3. 已知函数 $f\left(x + \dfrac{1}{x}\right) = x^2 + \dfrac{1}{x^2}$，求函数 $f(x)$.

4. 若函数 $f(x) = (x-1)^2$, $g(x) = \dfrac{1}{x+1}$，求 $f[g(x)]$.

5. 求下列函数的反函数及其定义域：

(1) $y = \dfrac{x+4}{x-1}$;

(2) $y = \begin{cases} 2 - \sqrt{4-x^2}, & 0 \leqslant x \leqslant 2, \\ 2x - 2, & 2 < x \leqslant 3. \end{cases}$

1.4 经济学中常见的函数

为了解决经济应用问题，首先要对经济问题建立相应的数学模型，即建立经济函数模型. 为此需要明确经济问题中的自变量与因变量，再根据实际问题建立等式，从而得到相应的函数关系，然后确定函数定义域，应用问题中的定义域除了函数的解析式，还要考虑变量在实际问题中的含义.

本节将介绍一些常用的经济函数.

1.4.1 需求函数与供给函数

1. 需求函数

在经济学中，需求量被理解为购买者愿意在某一段时间内，在一定的价格下，购买商品的数量. 需求不仅反映购买者的愿望，而且也反映购买的能力. 在所考查的时间段内，如果我们把购买的收入、爱好看作是不变的因素，与该商品有关的其他商品的价格也认为不变，我们只研究需求与价格的关系.

设 p 表示商品的价格，Q 表示需求量，那么 $Q_d = f(p)$ 称为**需求函数**.

一般地，需求量随价格的上涨而减少. 因此，通常情况下需求函数是价格的单调减少函数.

在企业管理和经济学中常见的需求函数如下：

(1) 线性需求函数：$Q = a - bp$，其中 $b \geq 0, a \geq 0$ 均为常数；

(2) 指数需求函数：$Q = Ae^{-bp}$，其中 $A \geq 0, b \geq 0$ 均为常数.

2. 供给函数

在经济学中，**供给量**的含义为卖方在一定时间段内以任一可能的价格愿意并有能力出售某种商品的数量. 供给不仅与生产中投入的成本及技术状况有关，而且与卖者对其他商品和劳务价格的预测因素有关. 在这里略去价格以外的其他因素，只讨论供给与价格的关系.

设 p 表示商品的价格，Q 表示供给量，那么 $Q_s = g(p)$，称为**供给函数**.

一般地，价格越低，厂商愿意并能够提供的商品数量越少；价格越高，厂商的供给越多. 因此，通常情况下供给函数是价格的单调增加函数.

常用的供给函数为

(1) 线性供给函数：$Q = ap - b$，其中 $b \geq 0, a \geq 0$ 均为常数；

(2) 指数供给函数：$Q = ae^{bp}$，其中 $a > 0, b > 0$ 均为常数.

例 1 当鸡蛋收购量为 5.5 元/千克时，某收购站每月能收购 4000 千克. 若收购价每千克提高 0.2 元，则收购量可增加 500 千克，求鸡蛋的线性供给函数.

解 设鸡蛋的线性供给函数为

$$Q_s = ap - b,$$

由题意有

$$\begin{cases} 4000 = 5.5a - b, \\ 4500 = 5.7a - b, \end{cases}$$

解得 $a = 2500, b = 9750$，所求供给函数为

$$Q_s = 2500p - 9750.$$

3. 均衡价格

需求函数与供给函数密切相关，由于需求函数是单调减少函数，供给函数是单调增加函数，当价格达到一定值时，商品的供给量和需求量相等，即 $Q_s = Q_d$，这时的价格称为**均衡价格**.

例 2 已知某商品的需求函数和供给函数分别为 $Q_d = 13 - 2p$, $Q_s = -5 + 4p$, 求该商品的均衡价格 p_0.

解 由均衡价格的定义得 $Q_s = Q_d$, 有
$$13 - 2p = -5 + 4p,$$
得均衡价格为
$$p_0 = \frac{18}{6} = 3.$$

1.4.2 成本函数

在生产和经营活动中, 经营者最关心的是产品的成本(如劳力、原料、设备等). **总成本**是指生产一定数量的产品所需要的全部经济资源投入的价格或费用总额. 它是由固定成本和可变成本两部分组成.

固定成本由生产设备的折旧费, 车间的经费及企业管理费等构成, 这些费用一般不随产品产量的增减而变化, 是一个常量; **可变成本**是由原材料费、直接参加生产的工人工资等构成, 它随产品的产量的增减而变化, 是个变量.

平均成本是生产一定量产品, 平均每单位产品的成本.

在生产水平和生产要素的价格不变的条件下, 产品的总成本、平均成本都是产量的函数.

设 c 为总成本, c_0 为固定成本, c_1 为可变成本, $\bar{c}$ 为平均成本, q 为产量. 则有总成本函数
$$c = c(q) = c_0 + c_1(q);$$
平均成本函数
$$\bar{c} = \overline{c(q)} = \frac{c(q)}{q}.$$

例 3 某工厂生产 q 个单位的总成本函数为 $c = c(q) = 108 + q + \frac{1}{9}q^2$, 求生产 18 个单位的总成本及平均成本.

解 当 $q = 18$ 时, 总成本函数为 $c(18) = 108 + 18 + \frac{1}{9} \cdot 324 = 162$. 平均成本为 $\overline{c(18)} = \frac{c(18)}{18} = 9$.

1.4.3 收益函数与利润函数

1. 收益函数

收益是指商品售出后生产者获得的收入，常用的收益函数有总收益函数与平均收益函数.

总收益函数是销售者售出一定数量商品所得的全部收入，常用 R 表示.

平均收益函数是指售出一定数量的商品时，平均每售出一个单位商品时的收入，常用 $\bar{R}$ 表示.

总收益，平均收益均为产量的函数. 设商品的价格为 p，相应的需求量为 Q，出售这些商品的总收益为 R，平均收益为 $\bar{R}$，需求函数为 $Q=f(p)$，其反函数 $P=g(Q)$，则

$$R=R(Q)=p \cdot Q = p \cdot g(Q),$$

$$\bar{R} = \frac{R(Q)}{Q} = \frac{Q \cdot g(Q)}{Q} = g(Q).$$

例 4 设某产品的价格与销售量的关系为 $Q=100-2p$，求销售量为 10 时总收益与平均收益.

解 有 $Q=100-2p$，解得 $P=50-\frac{1}{2}Q$，所以总收益和平均收益为

$$R(Q) = Q \cdot g(Q)) = Q(50-\frac{1}{2}Q) = 50Q-\frac{1}{2}Q^2,$$

$$\overline{R(Q)} = \frac{R(Q)}{Q} = 50-\frac{1}{2}Q.$$

当 $R=10$ 时，总收益和平均收益为

$$R(10)=500-50=450, \quad \overline{R(10)}=45.$$

2. 利润函数

收益函数与成本函数的差为**利润函数**，因此总利润也是产量 Q 的函数. 设总利润为 L，于是

$$L=L(Q)=R(Q)-C(Q).$$

例 5 某商品的单价为 100 元，单位成本为 55 元，商家为了促销，规定凡是购买超过 200 单位时，对超过部分按单价的九六折出售，求成本函数、收益函数

和利润函数.

解 设购买量为 x 单位，则成本函数为 $C(x)=55x$，收益函数为

$$R(x) = \begin{cases} 100x, & x \leqslant 200, \\ 200 \times 100 + (x-200) \times 100 \times 0.96, & x > 200 \end{cases}$$

$$= \begin{cases} 100x, & x \leqslant 200, \\ 96x + 1000, & x > 200, \end{cases}$$

因为

$$L(x) = R(x) - C(x),$$

所以利润函数为

$$L(x) = \begin{cases} 45x, & x \leqslant 200, \\ 41x + 1000, & x > 200. \end{cases}$$

1.4.4 库存函数

我们讨论的库存函数(库存函数模型)只限于需求量是确定的，不允许缺货的情形. 首先我们看一个例子，然后总结一般情形.

例 6 某商场半年销售 3000 台小电器，均匀销售，为了节约库存费，分批进货. 每批订货费用 700 元，每台电器的库存费为每月 1.7 元，试列出库存费和进货费之和与批量之间的函数关系.

解 设批量为 x 台，货进店入库. 由于均匀销售，库存量由 x 台均匀地减少到 0 台，平均库存量为 $\dfrac{x}{2}$ 台. 半年的库存费用记作 E_1，则

$$E_1 = 1.7 \cdot \frac{x}{2} \cdot 6 = 5.1x \text{ (元)},$$

每次进货 x 台，半年需要进货 $\dfrac{3000}{x}$ 次，总进货费用记作 E_2，则

$$E_2 = 700 \cdot \frac{3000}{x} = \frac{2100000}{x} \text{ (元)},$$

总费用记作 E，则

$$E = E_1 + E_2 = 5.1x + \frac{2100000}{x} \text{ (元)}.$$

对于这样库存模型，实际上我们做如下假设：

(1) 若计划期为 T（通常以一年为计划期），在计划期 T 内，对货物的需求量是确定的，记为 Q；

(2) 进货均匀. 在计划期 T 内分 n 次进货，每批(次)进货量为 $q = \dfrac{Q}{n}$，于是进货的次数为 $n = \dfrac{Q}{q}$；

(3) 每批进货费用为常数，记为 C_2，每件货物储存单位时间的储存费用为常数，记为 C_1；

(4) 货物均匀投放市场. 一般地，货物先入库储存，然后均匀提出. 这时，最大库存量就是每次的进货量 q，随后均匀降至零. 一旦库存量为零，立即得到货物补充，而且进货随时完成，所以，平均的库存量为 $\bar{q} = \dfrac{q}{2}$.

在以上假设条件下，总储存费用为

$$E_1 = \bar{q} C_1 T = \frac{q}{2} C_1 T.$$

总进货费用为

$$E_2 = C_2 n = C_2 \frac{Q}{q}.$$

于是，总费用为

$$E = E_1 + E_2 = \frac{q}{2} C_1 T + C_2 \frac{Q}{q}.$$

习题 1.4

1. 设某商品的需求函数为 $Q_d = 100 - 2.5p$，供给函数为 $Q_s = \dfrac{5}{4}p - \dfrac{50}{4}$，（价格单位：元，商品单位：万件）.

(1) 求该商品的均衡价格和均衡需求量；

(2) 如每件商品征税 6 元，求均衡价格和均衡需求量.

2. 某工厂生产 Q 个单位的总成本函数为 $C = C(Q) = 96 + Q + \dfrac{1}{8}Q^2$，求生产 8 个单位的总成本及平均成本.

3. 生产某种商品 x 件时的总成本为 $C(x) = 20 + 2x + 0.1x^2$（万元），若每售出一件该商品的收入是 20 万元，求生产该商品 30 件时的总利润.

4. 某商场以每件 a 元的价格出售某种商品，若顾客一次性购买 60 件以上，则超出的部分按照每件 $0.7a$ 元的优惠价出售，写出一次性成交的销售收入 R 与销售量 x 的函数.

5. 已知某产品的固定成本为 1000 元,产量为 Q 件,每生产一件产品成本增加 7 元,又每件产品的销售价格为 15 元,若产品能全部售出,写出总成本函数和利润函数.

本 章 小 结

一、本章主要知识点

(1) 函数的概念.

(2) 函数的几种特性.

(3) 基本初等函数的性质及其图形.

(4) 经济中常见的函数.

二、本章教学重点

函数的概念、基本初等函数的性质及其图形.

三、本章教学难点

复合函数及其分解.

四、本章知识体系图

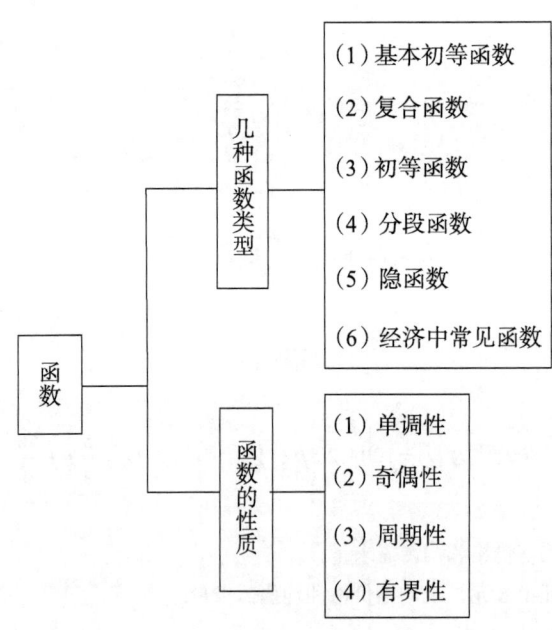

总 习 题 1

1. 求下列函数的定义域:

(1) $y = \sqrt{5 - x^2}$;

(2) $y = \lg \dfrac{x}{x-2} + \arcsin \dfrac{x}{3}$;

(3) $y = \dfrac{2}{\sqrt{x^2-3x+2}} + 1$;

(4) $y = \begin{cases} \dfrac{1}{x}, & x < 0, \\ x-3, & 0 \leqslant x \leqslant 1, \\ -2x+1, & x > 1. \end{cases}$

2. 设函数 $f(x)$ 的定义域是 $[0,1]$，求下列函数的定义域：

(1) $f(x^2)$;

(2) $f(x-a) + f(x+a), \ \left(x < a < \dfrac{1}{2}\right)$.

3. 讨论下列函数的奇偶性：

(1) $y = \dfrac{\sin x}{x}$;

(2) $y = \log_2\left(x + \sqrt{1+x^2}\right)$;

(3) $f(x) = \dfrac{1}{a^x-1} + \dfrac{1}{2}$;

(4) $y = \dfrac{a^x-1}{a^x+1}$;

(5) $f(x) = \begin{cases} 1-x, & x \leqslant 0, \\ 1+x, & x > 0; \end{cases}$

(6) $f(x) = x^2 - x + 1$.

4. 判断下列函数是否为周期函数，如果是周期函数，求出周期：

(1) $y = \sin^2 x$;

(2) $y = \sin x + \dfrac{1}{3}\sin 2x$;

(3) $y = 3$;

(4) $y = \cos(x-2)$.

5. 指出下列函数的复合过程：

(1) $y = \sqrt{1-\sin x}$;

(2) $y = \cos\sqrt{2x+3}$;

(3) $y = e^{\sin\frac{1}{x}}$;

(4) $y = 4\arcsin(1-x)^3$.

6. 已知函数 $f\left(\sin\dfrac{x}{2}\right) = 1 + \cos x$，求函数 $f(x)$.

7. 设 $f(x) = \begin{cases} 0, & x \leqslant 0, \\ x, & x > 0, \end{cases}$ $g(x) = \begin{cases} 0, & x \leqslant 0, \\ -x^2, & x > 0, \end{cases}$ 求 $f[f(x)], g[g(x)], f[g(x)]$.

8. 讨论当 $a=2$ 和 $a=-2$ 时，$y = \lg(a-\sin x)$ 是不是复合函数，如果是复合函数，求其定义域.

9. 求下列函数的反函数及其定义域：

(1) $y = \dfrac{1}{2}\left(x + \dfrac{1}{x}\right) |x| \geqslant 1$;

(2) $f(x) = \begin{cases} x, & x < 1, \\ x^2, & 1 \leqslant x < 4, \\ 2^x & x \geqslant 4. \end{cases}$

10. 一房地产公司有 100 套公寓房出租，当租金定为每套每月 1000 元时，房屋可全部租出，当租金每套每月提高 50 元时，就有一套租不出去，而租出的每套房公司每月需交 30 元的维修费，试求房租金与房地产公司的总收入之间的关系.

11. 某货运公司规定货物的每吨公里运价：在 100km 以内为 a 元，超过 100km 时，超过部分为 30 元. 试写出每吨货物运价 p 与里程(单位：km)之间的函数关系式.

12. 一种小排量轿车出厂价为 65000 元，使用后它的价值按年降价率 $\dfrac{1}{4}$ 的标准贬值，求此车的价值(元)与使用时间(年)的函数关系.

自 测 题 1

（满分 100 分，测试时间 100 分钟）

一、填空题(本题共 10 小题，每题 2 分，共计 20 分)

1. 函数 $y=\dfrac{\sqrt{x^2-4}}{x-2}$ 的定义域是____．

2. 设 $f(x)$ 是定义在实数域上的一个函数，且 $f(x-1)=x^2+x+1$，则 $f\left(\dfrac{1}{x-1}\right)=$ ____．

3. 设函数 $f(x)=\begin{cases}1, & \dfrac{1}{e}<x<1, \\ x, & 1\leq x\leq e,\end{cases}$ 及函数 $\varphi(x)=e^x$，则 $f(\varphi(x))=$ ____．

4. 已知 $y=\sqrt{1+u^2}$，$u=\sin v$，$v=\log_a x$，则 y 表示为 x 的函数是____．

5. 函数 $y=|\sin x|$ 的周期是____．

6. 函数 $y=1+\lg(x+2)$ 的反函数为____．

7. 已知 $f(x)=\sin x$，$f[\phi(x)]=1-x^2$，则 $\phi(x)=$ ____．

8. 若函数 $f(\sin x)=3-\cos 2x$，则 $f(\cos x)=$ ____．

9. 设 $f(x)=\dfrac{ax}{2x+3}$，且 $f(f(x))=x$，则 $a=$ ____．

10. 函数 $y=\dfrac{2^x-2^{-x}}{2^x+2^{-x}}$ 与函数 $y=g(x)$ 关于直线 $y=x$ 对称，则 $g(x)=$ ____．

二、单项选择题(本题共 5 小题，每题 2 分，共计 10 分)

1. 函数 $y=\dfrac{x-1}{\ln x}+\sqrt{16-x^2}$ 的定义域是(   )．

   A. $(0,1)$　　　　　　　　　　B. $(0,4)$

   C. $(0,1)\cup(1,4]$　　　　　D. $(0,1)\cup(1,4)$

2. 下列函数为同一函数的是(   )．

   A. $\ln x^2$ 与 $2\ln x$　　　　　B. $e^{-\frac{1}{2}\ln x}$ 与 $\dfrac{1}{\sqrt{x}}$

   C. $(\sqrt{x})^2$ 与 $\sqrt{x^2}$　　　　D. x 与 $\sin(\arcsin x)$

3. 设 $f(x)$ 在 $(-\infty,+\infty)$ 内有定义，则下列函数中必为奇函数的是(   )．

   A. $y=-|f(x)|$　　　　　　　B. $y=|f(x)|$

   C. $y=c$　　　　　　　　　　D. $y=xf(x^2)$

4. 函数 $y=\lg(x-1)$ 在下列哪个区间是有界的(   )．

   A. $(1,+\infty)$　　　　　　　B. $(2,+\infty)$

   C. $(2,3)$　　　　　　　　　D. $(1,2)$

5. 下列函数为复合函数的是(   )．

   A. $y=3^x$　　　　　　　　　B. $y=\sqrt{-x}\,(x<0)$

C. $y=\sqrt{-(2+x^4)}$ D. $y=2^{-\sqrt{-(2-\sin x)}}$

三、解答题(本题共 4 小题, 每题 13 分, 共计 52 分)

1. 已知 $f(x)=\dfrac{1}{\lg(3-x)}+\sqrt{49-x^2}$, 求 $f(x)$ 的定义域及 $f[f(x)]$.

2. 设 $f(x)$ 满足方程 $af(x)+bf\left(\dfrac{x}{x-1}\right)=e^x$, 其中 $|a|\neq |b|$, 求 $f(x)$.

3. 已知 $f(x)=\begin{cases} x, & x>0, \\ 1+x, & x\leqslant 0, \end{cases}$ $g(x)=\begin{cases} -x^2, & x>0, \\ x, & x\leqslant 0, \end{cases}$ 求 $g[f(x)]$.

4. 设 $f(x)=\begin{cases} 1, & x<0, \\ 0, & x=0, \\ 1, & x>0, \end{cases}$ 求 $f(x-1), f(x^2-1)$.

四、应用题(本题共 2 小题, 每题 9 分, 共计 18 分)

1. 某工厂生产一批玩具, 每生产一套玩具的可变成本为 35 元, 每天的固定成本为 3000 元. 如果每套玩具的出厂价为 50 元, 该厂每天至少要生产多少套这种玩具才能不亏本.

2. 设某商店以每件 a 元的价格出售某种商品, 可销售 1000 件, 若在此基础上降价 10%, 最多可再售出 300 件, 又知该商品每件进价 b 元, 写出销售该商品的利润与进货数 x 的函数关系.

第 2 章 极限与连续

极限概念是微积分中最重要的概念之一，它是用以描述变量在一定的变化过程中的一种终极状态. 极限的理论和方法是整个微积分学的理论基础.

在本章中，我们首先讨论数列极限的概念和性质，然后再讨论函数极限的概念和性质以及计算方法，并在此基础上给出函数连续性的定义，揭示初等函数的连续性，给出闭区间上连续函数的几个性质，最后介绍经济学中的利息及复利问题.

2.1 数列极限

2.1.1 概念的引入

极限概念是由求某些实际问题的精确解答而产生的. 例如，我国魏晋时期杰出的数学家刘徽提出了利用圆内接正多边形来推算圆面积的方法——**割圆术**. 做法如下：

设圆半径为 1，先作圆的内接正六边形，把它的面积记为 A_1；再作内接正十二边形，其面积记为 A_2；再作内接正二十四边形，其面积记为 A_3；依次类推下去，每次边数加倍，这样得到一系列圆内接正多边形的面积：

$$A_1, \quad A_2, \quad A_3, \quad \cdots, \quad A_n, \quad \cdots$$

它们构成一列有次序的数，随着 n 的增大，内接正多边形的面积与圆面积差别就越小，从而以 A_n 作为圆面积的近似值的误差就越小. 但无论 n 多大，只要 n 取定，A_n 终究是正多边形的面积，而不是圆的面积. 因此，设想让 n 无限增大，即内接正多边形的边数无限增加，在这个过程中，内接正多边形无限接近于圆，同时内接正多边形的面积 $A_1, A_2, A_3, \cdots, A_n, \cdots$ 将无限接近于某一个确定的数值，即圆的面积 π. 正如刘徽所说"割之弥细，所失弥少，割之又割，以至于不可割，则与圆周合体而无所失矣". 这个"无限接近"的过程充分体现了极限理论的思想.

定义 1 按正整数顺序 $1,2,3,\cdots$ 排列的无穷多个数，称为数列. 数列通常记作

$$a_1, \quad a_2, \quad \cdots, \quad a_n, \quad \cdots$$

或简记作 $\{a_n\}$. 数列的每个数称为**数列的项**，第 n 项 a_n 称为数列的**通项**或一

般项.骥

例如

$$\frac{1}{2}, \frac{1}{4}, \frac{1}{8}, \cdots, \frac{1}{2^n}, \cdots \qquad (2.1.1)$$

$$\frac{1}{2}, \frac{2}{3}, \frac{3}{4}, \cdots, \frac{n}{n+1}, \cdots \qquad (2.1.2)$$

$$2, 4, 8, \cdots, 2^n, \cdots \qquad (2.1.3)$$

$$1, -1, 1, \cdots, (-1)^{n+1}, \cdots \qquad (2.1.4)$$

$$1, -\frac{1}{2}, \frac{1}{3}, \cdots, (-1)^{n-1}\frac{1}{n}, \cdots \qquad (2.1.5)$$

都是数列. 它们的通项依次为

$$\frac{1}{2^n}, \frac{n}{n+1}, 2^n, (-1)^{n+1}, (-1)^{n-1}\frac{1}{n}.$$

注 在几何上,数列对应着数轴上一个点列.可看作一动点在数轴上依次取 $a_1, a_2, \cdots, a_n, \cdots$(见图 2-1).

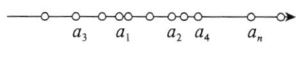

图 2-1

另一方面,从函数的观点来看,数列可以看作以正整数 $\mathbf{Z}^+$ 为定义域的函数 $a_n = f(n)$,当自变量 n 按照从小到大的顺序依次取值时,对应的一列函数值就排列成数列 $\{a_n\}$,而数列的通项公式就是相应函数解析式.

对于数列 $\{a_n\}$,我们主要研究当 n 无限增大时,通项 a_n 的变化趋势.

2.1.2 数列极限的定义

观察上面的例子(2.1.1)～(2.1.5).

问题:当 n 无限增大(记作 $n \to \infty$)时,通项是否无限接近于某一确定的数值? 如果是,如何确定?

通过观察我们看出:

数列(2.1.1)当 n 无限增大时,通项无限接近于 0;

数列(2.1.2)当 n 无限增大时,通项无限接近于 1;

数列(2.1.3)当 n 无限增大时,通项无限增大,其变化趋势不是接近于一个确定的数值；

数列(2.1.4)当 n 按奇数无限增大时，通项始终为1；当 n 按偶数无限增大时，通项始终为 -1，因此当 n 无限增大时，通项没有确定的变化趋势；

数列(2.1.5)当 n 无限增大时，通项无限接近于0.

根据分析得出直观的数列极限的定义：

定义 2 设数列 $\{a_n\}$，当 n 无限增大时，若 a_n 无限接近于一个确定的常数 A，则称**数列** $\{a_n\}$ **以 A 为极限**，或称**数列** $\{a_n\}$ **收敛**于 A. 记作

$$\lim_{n\to\infty} a_n = A \quad \text{或} \quad a_n \to A \quad (n \to \infty).$$

如果当 n 无限增大时，a_n 不能无限接近于某个确定的常数，则称当 $n \to \infty$ 时**数列** $\{a_n\}$ **发散**或**极限不存在**.

由定义2知，数列(2.1.1)、(2.1.2)、(2.1.5)是收敛数列，数列(2.1.3)、(2.1.4)是发散数列.

例1 考察下面数列当 $n \to \infty$ 时的变化趋势，写出它们的极限.

(1) $\{2\}$；(2) $\left\{\dfrac{1}{n}\right\}$；(3) $\left\{\dfrac{1+(-1)^n}{n}\right\}$；(4) $\{\sqrt{n}\}$；(5) $\left\{2-\dfrac{1}{3^n}\right\}$.

解 (1) 数列的通项 $a_n = 2$，是一个常数数列，当 $n \to \infty$ 时，a_n 始终为2，因此 $\lim\limits_{n\to\infty} a_n = \lim\limits_{n\to\infty} 2 = 2$.

(2) 数列的通项 $a_n = \dfrac{1}{n}$，当 $n \to \infty$ 时，a_n 无限接近于0，因此 $\lim\limits_{n\to\infty} \dfrac{1}{n} = 0$.

(3) 数列的通项 $a_n = \dfrac{1+(-1)^n}{n}$，当 $n \to \infty$ 时，a_n 无限接近于 0，因此 $\lim\limits_{n\to\infty} \dfrac{1+(-1)^n}{n} = 0$.

(4) 数列的通项 $a_n = \sqrt{n}$，当 $n \to \infty$ 时，a_n 无限增大，没有确定的变化趋势，因此 $\lim\limits_{n\to\infty} \sqrt{n}$ 不存在. 我们常把这种情况记为 $\lim\limits_{n\to\infty} \sqrt{n} = \infty$，它是极限不存在的一种特殊情况.

(5) 数列的通项 $a_n = 2 - \dfrac{1}{3^n}$，当 $n \to \infty$ 时，$\dfrac{1}{3^n}$ 无限接近于0，故 $2 - \dfrac{1}{3^n}$ 无限接近于2，因此 $\lim\limits_{n\to\infty} 2 - \dfrac{1}{3^n} = 2$.

2.1.3 收敛数列的基本性质

性质 1(唯一性) 收敛数列的极限是唯一的.

下面先介绍数列的有界性,然后给出收敛数列的有界性.

定义 3 对数列 $\{a_n\}$,若存在正数 M,使得对于一切正整数 n,恒有 $|a_n| \leq M$ 成立,则称**数列 $\{a_n\}$ 有界**,否则,称为**无界**.

性质 2(有界性) 收敛数列必为有界数列.

注 有界性是数列收敛的必要条件.

例如,数列 $\{(-1)^n\}$ 有界,但其发散.

推论 无界数列必定发散.例如,数列 $\{2^n\}$ 无界,则其必发散.

性质 3(保号性) 设 $\lim\limits_{n\to\infty} a_n = a$,$\lim\limits_{n\to\infty} b_n = b$,且 $a > b$,则必存在正整数 N,当 $n > N$ 时,有 $a_n > b_n$.(证明略)

推论 1 设 $\lim\limits_{n\to\infty} a_n = a$,$\lim\limits_{n\to\infty} b_n = b$,且存在正整数 N,当 $n > N$ 时,有 $a_n \geq b_n$,则 $a \geq b$.

推论 2 若 $\lim\limits_{n\to\infty} a_n = a$,且 $a > 0$(或 $a < 0$),则必存在正整数 N,当 $n > N$ 时,恒有 $a_n > 0$(或 $a_n < 0$).

推论 3 若数列 $\{a_n\}$ 从某项起有 $a_n \geq 0$(或 $a_n \leq 0$),且 $\lim\limits_{n\to\infty} a_n = a$,则 $a \geq 0$(或 $a \leq 0$).

最后,介绍子列的概念以及关于收敛数列与其子列间关系的一个性质.

定义 4 将数列 $\{a_n\}$ 在保持原有顺序的情况下,任取其中无穷多项所构成的新数列称为数列 $\{a_n\}$ 的**子数列**,简称**子列**.

例如

$$a_1, \ a_3, \ a_5, \ \cdots, \ a_{2n-1}, \ \cdots$$

$$a_2, \ a_4, \ a_6, \ \cdots, \ a_{2n}, \ \cdots$$

均为数列 $\{a_n\}$ 的子列.

性质 4(收敛数列与其子列间的关系) 如果数列 $\{a_n\}$ 收敛于 a,那么它的任一子列也收敛,且均收敛于 a.

推论 4 若数列 $\{a_n\}$ 有两个子列收敛于不同的极限,则数列 $\{a_n\}$ 是发散的.

例 2 考查数列 $\{(-1)^n\}$ 的敛散性.

解 数列 $\{(-1)^n\}$ 的子列 $\{(-1)^{2n-1}\}$ 收敛于 -1;而子列 $\{(-1)^{2n}\}$ 收敛于 1,由推论 4 知,数列 $\{(-1)^n\}$ 是发散的.

2.1.4 数列极限的四则运算

定理 1 设 $\lim\limits_{n\to\infty} x_n = a, \lim\limits_{n\to\infty} y_n = b$，则有

(1) $\lim\limits_{n\to\infty}(x_n \pm y_n) = \lim\limits_{n\to\infty} x_n \pm \lim\limits_{n\to\infty} y_n = a \pm b$；

(2) $\lim\limits_{n\to\infty}(x_n y_n) = \lim\limits_{n\to\infty} x_n \cdot \lim\limits_{n\to\infty} y_n = ab$；

(3) $\lim\limits_{n\to\infty}\dfrac{x_n}{y_n} = \dfrac{\lim\limits_{n\to\infty} x_n}{\lim\limits_{n\to\infty} y_n} = \dfrac{a}{b}$（这里要求 $b \neq 0$）.

证明略.

推论 5 设 $\lim\limits_{n\to\infty} x_n = a$，$c$ 为常数，则

$$\lim_{n\to\infty} c x_n = c \lim_{n\to\infty} x_n = ca.$$

推论 6 设 $\lim\limits_{n\to\infty} x_n, \lim\limits_{n\to\infty} y_n, \lim\limits_{n\to\infty} z_n$，都存在，$c_1, c_2, c_3$ 为常数，则

$$\lim_{n\to\infty}(c_1 x_n + c_2 y_n + c_3 z_n +) = c_1 \lim_{n\to\infty} x_n + c_2 \lim_{n\to\infty} y_n + c_3 \lim_{n\to\infty} z_n.$$

推论 7 设 $\lim\limits_{n\to\infty} x_n, \lim\limits_{n\to\infty} y_n, \lim\limits_{n\to\infty} z_n$ 都存在，则

$$\lim_{n\to\infty}(x_n \cdot y_n \cdot z_n) = \lim_{n\to\infty} x_n \cdot \lim_{n\to\infty} y_n \cdot \lim_{n\to\infty} z_n.$$

特别地，若 $\lim\limits_{n\to\infty} x_n = a$ 存在，而 k 为正整数，则

$$\lim_{n\to\infty} x_n^k = \left(\lim_{n\to\infty} x_n\right)^k = a^k.$$

例 3 求极限 $\lim\limits_{n\to\infty} \dfrac{4n^2+2}{3n^2+n+1}$.

解 $\lim\limits_{n\to\infty}\dfrac{4n^2+2}{3n^2+n+1} = \lim\limits_{n\to\infty}\dfrac{4+\dfrac{2}{n^2}}{3+\dfrac{1}{n}+\dfrac{1}{n^2}} = \dfrac{\lim\limits_{n\to\infty}\left(4+\dfrac{2}{n^2}\right)}{\lim\limits_{n\to\infty}\left(3+\dfrac{1}{n}+\dfrac{1}{n^2}\right)} = \dfrac{4+0}{3+0+0} = \dfrac{4}{3}$.

例 4 求极限 $\lim\limits_{n\to\infty}\dfrac{n^2+2n+1}{2n^3+n^2+4}$.

解 $\lim\limits_{n\to\infty}\dfrac{n^2+2n+1}{2n^3+n^2+4}=\lim\limits_{n\to\infty}\dfrac{\dfrac{1}{n}+\dfrac{2}{n^2}\dfrac{1}{n^3}}{2+\dfrac{1}{n}+\dfrac{4}{n^3}}=\dfrac{\lim\limits_{n\to\infty}\left(\dfrac{1}{n}+\dfrac{2}{n^2}\dfrac{1}{n^3}\right)}{\lim\limits_{n\to\infty}\left(2+\dfrac{1}{n}+\dfrac{4}{n^3}\right)}=\dfrac{0+0+0}{2+0+0}=0$.

例 5 求极限 $\lim\limits_{n\to\infty}\dfrac{(-2)^n+5^n}{(-2)^{n+1}+5^{n+1}}$.

解 $\lim\limits_{n\to\infty}\dfrac{(-2)^n+5^n}{(-2)^{n+1}+5^{n+1}}=\lim\limits_{n\to\infty}\dfrac{(-1)^n 2^n+5^n}{(-1)^{n+1}2\cdot 2^n+5\cdot 5^n}=\lim\limits_{n\to\infty}\dfrac{(-1)^n\left(\dfrac{2}{5}\right)^n+1}{(-1)^{n+1}2\cdot\left(\dfrac{2}{5}\right)^n+5}=\dfrac{1}{5}$.

例 6 求极限 $\lim\limits_{n\to\infty}(\sqrt{n^2+n}-n)$.

解 先将 $\sqrt{n^2+n}-n$ 有理化, 得

$$\lim_{n\to\infty}(\sqrt{n^2+n}-n)=\lim_{n\to\infty}\dfrac{n}{\sqrt{n^2+n}+n}=\lim_{n\to\infty}\dfrac{1}{\sqrt{1+\dfrac{1}{n}}+1}=\dfrac{1}{2}.$$

2.1.5 数列收敛的判别法

我们首先介绍单调数列.

定义 5 若数列 $\{a_n\}$ 满足条件

$$a_n \leqslant a_{n+1}\ (a_n \geqslant a_{n+1}),\ n\in \mathbf{Z}^+,$$

则称数列 $\{a_n\}$ 是**单调增加的（单调递减的）**，单调增加和单调递减的数列统称为**单调数列**.

定理 2（单调有界原理） 单调有界数列必有极限.

从数轴上直观分析，定理 2 的结论是显然的. 因为 a_n 作为数轴上的动点，若 $\{a_n\}$ 是单调递增数列，则动点 a_n 只能向右移动，所以只有两种可能情形：或者向右无限远离原点，或者向右无限趋近于某个定点，也就是说数列 $\{a_n\}$ 趋于一个极限. 但是 $\{a_n\}$ 是一个有界数列，即 $a_n\in[-M,M]$，所以第一种情况是不成立的. 从而表明这个数列趋于一个极限，并且这个极限的绝对值不超过 M. 对于单调递减数列 $\{a_n\}$ 也有类似的结论.

从上面的分析不难得到下面的结论：**单调递增（单调递减）有上界（下界）数列必有极限**.

例 7 设 $a > 0$，$a_0 > 0$，$a_{n+1} = \dfrac{1}{2}\left(a_n + \dfrac{a}{a_n}\right)$ $(n = 0, 1, 2, \cdots)$，证明 $\lim\limits_{n \to \infty} a_n = \sqrt{a}$.

证 由题设知，数列 $\{a_n\}$ 是一个非负数列，故

$$a_{n+1} = \frac{1}{2}\left(a_n + \frac{a}{a_n}\right) \geqslant \sqrt{a_n \cdot \frac{a}{a_n}} = \sqrt{a}, \text{ 即数列 } \{a_n\} \text{ 有下界}.$$

又

$$a_{n+1} - a_n = \frac{1}{2}\left(a_n + \frac{a}{a_n}\right) - a_n = \frac{a - a_n^2}{2a_n} \leqslant 0, \text{ 即 } a_{n+1} \leqslant a_n,$$

故数列 $\{a_n\}$ 单调递减有下界，由定理 2 知，$\lim\limits_{n \to \infty} a_n$ 存在，设 $\lim\limits_{n \to \infty} a_n = A$，则

$$\lim_{n \to \infty} a_{n+1} = \lim_{n \to \infty} \frac{1}{2}\left(a_n + \frac{a}{a_n}\right) = \frac{1}{2}\left(\lim_{n \to \infty} a_n + \lim_{n \to \infty} \frac{a}{a_n}\right),$$

即

$$A = \frac{1}{2}\left(A + \frac{a}{A}\right).$$

解出 $A = \pm\sqrt{a}$，由极限的保号性知，$A = -\sqrt{a}$ 舍去，故 $\lim\limits_{n \to \infty} a_n = \sqrt{a}$.

例 8 设 $x_n = \left(1 + \dfrac{1}{n}\right)^n$，证明数列 $\{x_n\}$ 收敛，且 $\lim\limits_{n \to \infty}\left(1 + \dfrac{1}{n}\right)^n = \mathrm{e}$.

证 首先证明数列 $\{x_n\}$ 单调增加，按照牛顿二项定理公式，有

$$x_n = \left(1 + \frac{1}{n}\right)^n$$

$$= 1 + n \cdot \frac{1}{n} + \frac{n(n-1)}{2!} \cdot \frac{1}{n^2} + \frac{n(n-1)(n-2)}{3!} \cdot \frac{1}{n^3} + \cdots + \frac{n(n-1)\cdots(n-n+1)}{n!} \cdot \frac{1}{n^n}$$

$$= 1 + 1 + \frac{1}{2!}\left(1 - \frac{1}{n}\right) + \frac{1}{3!}\left(1 - \frac{1}{n}\right)\left(1 - \frac{2}{n}\right) + \cdots + \frac{1}{n!}\left(1 - \frac{1}{n}\right)\left(1 - \frac{2}{n}\right)\cdots\left(1 - \frac{n-1}{n}\right),$$

类似地，有

$$x_{n+1} = 1 + 1 + \frac{1}{2!}\left(1 - \frac{1}{n+1}\right) + \frac{1}{3!}\left(1 - \frac{1}{n+1}\right)\left(1 - \frac{2}{n+1}\right) + \cdots$$

$$+ \frac{1}{(n+1)!}\left(1 - \frac{1}{n+1}\right)\left(1 - \frac{2}{n+1}\right)\cdots\left(1 - \frac{n}{n+1}\right),$$

由此可见，$x_n < x_{n+1}$，故数列$\{x_n\}$单调增加.

其次证明数列$\{x_n\}$有界. 由于

$$x_n = 1 + 1 + \frac{1}{2!}\left(1 - \frac{1}{n}\right) + \frac{1}{3!}\left(1 - \frac{1}{n}\right)\left(1 - \frac{2}{n}\right) + \cdots + \frac{1}{n!}\left(1 - \frac{1}{n}\right)\left(1 - \frac{2}{n}\right)\cdots\left(1 - \frac{n-1}{n}\right)$$

$$< 1 + 1 + \frac{1}{2!} + \frac{1}{3!} + \cdots + \frac{1}{n!}$$

$$< 1 + 1 + \frac{1}{2} + \frac{1}{2^2} + \cdots + \frac{1}{2^{n-1}}$$

$$< 1 + \frac{1 - \frac{1}{2^n}}{1 - \frac{1}{2}} = 3 - \frac{1}{2^{n-1}} < 3,$$

故数列$\{x_n\}$有界，由定理1便知数列$\{x_n\}$收敛，将其极限记为e，于是

$$\lim_{n \to \infty}\left(1 + \frac{1}{n}\right)^n = e.$$

注 $\lim_{n \to \infty}\left(1 + \frac{1}{n}\right)^n = e$ 为一个**重要极限公式**，在以后做题时可以灵活运用.

例9 求 $\lim_{n \to \infty}\left(\dfrac{n}{n+1}\right)^n$.

解 由 $\left(\dfrac{n}{n+1}\right)^n = \left(\dfrac{1}{1 + \dfrac{1}{n}}\right)^n = \dfrac{1}{\left(1 + \dfrac{1}{n}\right)^n}$，得

$$\lim_{n \to \infty}\left(\frac{n}{n+1}\right)^n = \lim_{n \to \infty}\frac{1}{\left(1 + \dfrac{1}{n}\right)^n} = \frac{1}{\lim_{n \to \infty}\left(1 + \dfrac{1}{n}\right)^n} = \frac{1}{e}.$$

例10 求 $\lim_{n \to \infty}\left(\dfrac{n+2}{n+1}\right)^{2n}$.

解 $\lim_{n \to \infty}\left(\dfrac{n+2}{n+1}\right)^{2n} = \lim_{n \to \infty}\left(1 + \dfrac{1}{n+1}\right)^{2n}$

$$= \lim_{n \to \infty}\left[\left(1 + \frac{1}{n+1}\right)^{n+1}\right]^2 \left(1 + \frac{1}{n+1}\right)^{-2}$$

$$= \lim_{n \to \infty}\left[\left(1 + \frac{1}{n+1}\right)^{n+1}\right]^2 \lim_{n \to \infty}\left(1 + \frac{1}{n+1}\right)^{-2}$$

$$= e^2.$$

定理 3（夹逼定理） 如果数列 $\{a_n\}$、$\{b_n\}$、$\{c_n\}$ 满足下列条件：

(1) 自某项起，有 $b_n \leqslant a_n \leqslant c_n$；

(2) $\lim\limits_{n\to\infty} b_n = a$，$\lim\limits_{n\to\infty} c_n = a$，

那么数列 $\{a_n\}$ 极限存在，且 $\lim\limits_{n\to\infty} a_n = a$.

这一定理可以这样理解：由 $\lim\limits_{n\to\infty} b_n = a$，$\lim\limits_{n\to\infty} c_n = a$ 知，当 $n \to \infty$ 时，b_n，c_n 无限接近于 a，而 $b_n \leqslant a_n \leqslant c_n$，因此 a_n 也无限接近于 a.

例 11 求极限 $\lim\limits_{n\to\infty}\left(\dfrac{1}{\sqrt{n^2+1}} + \dfrac{1}{\sqrt{n^2+2}} + \cdots + \dfrac{1}{\sqrt{n^2+n}}\right)$.

解 因为 $n \cdot \dfrac{1}{\sqrt{n^2+n}} \leqslant \left(\dfrac{1}{\sqrt{n^2+1}} + \dfrac{1}{\sqrt{n^2+2}} + \cdots + \dfrac{1}{\sqrt{n^2+n}}\right) \leqslant n \cdot \dfrac{1}{\sqrt{n^2+1}}$，

而

$$\lim_{n\to\infty}\dfrac{n}{\sqrt{n^2+n}} = \lim_{n\to\infty}\dfrac{1}{\sqrt{1+\dfrac{1}{n}}} = 1，\quad \lim_{n\to\infty}\dfrac{n}{\sqrt{n^2+1}} = \lim_{n\to\infty}\dfrac{1}{\sqrt{1+\dfrac{1}{n^2}}} = 1，$$

由夹逼定理知

$$\lim_{n\to\infty}\left(\dfrac{1}{\sqrt{n^2+1}} + \dfrac{1}{\sqrt{n^2+2}} + \cdots + \dfrac{1}{\sqrt{n^2+n}}\right) = 1.$$

习题 2.1

1. 填空题

(1) $\lim\limits_{n\to\infty}\dfrac{1+2+\cdots+n}{\dfrac{1}{2}n^2} = $ _____.

(2) 数列 $1 + \dfrac{1}{2} + \dfrac{1}{2^2} + \cdots + \dfrac{1}{2^n}$ 的极限是 _____.

(3) $\lim\limits_{n\to\infty}\left(1 + \dfrac{1}{n}\right)^{2n} = $ _____.

2. 选择题

(1) 设 $\lim\limits_{n\to\infty} x_n = 1$，$\lim\limits_{n\to\infty} y_n = 0$，则 $\lim\limits_{n\to\infty} x_n y_n = ($).

A. ∞．   B. 0．   C. 1．   D. 不存在．

(2) 下列数列的发散是（ ）.

A. $\left\{1 + \dfrac{1}{n^2}\right\}$ B. $\left\{\left(-\dfrac{1}{2}\right)^n\right\}$ C. $\{2 + (-1)^n\}$ D. $\left\{\dfrac{n-1}{n+1}\right\}$

3. 求下列数列的极限

(1) $\lim\limits_{n\to\infty} \dfrac{4n^2+2}{3n^2+n+1}$

(2) $\lim\limits_{n\to\infty} \dfrac{\sqrt[3]{n^2+n}}{n}$

(3) $\lim\limits_{n\to\infty} \left(1+\dfrac{3}{n+1}\right)^n$

(4) $\lim\limits_{n\to\infty} \left(\dfrac{n+2}{n+1}\right)^n$

4. 证明：$\lim\limits_{n\to\infty} n\left(\dfrac{1}{n^2+\pi}+\dfrac{1}{n^2+2\pi}+\cdots+\dfrac{1}{n^2+n\pi}\right)=1$.

2.2 函数极限

2.1 节介绍了数列的极限，现在我们来讨论另一种更为重要的极限，即函数的极限，它与数列的极限有本质的不同，但又有非常密切的联系.

2.2.1 函数极限的定义

设函数 $f(x)$ 的定义域为 D，函数 $f(x)$ 的极限就是自变量 x 在定义域 D 内变化时，相应的函数值 $f(x)$ 的变化趋势.考虑到函数定义域的各种形式，自变量 x 的变化趋势有些复杂，主要研究以下两种情形：

(1) 自变量 x 任意接近于 x_0，且 $x\neq x_0$，简记为 $x\to x_0$.

它有两种特殊情形：

一种情形是自变量 x 从右侧接近于 x_0 即 $x>x_0$，简记为 $x\to x_0^+$；

另一种情形是自变量 x 从左侧接近于 x_0 即 $x<x_0$，简记为 $x\to x_0^-$.

(2) 自变量 x 的绝对值 $|x|$ 无限增大，称作. 趋向于无穷大，简记为 $x\to\infty$.

它也有两种特殊情形：

一种情形是自变量 x 沿数轴正方向趋于无穷大，简记为 $x\to+\infty$；

另一种情形是自变量 x 沿数轴负方向趋于无穷大，简记为 $x\to-\infty$；

本小节从以上两种情形分别研究函数 $f(x)$ 的极限.

1. $x\to x_0$ 时函数 $f(x)$ 的极限

所谓"当 $x\to x_0$ 时函数 $f(x)$ 的极限"，就是研究当自变量 x 无限接近 x_0 时，函数 $f(x)$ 的变化趋势. 先看两个例子.

例 1 函数 $f(x)=\dfrac{x}{2}+2$ 当 $x\to 2$ 时的变化趋势.

解 函数的定义域为 $(-\infty,+\infty)$，图 2-2 表示的是几何描述. 也可用数据描述，见表 2-1.

表 2-1

X	1.9	1.99	1.999	1.9999	⋯→2←⋯	2.0001	2.001	2.01	2.1
$f(x)$	2.95	2.995	2.9995	2.99995	⋯→3←⋯	3.00005	3.0005	3.005	3.05

从表 2-1 看出，当 x 无论从 2 的左侧还是右侧无限接近于 2 时，函数 $f(x)=\dfrac{x}{2}+2$ 都无限接近于 3. 这时称 3 为 $f(x)=\dfrac{x}{2}+2$ 当 $x \to 2$ 时的极限.

例 2　考察函数 $f(x)=\dfrac{x^2-1}{x-1}$ 当 $x \to 1$ 时的变化趋势.

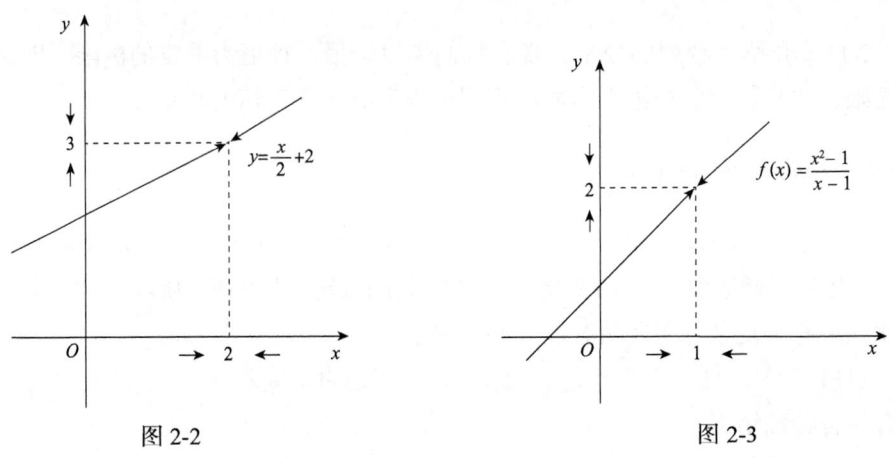

图 2-2　　　　　　　　　图 2-3

解　函数的定义域为 $(-\infty, 1) \cup (1, +\infty)$，几何描述见图 2-3，数据描述见表 2-2.

表 2-2

X	0.9	0.99	0.999	0.9999	⋯→1←⋯	1.0001	1.001	1.01	1.1
$f(x)$	1.9	1.99	1.999	1.9999	⋯→2←⋯	2.0001	2.001	2.01	2.1

从表 2-2 看出，当 x 无论从 1 的左侧还是右侧无限接近于 1 时，函数 $f(x)=\dfrac{x^2-1}{x-1}$ 都无限接近于 2. 称 2 为 $f(x)=\dfrac{x^2-1}{x-1}$ 当 $x \to 1$ 时的极限.

下面给出函数极限一般的描述性定义.

定义 1　设函数 $f(x)$ 在点 x_0 的某一去心邻域内有定义，当 $x \to x_0$ 时，如果函数的值无限接近于某一确定常数 A，则称**常数 A 为函数 $f(x)$ 当 $x \to x_0$ 时的极限**，记为

$$\lim_{x \to x_0} f(x) = A \quad \text{或} \quad f(x) \to A \, (\text{当} \, x \to x_0).$$

注　函数 $f(x)$ 在点 x_0 处的极限存在与否与函数 $f(x)$ 在点 x_0 处是否有定义无

关,其中包含两层含义:其一,x_0可以不属于函数$f(x)$的定义域(见例2);其二,x_0可以属于函数$f(x)$的定义域,但这时函数$f(x)$在点x_0的极限与$f(x)$在点x_0的函数值$f(x_0)$没有任何联系.

由定义1,不难得出下列函数的极限:

(1) $\lim\limits_{x\to x_0} x = x_0$; (2) $\lim\limits_{x\to x_0} C = C$($C$为常数);

(3) $\lim\limits_{x\to 0} \sin x = 0$; (4) $\lim\limits_{x\to 0} \cos x = 1$;

(5) $\lim\limits_{x\to 0} e^x = 1$,$\lim\limits_{x\to 0} a^x = 1$($a>0$且$a\neq 1$).

在当$x\to x_0$时函数$f(x)$的极限定义中,x是既从点x_0的左侧也从点x_0的右侧接近x_0的,但有时只能或只需考虑x仅从点x_0的左侧接近x_0(即$x\to x_0^-$)的情形,或x仅从点x_0的右侧接近x_0(即$x\to x_0^+$)的情形,这时只需将$\lim\limits_{x\to x_0} f(x) = A$的定义作适当改变即可.

定义 2 设函数$f(x)$在点x_0的某一左邻域$(x_0-\delta, x_0)$($\delta>0$)内有定义,当$x\to x_0^-$时,如果函数$f(x)$的值无限接近于某一确定常数A,那么称常数A为函数$f(x)$当$x\to x_0^-$时的左极限,记为

$$\lim_{x\to x_0^-} f(x) = A \quad 或 \quad f(x_0^-) = A.$$

定义 3 设函数$f(x)$在点x_0的某一右邻域$(x_0, x_0+\delta)$($\delta>0$)内有定义,当$x\to x_0^+$时,如果函数$f(x)$的值无限接近于某一确定常数A,那么称常数A为函数$f(x)$当$x\to x_0^+$时的右极限,记为

$$\lim_{x\to x_0^+} f(x) = A \quad 或 \quad f(x_0^+) = A.$$

左极限和右极限统称为**单侧极限**.容易看到,单侧极限只是极限的特殊情形,如果当$x\to x_0$时$f(x)$的极限为A,那么它的左右极限也应该是A,反过来的结论也成立,故有如下定理:

定理1 $\lim\limits_{x\to x_0} f(x) = A$成立的充分必要条件是

$$\lim_{x\to x_0^-} f(x) = \lim_{x\to x_0^+} f(x) = A.$$

由定理1知,如果函数$f(x)$在点x_0处左极限和右极限中至少有一个不存在或都存在但不相等,那么函数$f(x)$在点x_0处的极限是不存在的.

例3 设函数$f(x) = \dfrac{|x|}{x}$,求极限$\lim\limits_{x\to 0^-} f(x)$,$\lim\limits_{x\to 0^+} f(x)$,$\lim\limits_{x\to 0} f(x)$.

解 当$x>0$时,$|x|=x$,则

$$\lim_{x \to 0^+} \frac{|x|}{x} = \lim_{x \to 0^+} \frac{x}{x} = \lim_{x \to 0^+} 1 = 1;$$

当 $x<0$ 时，$|x|=-x$，则

$$\lim_{x \to 0^-} \frac{|x|}{x} = \lim_{x \to 0^-} \frac{-x}{x} = \lim_{x \to 0^-} (-1) = -1.$$

因为

$$\lim_{x \to 0^-} f(x) \neq \lim_{x \to 0^+} f(x),$$

由定理 1 得，$\lim\limits_{x \to 0} f(x)$ 不存在（见图 2-4）.

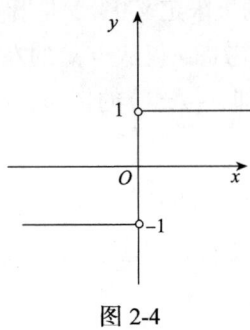

图 2-4

例 4 讨论函数

$$f(x) = \begin{cases} x-1, & x<0, \\ 0, & x=0, \\ x+1, & x>0, \end{cases}$$

当 $x \to 0$ 时 $f(x)$ 的极限.

解 当 $x<0$ 时，$f(x)=x-1$，则函数 $f(x)$ 的左极限

$$\lim_{x \to 0^-} f(x) = \lim_{x \to 0^-} (x-1) = -1,$$

当 $x>0$ 时，$f(x)=x+1$，则函数 $f(x)$ 的右极限

$$\lim_{x \to 0^+} f(x) = \lim_{x \to 0^+} (x+1) = 1.$$

因为左极限和右极限存在但不相等，所以当 $x \to 0$ 时 $f(x)$ 的极限不存在（见图 2-5）.

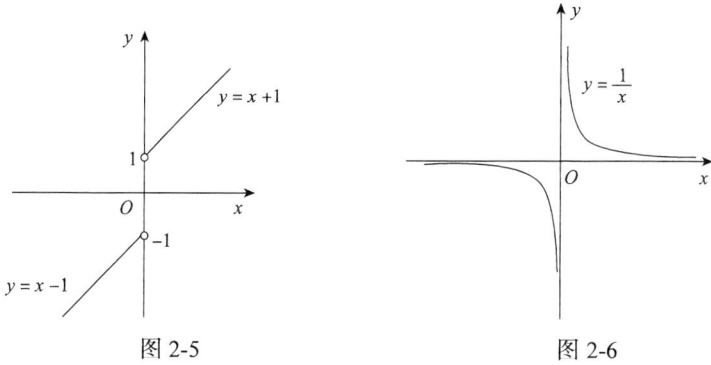

图 2-5　　　　　　　　　图 2-6

2. $x \to \infty$ 时函数 $f(x)$ 的极限

数列是自变量取自正整数的函数，即 $a_n = f(n)$，数列的极限就是研究函数 $f(x)$ 当自变量 x 跳跃式地按 $1,2,3,\cdots,n,\cdots$ 的顺序无限变大时函数值的变化趋势. 下面将这种特殊函数的极限推广到自变量 x 取自实数集的一般函数 $f(x)$.

例 5　考察函数 $f(x) = \dfrac{1}{x}$ 当 $x \to \infty$ 时的变化趋势.

解　函数 $f(x) = \dfrac{1}{x}$，当 $|x|$ 无限增大时，即 $x \to +\infty$ 及 $x \to -\infty$ 的这两个过程中，都有其对应函数值无限接近于常数 0（见图 2-6）.

于是，比较数列极限的定义，我们有

定义 4　设函数 $f(x)$ 当 $|x|$ 大于某一正数时有定义，当 $x \to \infty$ 时，如果函数 $f(x)$ 的值无限接近某一确定常数 A，则称常数 A 为函数 $f(x)$ 当 $x \to \infty$ 时的极限，记为

$$\lim_{x \to \infty} f(x) = A \quad \text{或} \quad f(x) \to A\,(\text{当}\, x \to \infty).$$

定义 5　设函数 $f(x)$ 当 x 大于某一正数时有定义，当 $x \to +\infty$ 时，如果函数 $f(x)$ 的值无限接近某一确定常数 A，则称**常数 A 为函数 $f(x)$ 当 $x \to +\infty$ 时的极限**，记为

$$\lim_{x \to +\infty} f(x) = A \quad \text{或} \quad f(x) \to A\,(\text{当}\, x \to +\infty).$$

定义 6　设函数 $f(x)$ 当 x 小于某一负数时有定义，当 $x \to -\infty$ 时，如果函数 $f(x)$ 的值无限接近某一确定常数 A，则称**常数 A 为函数 $f(x)$ 当 $x \to -\infty$ 时的极限**，记为

$$\lim_{x \to -\infty} f(x) = A \quad \text{或} \quad f(x) \to A\,(\text{当}\, x \to -\infty).$$

$\lim\limits_{x\to\infty}f(x)$，$\lim\limits_{x\to+\infty}f(x)$ 与 $\lim\limits_{x\to-\infty}f(x)$ 是三个不同的极限概念，也有与定理 1 类似的如下定理：

定理 2 $\lim\limits_{x\to\infty}f(x)=A$ 成立的充分必要条件是

$$\lim_{x\to-\infty}f(x)=\lim_{x\to+\infty}f(x)=A.$$

例 6 讨论极限 $\lim\limits_{x\to\infty}\arctan x$ 是否存在？

解 由函数 $f(x)=\arctan x$ 的图形（见图 2-7）知

$$\lim_{x\to-\infty}\arctan x=-\frac{\pi}{2},\quad \lim_{x\to+\infty}\arctan x=\frac{\pi}{2},$$

由于极限 $\lim\limits_{x\to-\infty}\arctan x$，$\lim\limits_{x\to+\infty}\arctan x$ 都存在，但不相等，由定理 2 知，极限 $\lim\limits_{x\to\infty}\arctan x$ 不存在.

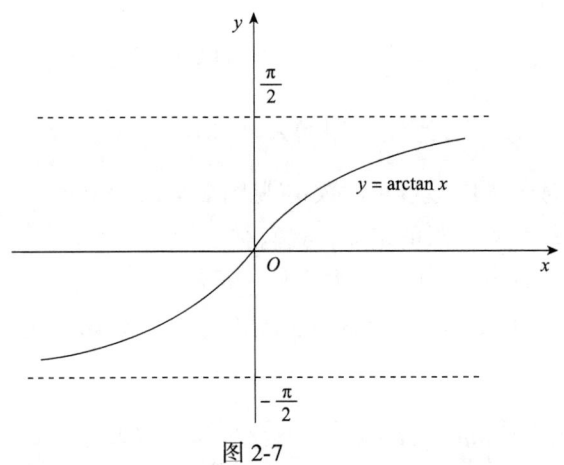

图 2-7

2.2.2　函数极限的性质

与收敛数列的性质相比较，可得函数极限的一些相应的性质.

性质 1（唯一性） 函数有极限则必唯一.

以下性质仅对 $x\to x_0$ 的情形给出，其他类型的极限也有类似的性质.

性质 2（局部有界性） 若极限 $\lim\limits_{x\to x_0}f(x)$ 存在，则函数 $f(x)$ 在点 x_0 的某去心邻域内有界.

性质 3（局部保号性） 若 $\lim\limits_{x\to x_0}f(x)=A$，$\lim\limits_{x\to x_0}g(x)=B$，且 $A>B$，则在点 x_0 的某去心邻域内恒有 $f(x)>g(x)$.

推论 1 若 $\lim\limits_{x\to x_0}f(x)=A$，$\lim\limits_{x\to x_0}g(x)=B$，且在点 x_0 的某去心邻域内恒有

$f(x) \geq g(x)$,则 $A \geq B$.

推论 2 设 $\lim_{x \to x_0} f(x) = A$,若 $A > 0$ 或 ($A < 0$),则在点 x_0 的某去心邻域内恒有 $f(x) > 0$(或 $f(x) < 0$).

推论 3 若在点 x_0 的某去心邻域内恒有 $f(x) \geq 0$(或 $f(x) \leq 0$),则有 $A \geq 0$(或 $A \leq 0$).

2.2.3 函数极限的四则运算

在下面的讨论中,记号"lim"下面没有标明自变量的变化过程,实际上,下面的定理对 $x \to x_0$ 及 $x \to \infty$ 都是成立的.

定理 3 设 $\lim f(x) = A$,$\lim g(x) = B$,则

(1) $\lim(f(x) \pm g(x)) = \lim f(x) \pm \lim g(x) = A \pm B$;

(2) $\lim(f(x) \cdot g(x)) = \lim f(x) \cdot \lim g(x) = A \cdot B$;

(3) $\lim \dfrac{f(x)}{g(x)} = \dfrac{\lim f(x)}{\lim g(x)} = \dfrac{A}{B}$(这里要求 $B \neq 0$).

推论 4 设 $\lim f(x)$ 存在,C 为常数,则

$$\lim[Cf(x)] = C[\lim f(x)].$$

推论 5 设 $\lim f_1(x), \lim f_2(x), \lim f_3(x)$ 都存在,C_1, C_2, C_3 为常数,则

$$\lim[C_1 f_1(x) + \lim C_2 f_2(x) + \lim C_3 f_3(x)]$$

$$= C_1 \lim f_1(x) + C_2 \lim f_2(x) + C_3 \lim f_3(x).$$

推论 6 设 $\lim f_1(x), \lim f_2(x), \lim f_3(x)$ 都存在,则

$$\lim[f_1(x) \cdot f_2(x) \cdot f_3(x)] = \lim f_1(x) \cdot \lim f_2(x) \cdot \lim f_3(x).$$

特别地,若 $\lim f(x)$ 存在,而 n 为正整数,则

$$\lim[f(x)]^n = [\lim f(x)]^n.$$

例 7 求 $\lim_{x \to 1}(2x^2 - 3x + 1)$.

解 $\lim_{x \to 1}(2x^2 - 3x + 1) = \lim_{x \to 1} 2x^2 - \lim_{x \to 1} 3x + \lim_{x \to 1} 1$

$= 2\lim_{x \to 1} x^2 - 3\lim_{x \to 1} x + 1$

$= 2 \times 1^2 - 3 \times 1 + 1 = 0$.

例 8 设 n 次多项式函数 $P_n(x) = a_0 x^n + a_1 x^{n-1} + \cdots + a_n$，其中 $a_0, a_1, \cdots, a_n$ 为常数，且 $a_0 \neq 0$，对任意 $x_0 \in \mathbf{R}$，证明：$\lim\limits_{x \to x_0} P_n(x) = P_n(x_0)$.

证 $\lim\limits_{x \to x_0} P_n(x) = \lim\limits_{x \to x_0}(a_0 x^n + a_1 x^{n-1} + \cdots + a_n)$

$\qquad = a_0 \lim\limits_{x \to x_0} x^n + a_1 \lim\limits_{x \to x_0} x^{n-1} + \cdots + \lim\limits_{x \to x_0} a_n)$

$\qquad = a_0 x_0^n + a_1 x_0^{n-1} + \cdots + a_n = P_n(x_0)$.

例 9 求 $\lim\limits_{x \to 2} \dfrac{x^2 + 1}{3x^3 - 2x^2 + 2}$.

解 因为 $\lim\limits_{x \to 2}(3x^3 - 2x^2 + 2) = 3 \times 2^3 - 2 \times 2^2 + 2 = 18 \neq 0$，所以

$$\lim_{x \to 2} \frac{x^2 + 1}{3x^3 - 2x^2 + 2} = \frac{\lim\limits_{x \to 2}(x^2 + 1)}{\lim\limits_{x \to 2}(3x^3 - 2x^2 + 2)} = \frac{2^2 + 1}{18} = \frac{5}{18}.$$

从上面两个例子可以看出，求有理整函数（多项式函数）或有理分式函数当 $x \to x_0$ 时的极限时，只要把 x_0 代替函数中的 x 就可以；但是对于有理分式函数，如果代入后分母等于零，那么就没有意义了．

事实上，设有理分式函数

$$Q(x) = \frac{P_m(x)}{P_n(x)},$$

其中 $P_m(x)$，$P_n(x)$ 分别表示 m 次，n 次多项式．

如果 $P_n(x_0) \neq 0$，则

$$\lim_{x \to x_0} Q(x) = \lim_{x \to x_0} \frac{P_m(x)}{P_n(x)} = \frac{\lim\limits_{x \to x_0} P_m(x)}{\lim\limits_{x \to x_0} P_n(x)} = \frac{P_m(x_0)}{P_n(x_0)} = Q(x_0).$$

如果 $P_n(x_0) = 0$，那么关于商的极限的运算法则就不适用了．

例 10 求 $\lim\limits_{x \to 1} \dfrac{x-1}{x^2 - 1}$.

解 因分子、分母有公因子 $x - 1$，当 $x \to 1$ 时，$x - 1 \to 0$，可以约去这个为零的公因子，所以

$$\lim_{x \to 1} \frac{x-1}{x^2-1} = \lim_{x \to 1} \frac{x-1}{(x-1)(x+1)} = \lim_{x \to 1} \frac{1}{x+1} = \frac{1}{2}.$$

例 11 求 $\lim\limits_{x \to \infty} \dfrac{2x^3 - 3x^2 + 5}{5x^3 + 2x^2 - 3}$.

解 $\lim\limits_{x \to \infty} \dfrac{2x^3 - 3x^2 + 5}{5x^3 + 2x^2 - 3} = \lim\limits_{x \to \infty} \dfrac{2 - \dfrac{3}{x} + \dfrac{5}{x^3}}{5 + \dfrac{2}{x} - \dfrac{3}{x^3}} = \dfrac{2 - 0 + 0}{5 + 0 - 0} = \dfrac{2}{5}.$

例 12 求 $\lim\limits_{x \to \infty} \dfrac{2x^2 + 3x - 1}{3x^3 - 2x^2 + 5}$.

解 $\lim\limits_{x \to \infty} \dfrac{2x^2 + 3x - 1}{3x^3 - 2x^2 + 5} = \lim\limits_{x \to \infty} \dfrac{\dfrac{2}{x} + \dfrac{3}{x^2} - \dfrac{1}{x^3}}{3 - \dfrac{2}{x} + \dfrac{5}{x^3}} = \dfrac{0 + 0 - 0}{3 - 0 + 0} = 0.$

在求有理函数(两个多项式相除)当 $x \to \infty$ 时的极限时,应把分子分母同时除以 x 的最高次方,可得到下述规律($a_0 \neq 0$,$b_0 \neq 0$):

$$\lim_{x \to \infty} \frac{a_0 x^m + a_1 x^{m-1} + \cdots + a_m}{b_0 x^n + b_1 x^{n-1} + \cdots + b_n} = \begin{cases} \dfrac{a_0}{b_0}, & \text{当} n = m, \\ 0, & \text{当} n > m. \end{cases}$$

对于 $n < m$,极限为 ∞(见 2.3.3 例 4).

例 13 求 $\lim\limits_{x \to \frac{\pi}{4}} \dfrac{\sin x - \cos x}{\cos 2x}$.

解 先对分式进行化简,有

$$\frac{\sin x - \cos x}{\cos 2x} = \frac{\sin x - \cos x}{\cos^2 x - \sin^2 x}$$

$$= \frac{\sin x - \cos x}{(\cos x - \sin x)(\cos x + \sin x)}$$

$$= \frac{-1}{\cos x + \sin x},$$

故

$$\lim_{x \to \frac{\pi}{4}} \frac{\sin x - \cos x}{\cos 2x} = \lim_{x \to \frac{\pi}{4}} \frac{-1}{\cos x + \sin x} = -\frac{\sqrt{2}}{2}.$$

例 14 已知 $\lim\limits_{x \to \infty} \left(\dfrac{x^2}{x+1} - ax + b \right) = 1$,

则 a, b 应为何值?

解 $\lim\limits_{x\to\infty}\left(\dfrac{x^2}{x+1}-ax+b\right)=\lim\limits_{x\to\infty}\dfrac{(1-a)x^2+(b-a)x+b}{x+1}=1$,

因为分子、分母中 x 的最高次幂应该相同,且 x 的最高次幂的系数应该相等,故 $1-a=0$ 并且 $b-a=1$,解得 $a=1$,$b=2$.

定理 4(复合函数极限的运算法) 设函数 $y=f[g(x)]$ 是由函数 $u=g(x)$ 与函数 $y=f(u)$ 复合而成,若 $\lim\limits_{x\to x_0}g(x)=u_0$,且 $g(x)\neq u_0$,$\lim\limits_{u\to u_0}f(u)=A$,则 $\lim\limits_{x\to x_0}f[g(x)]=A$.

注 (1) 定理 4 对其他类型的极限,也有类似的结论.

(2) 在实际中,利用复合函数极限的运算法则求极限时,不必事先验证 $\lim\limits_{u\to u_0}f(u)$ 的存在性,因其是否存在会随计算过程自动显示出来.

定理 4 是变量替换求极限的理论基础,相当于在 $\lim\limits_{x\to x_0}f[g(x)]$ 中令 $u=g(x)$,在极限过程 $x\to x_0$ 中,有 $u\to u_0$,则 $\lim\limits_{x\to x_0}f[g(x)]=\lim\limits_{u\to u_0}f(u)=A$.

通过定理 4 可求得幂指函数的极限,有如下推论:

推论 7 设 $\lim f(x)=A\,(A>0)$,$\lim g(x)=B$,则 $\lim f(x)^{g(x)}=A^B$.

例 15 求 $\lim\limits_{x\to 2}\sqrt{\dfrac{x-2}{x^2-4}}$.

解 由于 $\lim\limits_{x\to 2}\dfrac{x-2}{x^2-4}=\lim\limits_{x\to 2}\dfrac{1}{x+2}=\dfrac{1}{4}$,所以
$$\lim\limits_{x\to 2}\sqrt{\dfrac{x-2}{x^2-4}}=\dfrac{1}{2}.$$

2.2.4 函数极限存在的判别法

对于函数极限,也有夹逼定理,与数列极限的夹逼定理类似.

定理 5(函数极限的夹逼定理) 如果数列 $f(x),g(x),h(x)$ 都在 x_0 的某去心邻域内有定义,满足下列条件:

(1) $g(x)\leqslant f(x)\leqslant h(x)$,

(2) $\lim\limits_{x\to x_0}g(x)=\lim\limits_{x\to x_0}h(x)=A$,

那么数列 $\lim\limits_{x\to x_0}f(x)$ 极限存在且等于 A.

该定理对于其他极限情形依然成立,请读者自行证明.

例16（重要极限公式1） $\lim\limits_{x \to 0} \dfrac{\sin x}{x} = 1$.

证 首先注意到，函数 $\dfrac{\sin x}{x}$ 对于一切 $x \neq 0$ 都有意义，并且 x 改变符号时，函数值的符号不变，即 $\dfrac{\sin x}{x}$ 是一个偶函数，所以只需对 x 从右侧接近于零时来论证，即只需证明

$$\lim_{x \to 0^+} \frac{\sin x}{x} = 1.$$

作单位圆，设圆心角 $\angle BOC = x \left(0 < x < \dfrac{\pi}{2}\right)$，过点 B 的切线与 OC 的延长线相交于 D，又 $CA \perp OB$，由图 2-8 知

$$\sin x = AC, \quad x = \widehat{BC}, \quad \tan x = BD.$$

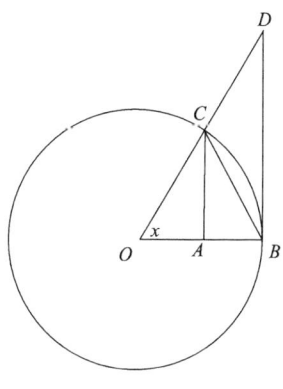

图2-8

而

ΔOBC 的面积 $<$ 扇形 OBC 的面积 $< \Delta OBD$ 的面积，

故

$$\frac{1}{2}\sin x < \frac{1}{2}x < \frac{1}{2}\tan x,$$

即

$$\sin x < x < \tan x,$$

不等号各边都除以 $\sin x$，得

$$1 < \frac{x}{\sin x} < \frac{1}{\cos x},$$

即

$$\cos x < \frac{\sin x}{x} < 1.$$

由 $\lim\limits_{x \to 0^+} \cos x = \cos 0 = 1$，根据夹逼定理，可得

$$\lim_{x \to 0^+} \frac{\sin x}{x} = 1,$$

综上所述，$\lim\limits_{x \to 0} \frac{\sin x}{x} = 1$.

例 17 求 $\lim\limits_{x \to 0} \frac{\tan x}{x}$.

解 $\lim\limits_{x \to 0} \frac{\tan x}{x} = \lim\limits_{x \to 0} \left(\frac{\sin x}{x} \cdot \frac{1}{\cos x} \right) = \lim\limits_{x \to 0} \frac{\sin x}{x} \cdot \lim\limits_{x \to 0} \frac{1}{\cos x} = 1$.

例 18 求 $\lim\limits_{x \to 0} \frac{\sin 3x}{x}$.

解 令 $u = 3x$，则当 $x \to 0$ 时，$u \to 0$，所以

$$\lim_{x \to 0} \frac{\sin 3x}{x} = 3 \lim_{x \to 0} \frac{\sin 3x}{3x} = 3 \lim_{u \to 0} \frac{\sin u}{u} = 3 \times 1 = 3.$$

注 如果正弦符号后面的变量与分母的变量相同，且都趋于零，则有

$$\lim_{f(x) \to 0} \frac{\sin f(x)}{f(x)} = \lim_{f(x) \to 0} \frac{f(x)}{\sin f(x)} = 1.$$

例 19 求 $\lim\limits_{x \to 0} \frac{1 - \cos x}{x^2}$.

解 $\lim\limits_{x \to 0} \frac{1 - \cos x}{x^2} = \lim\limits_{x \to 0} \frac{2 \sin^2 \frac{x}{2}}{x^2} = \frac{1}{2} \lim\limits_{x \to 0} \frac{\sin^2 \frac{x}{2}}{\left(\frac{x}{2} \right)^2}$

$$= \frac{1}{2} \lim_{x \to 0} \left(\frac{\sin \frac{x}{2}}{\frac{x}{2}} \right)^2$$

$$= \frac{1}{2} \times 1^2 = \frac{1}{2}.$$

例 20 求 $\lim\limits_{x\to 0}\dfrac{\arcsin x}{x}$.

解 令 $u=\arcsin x$，则 $x=\sin u$，当 $x\to 0$ 时，$u\to 0$，所以

$$\lim_{x\to 0}\frac{\arcsin x}{x}=\lim_{u\to 0}\frac{u}{\sin u}=1.$$

例 21（重要极限公式 2） $\lim\limits_{x\to\infty}\left(1+\dfrac{1}{x}\right)^x=\mathrm{e}$.

证 对于任何实数 $x>1$，都存在正整数 n，使得 $n\leqslant x<n+1$，所以，

$$\left(1+\frac{1}{n+1}\right)^n\leqslant\left(1+\frac{1}{x}\right)^x\leqslant\left(1+\frac{1}{n}\right)^{n+1},$$

显然，

$$\lim_{n\to\infty}\left(1+\frac{1}{n+1}\right)^n=\lim_{n\to\infty}\left(1+\frac{1}{n+1}\right)^{n+1}\left(1+\frac{1}{n+1}\right)^{-1}=\mathrm{e},$$

$$\lim_{n\to\infty}\left(1+\frac{1}{n}\right)^{n+1}=\lim_{n\to\infty}\left(1+\frac{1}{n}\right)^n\left(1+\frac{1}{n}\right)=\mathrm{e}.$$

注意 $x\to+\infty$ 与 $n\to\infty$ 是相互蕴含的，由夹逼定理，我们有

$$\lim_{x\to+\infty}\left(1+\frac{1}{x}\right)^x=\mathrm{e}.$$

其次证明 $\lim\limits_{x\to-\infty}\left(1+\dfrac{1}{x}\right)^x=\mathrm{e}$，做变换 $x=-t$，则当 $x\to-\infty$ 时，$t\to+\infty$，于是，

$$\lim_{x\to-\infty}\left(1+\frac{1}{x}\right)^x=\lim_{t\to+\infty}\left(1-\frac{1}{t}\right)^{-t}=\lim_{t\to+\infty}\left(\frac{t}{t-1}\right)^t$$

$$=\lim_{t\to+\infty}\left(1+\frac{1}{t-1}\right)^{t-1}\left(1+\frac{1}{t-1}\right)=\mathrm{e}.$$

于是

$$\lim_{x\to\infty}\left(1+\frac{1}{x}\right)^x=\mathrm{e}.$$

例22 求 $\lim\limits_{x\to\infty}\left(1-\dfrac{1}{x}\right)^x$.

解
$$\lim_{x\to\infty}\left(1-\dfrac{1}{x}\right)^x = \lim_{x\to\infty}\left(1+\dfrac{1}{-x}\right)^{(-x)(-1)}$$
$$= \lim_{x\to\infty}\dfrac{1}{\left(1+\dfrac{1}{-x}\right)^{-x}} = \dfrac{1}{\lim\limits_{x\to\infty}\left(1+\dfrac{1}{-x}\right)^{-x}} = \dfrac{1}{\mathrm{e}}.$$

例23 求 $\lim\limits_{x\to 0}(1+3x)^{\frac{1}{x}}$.

解
$$\lim_{x\to 0}(1+3x)^{\frac{1}{x}} = \lim_{x\to 0}(1+3x)^{\frac{1}{3x}\cdot 3}$$
$$= \lim_{x\to 0}\left[(1+3x)^{\frac{1}{3x}}\right]^3$$
$$= \mathrm{e}^3.$$

例24 求 $\lim\limits_{x\to 0}\dfrac{\ln(1+x)}{x}$.

解
$$\lim_{x\to 0}\dfrac{\ln(1+x)}{x} = \lim_{x\to 0}\left[\dfrac{1}{x}\ln(1+x)\right]$$
$$= \lim_{x\to 0}\ln(1+x)^{\frac{1}{x}}$$

而 $\lim\limits_{x\to 0}(1+x)^{\frac{1}{x}} = \mathrm{e}$，而 $\lim\limits_{u\to \mathrm{e}}\ln u = 1$，

所以 $\lim\limits_{x\to 0}\dfrac{\ln(1+x)}{x} = 1.$

例25 求 $\lim\limits_{x\to 0}\dfrac{\mathrm{e}^x-1}{x}$.

解 令 $u = \mathrm{e}^x - 1$，即 $x = \ln(1+u)$，则当 $x\to 0$ 时，$u\to 0$，于是
$$\lim_{x\to 0}\dfrac{\mathrm{e}^x-1}{x} = \lim_{u\to 0}\dfrac{u}{\ln(1+u)},$$

利用例 8 的结果，可知上述极限为 1，即 $\lim\limits_{x\to 0}\dfrac{\mathrm{e}^x-1}{x} = 1.$

例 26 求 $\lim\limits_{x\to 0}(1+x)^{\frac{3}{\tan x}}$.

解
$$\lim_{x\to 0}(1+x)^{\frac{3}{\tan x}} = \lim_{x\to 0}\left[(1+x)^{\frac{1}{x}}\right]^{\frac{3x}{\tan x}},$$

$$\lim_{x\to 0}(1+x)^{\frac{1}{x}} = e,\quad \lim_{x\to 0}\frac{3x}{\tan x} = 3,$$

由复合连续函数极限的求法，得

$$\lim_{x\to 0}(1+x)^{\frac{3}{\tan x}} = e^3.$$

习题 2.2

1. 填空题

(1) 函数 $f(x)$ 在 x_0 的某去心邻域内有界是 $\lim\limits_{x\to x_0}f(x)$ 存在的_____条件，$\lim\limits_{x\to x_0}f(x)$ 存在是函数 $f(x)$ 在 x_0 的某去心邻域内有界的_____条件.

(2) $\lim\limits_{x\to\infty}x\sin\dfrac{1}{x} = $ _____，$\lim\limits_{x\to\infty}x\sin\dfrac{2x}{x^2+1} = $ _____.

(3) 已知 $\lim\limits_{x\to\infty}\left(\dfrac{x^2}{1+x}+ax-b\right)=1$，则 $a=$ _____ $b=$ _____.

(4) $\lim\limits_{x\to 0}\dfrac{\sin^2 2x}{x^2} = $ _____，$\lim\limits_{x\to\infty}\left(1+\dfrac{3}{x}\right)^x = $ _____.

(5) 已知 $\lim\limits_{x\to+\infty}(3x-\sqrt{ax^2-x+1})=\dfrac{1}{6}$，则常数 $a=$ _____.

2. 单选题

(1) $\lim\limits_{x\to 1}\dfrac{x-1}{x^2-1} = ($).

A. 2 B. 0 C. 不存在 D. $\dfrac{1}{2}$

(2) $\lim\limits_{x\to\frac{\pi}{4}}\dfrac{\sin x-\cos x}{\cos 2x}$ ( ).

A. ∞ B. 0 C. $-\dfrac{\sqrt{2}}{2}$ D. $\dfrac{1}{2}$

(3) "$f(x)$ 在点 $x=x_0$ 处有定义" 是当 $x\to x_0$ 时 $f(x)$ 有极限的( ).

A. 必要条件 B. 充分条件 C. 充分必要条件 D. 无关条件

(4) $\lim\limits_{x\to 1}\dfrac{x^2-1}{x-1}e^{\frac{1}{x-1}} = ($).

A. ∞ B. $+\infty$ C. 0 D. 不存在

3. 求下列函数的极限.

(1) $\lim\limits_{x\to 2}(2x^2-5x+3)$;

(2) $\lim\limits_{x\to 2}\dfrac{x^2+5}{x-3}$;

(3) $\lim\limits_{x\to\infty}\left(1+\dfrac{3}{x}\right)^x$;

(4) $\lim\limits_{x\to\infty}\left(1+\dfrac{1}{x+1}\right)^x$.

4. 已知 $\lim\limits_{x\to 3}\dfrac{x-3}{x^2+ax+b}=1$,求常数 a,b.

2.3 无穷小与无穷大

我们在求复杂函数极限时,通常对函数每一部分的变化情况进行分析,以便得出函数的总体变化趋势. 为此,我们介绍无穷小与无穷大.

2.3.1 无穷小及其性质

1. 无穷小定义

定义 1 如果函数 $f(x)$ 当 $x\to x_0$(或 $x\to\infty$)时的极限为零,那么称函数 $f(x)$ 为当 $x\to x_0$(或 $x\to\infty$)时的**无穷小**.

例如,因为 $\lim\limits_{x\to 0}\sin x=0$,所以函数 $\sin x$ 是当 $x\to 0$ 时的无穷小;因为 $\lim\limits_{x\to-\infty}e^x=0$,所以函数 e^x 是当 $x\to-\infty$ 时的无穷小;同理,函数 $\dfrac{1}{x}$ 是当 $x\to\infty$ 时的无穷小.

注 (1)定义 1 中的极限还包括其他类型函数极限,例如 $x\to x_0^+$,$x\to+\infty$ 等.

(2)无穷小是一个以 0 为极限的变量,不是一个绝对值很小的数,而 0 是作为无穷小的唯一常数,它是无穷小的一个特例.

(3)无穷小是相对于自变量的某一具体变化过程而言的. 例如,当 $x\to\infty$ 时,$\dfrac{1}{x}$ 是无穷小,但当 $x\to 1$ 时,$\dfrac{1}{x}$ 就不是无穷小了.

2. 无穷小性质

性质 1 有限个无穷小的代数和是无穷小.

性质 2 有限个无穷小的乘积是无穷小.

性质 3 无穷小与有界函数的乘积是无穷小.

下面仅对 $x\to x_0$ 的情形,给出性质 1 的证明,其余的情形留给读者去完成.

证 先考虑两个无穷小的和.

设 $\alpha(x)$,$\beta(x)$ 是当 $x\to x_0$ 时的无穷小,则 $\lim\limits_{x\to x_0}\alpha(x)=0$,$\lim\limits_{x\to x_0}\beta(x)=0$,则

$$\lim_{x \to x_0}[\alpha(x)+\beta(x)] = \lim_{x \to x_0}\alpha(x) + \lim_{x \to x_0}\beta(x) = 0,$$ 即 $\alpha(x)+\beta(x)$ 是当 $x \to x_0$ 时的无穷小.

有限个无穷小之和的情形可以同样证明.

例 1 求 $\lim\limits_{x \to 0} x\sin\dfrac{1}{x}$.

解 当 $x \to 0$ 时, 函数 x 为无穷小, 而 $\left|\sin\dfrac{1}{x}\right| \leqslant 1$, 即函数 $\sin\dfrac{1}{x}$ 是有界函数, 由性质 3 知, $x\sin\dfrac{1}{x}$ 是当 $x \to 0$ 时的无穷小, 故

$$\lim_{x \to 0} x\sin\dfrac{1}{x} = 0.$$

例 2 求 $\lim\limits_{n \to \infty}\left(\dfrac{1}{n^2} + \dfrac{2}{n^2} + \cdots + \dfrac{n-1}{n^2}\right)$.

解 式中每一项都是当 $n \to \infty$ 时的无穷小, 但由于项数随 n 增大而不断增加, 已不是有限项之和, 故不能直接利用性质 1, 但由于

$$\dfrac{1}{n^2} + \dfrac{2}{n^2} + \cdots + \dfrac{n-1}{n^2} = \dfrac{1+2+\cdots+n-1}{n^2} = \dfrac{n(n-1)}{2n^2} = \dfrac{n^2-n}{2n^2},$$

所以

$$\lim_{n \to \infty}\left(\dfrac{1}{n^2} + \dfrac{2}{n^2} + \cdots + \dfrac{n-1}{n^2}\right) = \lim_{n \to \infty}\left(\dfrac{n^2-n}{2n^2}\right) = \dfrac{1}{2}.$$

注 无穷多个无穷小之和不一定是无穷小.

函数极限与无穷小之间存在密切联系, 下面的定理说明二者之间的关系.

定理 1 $\lim\limits_{x \to x_0} f(x) = A \Leftrightarrow f(x) = A + \alpha(x)$, 其中 $\alpha(x)$ 为 $x \to x_0$ 时的无穷小.

证 必要性: 由 $\lim\limits_{x \to x_0} f(x) = A$ 及极限的四则运算法则知,

$$\lim_{x \to x_0}[f(x)-A] = \lim_{x \to x_0} f(x) - \lim_{x \to x_0} A = A - A = 0,$$

故 $(f(x)-A)$ 是 $x \to x_0$ 时的无穷小, 记 $\alpha(x) = f(x) - A$.

充分性: 由 $f(x) = A + \alpha(x)$, 其中 $\alpha(x)$ 为 $x \to x_0$ 时的无穷小, 得

$$\lim_{x \to x_0}[f(x)-A] = \lim_{x \to x_0}\alpha(x) = 0,$$

故
$$\lim_{x\to x_0} f(x) = \lim_{x\to x_0}[(f(x)-A)+A] = \lim_{x\to x_0}(f(x)-A) + \lim_{x\to x_0} A = A.$$

2.3.2 无穷大及其性质

1. 无穷大定义

定义 2 如果当 $x \to x_0$（或 $x \to \infty$）时，函数 $f(x)$ 的绝对值无限增大，那么称函数 $f(x)$ 为 $x \to x_0$（或 $x \to \infty$）时的无穷大.

注 (1)函数 $f(x)$ 当 $x \to x_0$（或 $x \to \infty$）时为无穷大，按照函数极限的定义来说，极限是不存在的，但为了表示函数的这一性态，我们也说函数极限是无穷大，并记作 $\lim_{x \to x_0} f(x) = \infty$（或 $\lim_{x \to \infty} f(x) = \infty$）.

(2)无穷大不是一个很大数，而是一个变量，且在自变量的某个变化过程中其绝对值无限增大.

(3)无穷大与自变量的某一变化过程有关.

2. 无穷大性质

性质 1 两个正无穷大的和是正无穷大，两个负无穷大的和是负无穷大.

性质 2 两个无穷大的乘积仍是无穷大.

性质 3 无穷大与有界函数的代数和仍是无穷大.

2.3.3 无穷小与无穷大的关系

无穷大与无穷小之间有十分密切的联系，通过下面的定理给出二者之间的关系.

定理 2 在自变量的同一变化过程中，如果 $f(x)$ 为无穷大，那么 $\dfrac{1}{f(x)}$ 为无穷小；如果 $f(x)$ 为无穷小，且 $f(x) \neq 0$，那么 $\dfrac{1}{f(x)}$ 为无穷大.

证 仅就过程 $x \to x_0$ 给出证明.

设 $\lim_{x \to x_0} f(x) = \infty$，$\forall \varepsilon > 0$，因为 $\lim_{x \to x_0} f(x) = \infty$，所以对于正数 $M = \dfrac{1}{\varepsilon}, \exists \delta > 0$，当 $0 < |x - x_0| < \delta$ 时，有 $|f(x)| > M = \dfrac{1}{\varepsilon}$，

从而有

$$\left|\frac{1}{f(x)}\right| < \varepsilon,$$

所以 $\dfrac{1}{f(x)}$ 当 $x \to x_0$ 时为无穷小.

反之，设 $\lim\limits_{x \to x_0} f(x) = 0$，因为 $\lim\limits_{x \to x_0} f(x) = 0$，$\forall M > 0$，所以对于 $\varepsilon = \dfrac{1}{M}$，$\exists \delta > 0$，使得当 $0 < |x - x_0| < \delta$ 时，恒有

$$|f(x)| < \varepsilon = \frac{1}{M},$$

由于 $f(x) \neq 0$，从而

$$\left|\frac{1}{f(x)}\right| > M.$$

所以 $\dfrac{1}{f(x)}$ 当 $x \to x_0$ 时为无穷大. 类似地可以证明 $x \to \infty$ 时的情形.

注 与无穷小不同的是，在自变量的同一变化过程中，两个无穷大相加或相减的结果是不确定的. 因此无穷大没有和无穷小那样类似的性质，须具体问题具体分析.

例 3 求 $\lim\limits_{x \to 1} \dfrac{1}{x^2 - 1}$.

解 当 $x \to 1$ 时，$x^2 - 1$ 是无穷小，由定理 2 知，$\dfrac{1}{x^2 - 1}$ 是 $x \to 1$ 时的无穷大，即

$$\lim_{x \to 1} \frac{1}{x^2 - 1} = \infty.$$

例 4 求 $\lim\limits_{x \to \infty} \dfrac{3x^3 - 2x^2 + 5}{2x^2 + 3x - 1}$.

解 当 $x \to \infty$ 时，函数 $\dfrac{2x^2 + 3x - 1}{3x^3 - 2x^2 + 5}$ 的极限为零（即为无穷小量），所以其倒数 $\dfrac{3x^3 - 2x^2 + 5}{2x^2 + 3x - 1}$ 极限应为无穷大，即

$$\lim_{x \to \infty} \frac{3x^3 - 2x^2 + 5}{2x^2 + 3x - 1} = \infty.$$

2.3.4 无穷小阶的比较

由无穷小的性质可知，两个无穷小的和、差、积仍为无穷小，但是对于两个无穷小之商，必须具体分析，不可一概而论，例如，当 $x \to 0$ 时，函数 x，x^2，$\sin x$ 都是无穷小，但是，$\lim\limits_{x \to 0} \dfrac{x^2}{x} = 0$，$\lim\limits_{x \to 0} \dfrac{x}{x^2} = \infty$，$\lim\limits_{x \to 0} \dfrac{\sin x}{x} = 1$.

两个无穷小之比的极限的各种不同情形，反映了不同的无穷小趋于零的"快慢程度"。当 $x \to 0$ 时，观察函数 x，x^2，$\sin x$ 趋于零的快慢程度，见表2-3。

表 2-3

x	1	0.1	0.01	0.001	$\cdots \to 0$
$\sin x$	0.8415	0.0998	0.0099998	0.0009999998	$\cdots \to 0$
x^2	1	0.01	0.0001	0.000001	$\cdots \to 0$

显然，$x^2 \to 0$ 比 $x \to 0$ "快些"，而 $x \to 0$ 比 $x^2 \to 0$ "慢些"，$x \to 0$ 与 $\sin x \to 0$ "快慢相仿"。

为了比较无穷小趋于零的快慢程度，我们引入无穷小的阶的概念。

定义 3 设 α，β 是自变量在同一变化过程中的两个无穷小量，且 $\alpha \neq 0$，

(1) 若 $\lim \dfrac{\beta}{\alpha} = 0$，则称 β 是比 α **较高阶无穷小**，记作 $\beta = o(\alpha)$；

(2) 若 $\lim \dfrac{\beta}{\alpha} = \infty$，则称 β 是比 α **较低阶无穷小**；

(3) 若 $\lim \dfrac{\beta}{\alpha} = c \neq 0$，则称 β 与 α 是**同阶无穷小**；

(4) 若 $\lim \dfrac{\beta}{\alpha} = 1$，则称 β 与 α 是**等价无穷小**，记作 $\beta \sim \alpha$；

(5) 若 $\lim \dfrac{\beta}{\alpha^k} = c \neq 0$，$k > 0$，则称 β 是关于 α 的 k **阶无穷小**。

显然，等价无穷小是同阶无穷小的特例，即 $c = 1$ 的情形。

下面举一些例子：

因为 $\lim\limits_{x \to 0} \dfrac{3x^2}{x} = 0$，所以当 $x \to 0$ 时，$3x^2$ 是比 x 高阶无穷小，即 $3x^2 = o(x)(x \to 0)$。

因为 $\lim\limits_{n \to \infty} \dfrac{\dfrac{1}{n}}{\dfrac{1}{n^2}} = \infty$，所以当 $n \to \infty$ 时，$\dfrac{1}{n}$ 是比 $\dfrac{1}{n^2}$ 低阶无穷小。

因为 $\lim\limits_{x \to 3} \dfrac{x^2 - 9}{x - 3} = 6$，所以当 $x \to 3$ 时，$x^2 - 9$ 与 $x - 3$ 是同阶无穷小。

因为 $\lim\limits_{x \to 0} \dfrac{\sin x}{x} = 1$，所以当 $x \to 0$ 时，$\sin x$ 与 x 是等价无穷小，即 $\sin x \sim x(x \to 0)$。

关于等价无穷小，有一个非常重要的性质，即等价无穷小可以互相代换，通常把这个性质称为**无穷小代换原理**。

41

定理 3 设 $\alpha \sim \alpha'$，$\beta \sim \beta'$，且 $\lim \dfrac{\alpha}{\beta}$ 存在，则

$$\lim \frac{\alpha}{\beta} = \lim \frac{\alpha'}{\beta'}.$$

证 $\lim \dfrac{\alpha}{\beta} = \lim \dfrac{\alpha}{\alpha'} \cdot \dfrac{\alpha'}{\beta'} \cdot \dfrac{\beta'}{\beta} = \lim \dfrac{\alpha}{\alpha'} \cdot \lim \dfrac{\alpha'}{\beta'} \cdot \lim \dfrac{\beta'}{\beta} = \lim \dfrac{\alpha'}{\beta'}.$

显然，利用无穷小代换原理求极限，可以大大简化计算，下面给出常见的等价无穷小.

当 $x \to 0$ 时，

$x \sim \sin x \sim \tan x \sim \arcsin x \sim \arctan x$；$1 - \cos x \sim \dfrac{1}{2}x^2$；

$e^x - 1 \sim x$；$a^x - 1 \sim x \ln a$ $(a > 0, a \neq 1)$；

$x \sim \ln(1+x)$；$(1+x)^{\frac{1}{n}} - 1 \sim \dfrac{1}{n}x$ $(n \in \mathbf{N}^+)$；特别地，$\sqrt{1+x} - 1 \sim \dfrac{1}{2}x.$

当 $x \to 1$ 时，$\ln x \sim x - 1$.

例 5 求 $\lim\limits_{x \to 0} \dfrac{\sin 3x}{\tan 5x}$.

解 当 $x \to 0$ 时，$\sin 3x \sim 3x$，$\tan 5x \sim 5x$，所以

$$\lim_{x \to 0} \frac{\sin 3x}{\tan 5x} = \lim_{x \to 0} \frac{3x}{5x} = \frac{3}{5}.$$

例 6 求 $\lim\limits_{x \to 0} \dfrac{e^x - 1}{x^2 + 5x}$.

解 当 $x \to 0$ 时，$e^x - 1 \sim x$，所以

$$\lim_{x \to 0} \frac{e^x - 1}{x^2 + 5x} = \lim_{x \to 0} \frac{x}{x(x+5)} = \lim_{x \to 0} \frac{1}{x+5} = \frac{1}{5}.$$

例 7 $\lim\limits_{x \to 0} \dfrac{\tan x - \sin x}{\sin^3 x}$.

解

$$\frac{\tan x - \sin x}{\sin^3 x} = \frac{\tan x(1 - \cos x)}{\sin^3 x},$$

当 $x \to 0$ 时，$\sin x \sim x$，$\tan x \sim x$，$1 - \cos x \sim \dfrac{1}{2}x^2$，所以

$$\lim_{x\to 0}\frac{\tan x-\sin x}{\sin^3 x}=\lim_{x\to 0}\frac{\tan x(1-\cos x)}{\sin^3 x}=\lim_{x\to 0}\frac{x\cdot\frac{1}{2}x^2}{x^3}=\frac{1}{2}.$$

在上述求极限过程中，使用了等价无穷小代换，但应注意，不是所有式子都能代换，否则会得出错误的结果，如

$$\lim_{x\to 0}\frac{\tan x-\sin x}{\sin^3 x}=\lim_{x\to 0}\frac{x-x}{x^3}=0.$$

例 8 求 $\lim\limits_{x\to 0}\dfrac{\sin 2x}{x+x^3}$.

解 当 $x\to 0$ 时，$\sin 2x\sim 2x$，所以

$$\lim_{x\to 0}\frac{\sin 2x}{x+x^3}=\lim_{x\to 0}\frac{2x}{x+x^3}=\lim_{x\to 0}\frac{2}{1+x^2}=2.$$

例 9 求极限 $\lim\limits_{x\to 0}\dfrac{\sqrt{1+x^4}-1}{x^2(1-\cos x)}$.

解 由于当 $x\to 0$ 时，$1-\cos x\sim\dfrac{1}{2}x^2$，$\sqrt{1+x^4}-1\sim\dfrac{x^4}{2}$，故

$$\lim_{x\to 0}\frac{\sqrt{1+x^4}-1}{x^2(1-\cos x)}=\lim_{x\to 0}\frac{\frac{x^4}{2}}{x^2\cdot\frac{x^2}{2}}=1.$$

习题 2.3

1. 填空题

(1) 当 $x\to+\infty$ 时，若 $f(x)=\dfrac{px^2-2}{x+1}-3qx+5$ 为无穷大，则 pq 满足条件_____.

若 $f(x)$ 为无穷小，则 pq 满足条件_____.

(2) $\lim\limits_{x\to 0}\dfrac{\sin 5x}{x}=$ _____.

(3) $\lim\limits_{x\to 0}\dfrac{\sqrt{1+2x}-1}{x}=$ _____.

(4) 设当 $x\to 0$ 时，ax^2 与 $\tan\dfrac{x^2}{4}$ 为等价无穷小，则 $a=$ _____.

2. 单选题

(1) 当 $x\to 0$ 时，$(1-\cos x)^2$ 是 $\sin^2 x$ 的（   ）.

A. 高阶无穷小

B. 同阶无穷小，但非等价无穷小

C. 低阶无穷小

D. 等价无穷小

(2) 若 $x \to 0$ 时，$\tan 3x$ 与 $\dfrac{ax}{\cos x}$ 是等价无穷小，则 $a = ($　　$)$．

A. 1　　　　　　　B. 2　　　　　　　C. 3　　　　　　　D. 4

(3) 当 $x \to 0$ 时，下列函数中哪个是其他三个的高阶无穷小量($\quad$)．

A. x^2　　　　　　B. $1-\cos x$　　　　C. $\sin x$　　　　D. $\ln(1+x^2)$

3. 求下列函数的极限

(1) $\lim\limits_{x \to 0} \dfrac{\sin 2x}{\tan 3x}$;

(2) $\lim\limits_{x \to 0} \dfrac{\arctan x}{x}$;

(3) $\lim\limits_{x \to 0} \dfrac{\sin^2 2x}{x^2}$;

(4) $\lim\limits_{x \to \infty} x \sin \dfrac{1}{x}$;

(5) $\lim\limits_{x \to -1} (x+1) \sin \dfrac{1}{x+1}$;

(6) $\lim\limits_{x \to 0} \dfrac{1-\cos x}{x \sin x}$;

(7) $\lim\limits_{x \to 0} \dfrac{\sin(\sin x)}{x}$;

(8) $\lim\limits_{x \to \infty} \dfrac{x \cos x}{x^2+1}$;

(9) $\lim\limits_{x \to 0} \dfrac{(e^x-1)^2}{2x \ln(1+3x)}$;

(10) $\lim\limits_{x \to 0} \dfrac{x \arcsin x \sin \dfrac{1}{x}}{\sin x}$.

2.4　函数的连续性

与函数的极限概念密切联系的另一个基本概念是函数的连续性．连续是函数的重要性态之一，它反映了我们所观察到的许多自然现象的共同特性．例如，生物的连续生长，流体的连续流动，以及气温的连续变化等等．为了描述这类现象，在数学上就引进了函数的连续性．

2.4.1　连续函数的概念

我们知道气温是时间的函数，当时间变化不大时，气温的变化也不大；物体的路程是时间的函数，当时间变化不大时，路程变化也不大；金属丝的长度是温度的函数，当温度变化不大时，金属丝变化的长度也不大；等等．这些现象在函数关系上的反映，就是函数的连续性．为了描述函数的连续性，下面我们先引入增量的概念．

在函数 $y = f(x)$ 的定义域中，设自变量 x 从它的一个初值 x_0 变到终值 x_1，终值与初值之差 $x_1 - x_0$ 称为自变量 x 的**增量**(或**改变量**)，记为 Δx，即 $\Delta x = x_1 - x_0$．

增量 Δx 可以是正的，也可以是负的．当 Δx 为正时，自变量 x 从 x_0 增加到

$x_0 + \Delta x$；当 Δx 为负时，自变量 x 从 x_0 减少到 $x_0 + \Delta x$．

设函数 $y = f(x)$ 在 x_0 的某邻域内有定义，当自变量从初值 x_0 变到终值 $x_0 + \Delta x$ 时，函数 $f(x)$ 的值相应的从 $f(x_0)$ 变到 $f(x_0 + \Delta x)$，因此函数 $f(x)$ 相应的增量为

$$\Delta y = f(x_0 + \Delta x) - f(x_0),$$

注 $\Delta x, \Delta y$ 是完整的记号．

几何上，函数的增量 Δy 表示当自变量 x 从 x_0 变到 $x_0 + \Delta x$ 时，曲线上对应点的纵坐标的改变量．见图 2-9．

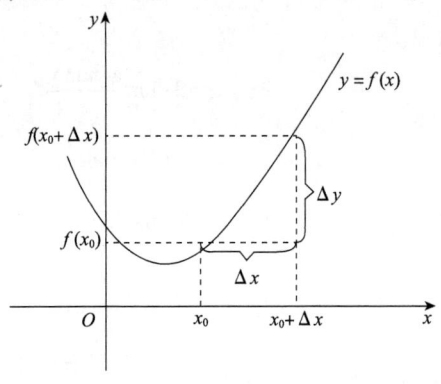

图 2-9

函数的连续性的概念可以通过增量来描述，定义如下：

定义 1 设函数 $y = f(x)$ 在点 x_0 的某邻域内有定义，如果当自变量在 x_0 处的增量 Δx 趋于零时，函数 y 的对应增量 $\Delta y = f(x_0 + \Delta x) - f(x_0)$ 也趋于零，即

$$\lim_{\Delta x \to 0} \Delta y = 0 \text{ 或 } \lim_{\Delta x \to 0} [f(x_0 + \Delta x) - f(x_0)] = 0,$$

那么称函数 $y = f(x)$ **在点 x_0 处连续**，点 x_0 称为函数 $y = f(x)$ **的连续点**．

例 1 证明函数 $y = x^3 + 1$ 在 $x = x_0$ 处连续．

证 函数 $y = x^3 + 1$ 在 $x = x_0$ 处的增量

$$\Delta y = \left[(x_0 + \Delta x)^3 + 1\right] - \left(x_0^3 + 1\right) = 3x_0^2 \Delta x + 3x_0(\Delta x)^2 + (\Delta x)^3,$$

因为

$$\lim_{\Delta x \to 0} \Delta y = \lim_{\Delta x \to 0} \left[3x_0^2 \Delta x + 3x_0(\Delta x)^2 + (\Delta x)^3\right] = 0,$$

所以，函数 $y = x^3 + 1$ 在 $x = x_0$ 处连续．

在定义 1 中，由 $\lim_{\Delta x \to 0} [f(x_0 + \Delta x) - f(x_0)] = 0$ 得，$\lim_{\Delta x \to 0} f(x_0 + \Delta x) = f(x_0)$，设 $x = x_0 + \Delta x$，当 $\Delta x \to 0$ 时，$x \to x_0$，于是

$$\lim_{x \to x_0} f(x) = f(x_0).$$

因此,函数 $y = f(x)$ 在点 x_0 处连续有如下等价定义:

定义 2 设函数 $y = f(x)$ 在点 x_0 的某邻域内有定义,且在点 x_0 处的极限值等于该点的函数值,即

$$\lim_{x \to x_0} f(x) = f(x_0),$$

则称**函数** $y = f(x)$ **在点** x_0 **处连续**.

我们对定义 2 的等式 $\lim_{x \to x_0} f(x) = f(x_0)$ 作细致的分析可看出:所谓函数 $y = f(x)$ 在点 x_0 连续,即要求函数 $y = f(x)$ 满足以下三条:

(1) 函数 $y = f(x)$ 在点 x_0 有定义;

(2) 极限 $\lim_{x \to x_0} f(x)$ 存在;

(3) 极限值与函数值相等,即 $\lim_{x \to x_0} f(x) = f(x_0)$.

若以上三条有一条不满足,则函数就不连续.

所谓函数 $f(x)$ 在点 x_0 连续:函数 $f(x)$ 在点 x_0 的左极限 $\lim_{x \to x_0^-} f(x)$、右极限 $\lim_{x \to x_0^+} f(x)$、函数值 $f(x_0)$ 三者都存在且相等,即

$$f(x_0^-) = f(x_0^+) = f(x_0).$$

这就很自然地引出了函数在一点的单侧连续的概念,即

定义 3 设函数 $f(x)$ 在点 x_0 的某左(右)邻域内有定义,若 $\lim_{x \to x_0^-} f(x) = f(x_0)$ ($\lim_{x \to x_0^+} f(x) = f(x_0)$),则称函数 $f(x)$ 在点 x_0 处左(右)连续.

由定义 2、3 我们得到:

定理 1 函数 $f(x)$ 在点 x_0 处连续的充分必要条件是 $f(x)$ 在点 x_0 处既左连续又右连续.

例 2 讨论函数

$$f(x) = \begin{cases} 2x+1, & x \leqslant 0, \\ x^2, & 0 < x \leqslant 1, \\ \dfrac{1}{x}, & x > 1 \end{cases}$$

在点 $x = 0$ 和 $x = 1$ 处的连续性.

解 在点 $x = 0$ 处,$f(0) = 2 \times 0 + 1 = 1$,而

$$\lim_{x\to 0^-} f(x) = \lim_{x\to 0^-}(2x+1) = 1, \quad \lim_{x\to 0^+} f(x) = \lim_{x\to 0^+} x^2 = 0,$$

显然,

$$\lim_{x\to 0^-} f(x) \neq \lim_{x\to 0^+} f(x), \text{ 故 } \lim_{x\to 0} f(x) \text{ 不存在.}$$

但是,由 $\lim_{x\to 0^-} f(x) = f(0)$ 知,函数 $f(x)$ 在点 $x=0$ 处左连续.

在点 $x=1$ 处,$f(1) = 1^2 = 1$,而

$$\lim_{x\to 1^-} f(x) = \lim_{x\to 1^-} x^2 = 1, \quad \lim_{x\to 1^+} f(x) = \lim_{x\to 1^+} \frac{1}{x} = 1,$$

易知,

$$\lim_{x\to 1^-} f(x) = \lim_{x\to 1^+} f(x), \text{ 故 } \lim_{x\to 1} f(x) = 1.$$

因为 $\lim_{x\to 1} f(x) = f(1)$,所以函数 $f(x)$ 在 $x=1$ 处连续.

函数在一点处连续是函数的局部性态,形象直观地说就是函数在这一点处,两侧的图像能接起来不间断. 而对函数图像上的点连绵不断这一性态的刻画,则是函数在一个区间上连续的概念.

定义 4 如果函数 $f(x)$ 在开区间 (a,b) 内每一点都连续,那么称**函数 $f(x)$ 在开区间 (a,b) 内连续**. 如果函数 $f(x)$ 在开区间 (a,b) 内连续,且在左端点 a 处右连续,在右端点 b 处左连续,那么称**函数 $f(x)$ 在闭区间 $[a,b]$ 上连续**.

例 3 证明函数 $y = \sin x$ 在 $(-\infty, +\infty)$ 内连续.

证 设 x_0 为 $(-\infty, +\infty)$ 内任意一点,当自变量 x 在 x_0 处取得增量 Δx 时,对应的函数增量为

$$\Delta y = \sin(x_0 + \Delta x) - \sin x_0 = 2\cos\left(x_0 + \frac{\Delta x}{2}\right)\sin\frac{\Delta x}{2},$$

因为 $\left|2\cos\left(x_0 + \frac{\Delta x}{2}\right)\right| \leq 2$,而当 $\Delta x \to 0$ 时,$\sin\frac{\Delta x}{2} \to 0$,根据有界函数与无穷小乘积是无穷小,得

$$\lim_{\Delta x \to 0} \Delta y = 0.$$

因此,函数 $y = \sin x$ 在点 x_0 处连续,由 x_0 的任意性,故 $y = \sin x$ 在 $(-\infty, +\infty)$ 内连续.

例 4 函数 $f(x)=\begin{cases} x\sin\dfrac{1}{x}, & x\neq 0, \\ 0, & x=0 \end{cases}$ 是否在点 $x=0$ 连续?

证 虽然 $f(x)$ 是分段函数,但点 $x=0$ 两侧函数表达式一致. 因为

$$\lim_{x\to 0}f(x)=\lim_{x\to 0}x\sin\frac{1}{x}=0=f(0),$$

所以 $f(x)$ 在点 $x=0$ 处连续.

注 判断分段函数在其分界点处是否连续的问题,由于涉及对连续定义和分段函数的理解,初学者会感到困难. 一般地,判断分段函数在分界点处的连续性时,当分界点两侧函数表达式不一致时,必须分别讨论此点处的左、右极限和函数值三者是否相等(或左、右连续性);当在分界点两侧函数表达式一致时,只需直接讨论此点处的极限与函数值是否相等.

2.4.2 函数的间断点

定义 5 如果函数 $f(x)$ 在点 x_0 处不满足连续性定义的条件,那么称点 x_0 为函数 $f(x)$ 的**间断点**.

如果 x_0 是 $f(x)$ 的间断点,那么无非是以下三种情况之一:

(1) 函数 $f(x)$ 在点 x_0 处无定义;

(2) 函数 $f(x)$ 在点 x_0 处有定义,但 $\lim\limits_{x\to x_0}f(x)$ 不存在;

(3) 函数 $f(x)$ 在点 x_0 处有定义, $\lim\limits_{x\to x_0}f(x)$ 存在,但 $\lim\limits_{x\to x_0}f(x)\neq f(x_0)$.

根据定义,函数间断点可以分为两大类.

定义 6 若函数 $f(x)$ 在点 x_0 处的左极限 $f(x_0^-)$ 及右极限 $f(x_0^+)$ 至少有一个不存在,则称 x_0 点为 $f(x)$ 的**第二类间断点**;如果 x_0 是函数 $f(x)$ 的间断点,且在点 x_0 处的左极限 $f(x_0^-)$ 及右极限 $f(x_0^+)$ 都存在,则称 x_0 为函数 $f(x)$ 的**第一类间断点**,其中 $\lim\limits_{x\to x_0}f(x)$ 存在但不等于 $f(x_0)$ (或 $f(x_0)$ 没有定义)的称 x_0 为 $f(x)$ 的**可去间断点**. 如果 x_0 是 $f(x)$ 的一个第一类间断点,且 $\lim\limits_{x\to x_0^+}f(x)\neq\lim\limits_{x\to x_0^-}f(x)$,则称 x_0 为 $f(x)$ 的**跳跃间断点**,且 $\left|\lim\limits_{x\to x_0^+}f(x)-\lim\limits_{x\to x_0^-}f(x)\right|$ 称为 $f(x)$ 在点 x_0 点的跳跃度.

例 5 函数 $f(x)=\dfrac{x^2-1}{x-1}$,在 $x=1$ 处无定义(见图 2-10),所以 $x=1$ 是间断点. 而

$$\lim_{x\to 1}\frac{x^2-1}{x-1}=\lim_{x\to 1}(x+1)=2,$$

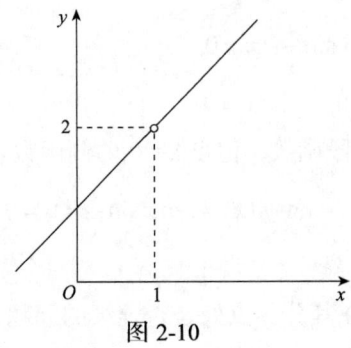

图 2-10

所以 $x=1$ 是第一类间断点，是可去间断点.

如果补充定义：当 $x=1$ 时，令 $f(x)=2$，即

$$f^*(x)=\begin{cases} \dfrac{x^2-1}{x-1}, & x\neq 1, \\ 2, & x=1, \end{cases}$$

那么函数 $f^*(x)$ 在 $x=1$ 处连续.

例 6 设函数

$$f(x)=\begin{cases} x-1, & x<0, \\ 0, & x=0, \\ x+1, & x>0, \end{cases}$$

求 $f(x)$ 的间断点，并判断出它们的类型.

解
$$\lim_{x\to 0^-}f(x)=\lim_{x\to 0^-}(x-1)=-1,$$

$$\lim_{x\to 0^+}f(x)=\lim_{x\to 0^+}(x+1)=1,$$

显然 $f(0^-)\neq f(0^+)$，故 $\lim\limits_{x\to 0}f(x)$ 不存在，则 $x=0$ 是 $f(x)$ 的第一类间断点，是跳跃间断点，跳跃度为 2. 见图 2-11.

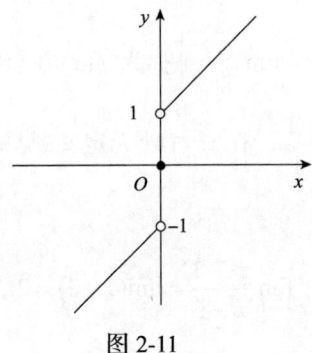

图 2-11

例 7 讨论函数 $y = \dfrac{1}{x}$ 在 $x = 0$ 点的连续性.

解 由于函数 $y = \dfrac{1}{x}$ 在 $x = 0$ 处无定义，且 $\lim\limits_{x \to 0^-} \dfrac{1}{x} = -\infty$，$\lim\limits_{x \to 0^+} \dfrac{1}{x} = +\infty$，所以 $x = 0$ 是函数 $y = \dfrac{1}{x}$ 的第二类间断点，由函数 $\dfrac{1}{x}$ 的图像在 $x = 0$ 处趋于无穷大，所以称 $x = 0$ 为函数 $\dfrac{1}{x}$ 的**无穷间断点**.

2.4.3 连续函数的性质

函数的连续性是在极限理论基础上建立的，因而利用函数极限的性质可以证明连续函数的如下性质.

定理 2（连续函数的四则运算） 如果函数 $f(x)$、$g(x)$ 在点 x_0 处连续，那么 $f(x) \pm g(x)$、$f(x) \cdot g(x)$、$\dfrac{f(x)}{g(x)}$（$g(x_0) \neq 0$）都在点 x_0 处连续.

定理 3（复合函数的连续性） 设函数 $y = f[g(x)]$ 是由函数 $u = g(x)$ 与函数 $y = f(u)$ 复合而成，若函数 $u = g(x)$ 在点 x_0 连续，且 $u_0 = g(x_0)$，而函数 $y = f(u)$ 在点 u_0 连续，则函数 $y = f[g(x)]$ 在点 x_0 连续，即 $\lim\limits_{x \to x_0} f[g(x)] = f[g(x_0)]$.

在定理 3 中，函数 $u = g(x)$ 在点 x_0 连续，则 $\lim\limits_{x \to x_0} g(x) = g(x_0)$，而 $\lim\limits_{x \to x_0} f[g(x)] = f[g(x_0)]$，所以 $\lim\limits_{x \to x_0} f[g(x)] = f[\lim\limits_{x \to x_0} g(x)]$.

注 在定理 3 的条件下，求复合函数极限时，函数符号可以和极限符号互换.

例 8 求 $\lim\limits_{x \to \infty}\left(1 + \dfrac{1}{x}\right)^x$.

解 方法 1 直接利用重要极限公式 $\lim\limits_{x \to \infty}\left(1 + \dfrac{1}{x}\right)^x = e$.

方法 2 幂指函数变形，$\left(1 + \dfrac{1}{x}\right)^x = e^{\ln\left(1 + \frac{1}{x}\right)^x} = e^{x\ln\left(1 + \frac{1}{x}\right)}$，由于 $x \to \infty$，$\ln\left(1 + \dfrac{1}{x}\right) \sim \dfrac{1}{x}$，因此，

$$\lim_{x \to \infty}\left(1 + \dfrac{1}{x}\right)^x = \lim_{x \to \infty} e^{x\ln\left(1 + \frac{1}{x}\right)} = e^{\lim\limits_{x \to \infty} x\ln\left(1 + \frac{1}{x}\right)} = e^{\lim\limits_{x \to \infty} x \cdot \frac{1}{x}} = e.$$

定理 4（反函数的连续性） 严格递增（或递减）的连续函数的反函数也是严格递增（或递减）的连续函数.

利用连续函数的性质可得到下面的结论.

定理 5 基本初等函数在其定义域内是连续的.

因为初等函数是由基本初等函数和常数经过有限次四则运算和复合运算而成，所以根据基本初等函数的连续性、连续函数的四则运算、复合函数的连续性和反函数的连续性，可以得到下面的定理.

定理 6 一切初等函数在其定义区间内是连续的.

定理 6 的结论给我们提供了一个求极限的方法，也就是说，如果 $f(x)$ 是初等函数，且 x_0 是其定义区间内的点，求函数 $f(x)$ 在点 x_0 的极限就转化为求函数 $f(x)$ 在点 x_0 的函数值，即 $\lim\limits_{x \to x_0} f(x) = f(x_0)$.

例如，求极限 $\lim\limits_{x \to 1} \dfrac{x^2 + \ln(2-x)}{4\arctan x}$. 因为 $x = 1$ 是初等函数 $\dfrac{x^2 + \ln(2-x)}{4\arctan x}$ 定义区间内的点，所以 $\lim\limits_{x \to 1} \dfrac{x^2 + \ln(2-x)}{4\arctan x} = \dfrac{1^2 - \ln(2-1)}{4\arctan 1} = \dfrac{1}{\pi}$.（代入法）

再如，初等函数 $\sqrt{2 - \sin 2x}$ 的定义域是实数集 **R**，而 $\dfrac{\pi}{4} \in \mathbf{R}$，所以

$$\lim_{x \to \frac{\pi}{4}} \sqrt{2 - \sin 2x} = \sqrt{2 - \sin 2 \cdot \dfrac{\pi}{4}} = 1.$$

习题 2.4

1. 填空题

(1) 若函数 $f(x) = \begin{cases} \dfrac{1-\cos x}{x}, & x \neq 0 \\ a, & x = 0 \end{cases}$ 在 $x = 0$ 处连续，则 $a = $ _____.

(2) 函数 $f(x) = \ln(x^2 - 3x + 2)$ 的连续区间 _____.

(3) $f(x) = \sin \dfrac{1}{x}$ 的振荡间断点是 _____.

(4) $x = 2$ 是 $f(x) = \dfrac{x^2 - 1}{x^2 - 3x + 2}$ 的 _____ 间断点.（可去、跳跃、第二类）

2. 单选题

(1) 设 $f(x) = \dfrac{e^{\frac{1}{x}} + 1}{e^{\frac{1}{x}} - 1}$，则 $x = 0$ 是 $f(x)$ 的（　　）.

A. 可去间断点　　B. 跳跃间断点　　C. 第二类间断点　　D. 连续点

(2) 设 $f(x) = \begin{cases} \cos x + x \dfrac{1}{\sin x}, & x < 0 \\ x^2 + 1, & x \geq 0 \end{cases}$，则 $x = 0$ 是 $f(x)$ 的（　　）.

A. 可去间断点　　B. 跳跃间断点　　C. 振荡间断点　　D. 连续点

(3) 若函数 $f(x)=\begin{cases} x\sin\dfrac{1}{x}, & x>0, \\ a+x^2, & x\leqslant 0, \end{cases}$ 在 $(-\infty,+\infty)$ 内连续，则 $a=(\quad)$.

A. 0　　　　　　　　B. 1　　　　　　　　C. 2　　　　　　　　D. 3

3. 求下列函数的间断点，并判断其类型.

(1) $y=(1-2x)^{\frac{1}{x}}$;　　　　(2) $y=\dfrac{\sin x}{|x|}$.

4. 设函数

$$f(x)=\begin{cases} \dfrac{1}{x}\sin x+1, & x<0, \\ a, & x=0, \\ x\sin\dfrac{1}{x}+b, & x>0, \end{cases}$$

确定常数 a,b，使得 $f(x)$ 在点 $x=0$ 处连续.

5. 给 $f(0)$ 补充定义一个什么数值，能使 $f(x)$ 在点 $x=0$ 处连续？

(1) $f(x)=\dfrac{\sqrt{1+x}-\sqrt{1-x}}{x}$;　　　　(2) $f(x)=\tan x\cdot\sin\dfrac{1}{x}$.

2.5　闭区间上连续函数的性质

闭区间上的连续函数具有十分重要的性质，其中不少性质从几何直观上看是很明显的，但证明却并不容易，需要用到实数理论. 我们将以定理形式把这些性质叙述出来，略去严格的证明.

2.5.1　最大值和最小值定理

定义 1　设函数 $f(x)$ 在闭区间 I 上有定义，如果存在 $x_0\in I$，使得对于任一 $x\in I$ 都有

$$f(x)\leqslant f(x_0)\ (f(x)\geqslant f(x_0)),$$

那么称 $f(x_0)$ 是函数 $f(x)$ 在闭区间 I 上的**最大值**（**最小值**）.

例如，函数 $f(x)=\sin x+2$ 在区间 $[0,2\pi]$ 上的最大值为 3 和最小值为 1；又例如函数 $f(x)=\operatorname{sgn}x$ 在区间 $(+\infty,-\infty)$ 内的最大值为 1 和最小值为 -1；再如函数 $f(x)=\dfrac{1}{x}$ 在区间 $(0,1)$ 内既没有最大值也没有最小值. 下面给出函数最大值和最小值存在的充分条件.

定理 1（最值定理）　设函数 $f(x)$ 在闭区间 $[a,b]$ 上连续，则 $f(x)$ 在 $[a,b]$ 上必

有最大值 M 和最小值 m，即在 $[a,b]$ 上至少存在一点 ξ_1 和一点 ξ_2，使得 $f(\xi_1)=M$，$f(\xi_2)=m$，且 $m \leqslant f(x) \leqslant M$，$x \in [a,b]$.

注 此定理对于开区间 (a,b) 内的连续函数或在闭区间 $[a,b]$ 上有间断点的函数，定理的结论未必成立.

例如，函数 $f(x)=\dfrac{1}{x}$ 在开区间 $(0,1)$ 内连续，但在 $(0,1)$ 内无界. 又如函数

$$f(x)=\begin{cases} -x-1, & -1 \leqslant x < 0, \\ 0, & x=0, \\ -x+1, & 0 < x \leqslant 1, \end{cases}$$

在闭区间 $[-1,1]$ 上有间断点 $x=0$，见图 2-12，

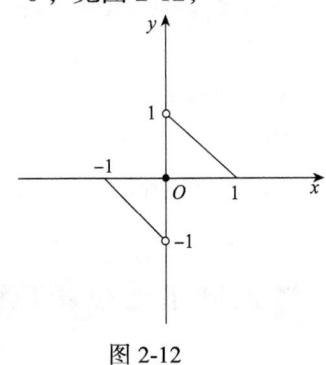

图 2-12

显然 $f(x)$ 在 $[-1,1]$ 上虽然有界，但是既无最大值又无最小值.

2.5.2 介值定理与零点定理

定理 2（介值定理） 设函数 $f(x)$ 在闭区间 $[a,b]$ 上连续，且设 m，M 分别为 $f(x)$ 在 $[a,b]$ 上的最小值和最大值，对任意 $c \in [m,M]$，则在 $[a,b]$ 上至少存在一点 ξ，使得 $f(\xi)=c$.

几何意义是：在闭区间 $[a,b]$ 上定义的连续曲线 $y=f(x)$ 与水平直线 $y=c$ 至少有一个交点，见图 2-13.

如果 x_0 使 $f(x_0)=0$，则 x_0 称为函数 $f(x)$ 的**零点**。

定理 3（零点定理） 设函数 $f(x)$ 在闭区间 $[a,b]$ 上连续，且 $f(a)f(b)<0$，则在 (a,b) 内至少存在一点 ξ，使得 $f(\xi)=0$.

几何意义是：在闭区间 $[a,b]$ 上定义的连续曲线 $y=f(x)$，它的两个端点 A、B 分别位于 x 轴的两侧，容易想象，作为连接端点 A 到 B 的连续曲线 $y=f(x)$ 至少与 x 轴有一个交点，交点的横坐标即 ξ，见图 2-14.

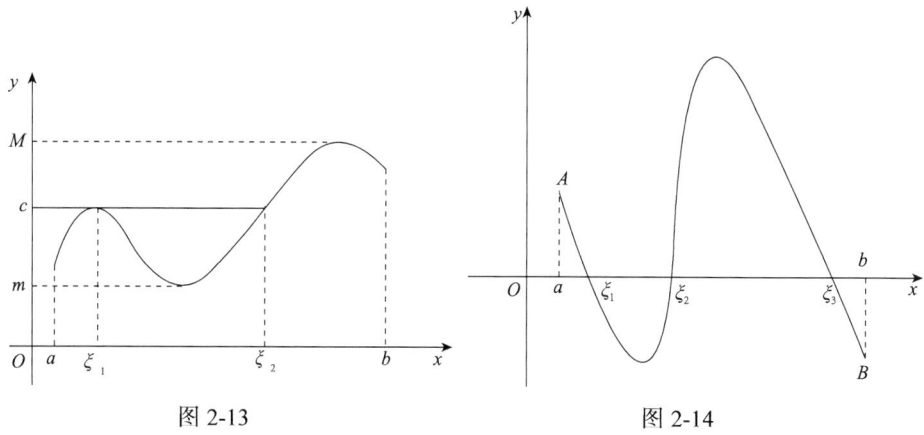

图 2-13　　　　　　　图 2-14

例 1　证明方程 $x^4-x^2-1=0$ 在区间 $(1,2)$ 内至少有一个根.

证　设函数 $f(x)=x^4-x^2-1$，则 $f(x)$ 为初等函数，且它在 $[1,2]$ 上连续，又

$$f(1)=-1<0, \quad f(2)=11>0,$$

根据零点定理，在区间 $(1,2)$ 内至少存在一点 ξ，使得

$$f(\xi)=0, \quad \xi\in(1,2),$$

即

$$\xi^4-\xi^2-1=0,$$

这等式说明方程 $x^4-x^2-1=0$ 在区间 $(1,2)$ 内至少有一个根.

习题 2.5

1. 判断题：在括号里填写"√"或"×".

(1) 如果函数 $f(x)$ 在闭区间 $[a,b]$ 上连续，则 $f(x)$ 在 $[a,b]$ 上必有最大值和最小值(　　).

(2) 函数 $f(x)=\dfrac{1}{x}$ 在开区间 $(0,1)$ 内连续，也有最值(　　).

(3) 设函数 $f(x)$ 在闭区间 $[a,b]$ 上连续，且 $f(a)f(b)<0$，则在 $[a,b]$ 内至少存在一点 ξ，使得 $f(\xi)=0$ (　　).

2. 证明方程 $x2^x=1$ 至少有一个小于 1 的正根.

2.6　利息和连续复利问题

利息是指借款者向贷款者支付的报酬，它是根据本金的数额按一定比例计算

出来的. 利息又有存款利息、贷款利息、债券利息、贴现利息等几种主要形式.

2.6.1 单利、复利与贴现

1. 单利公式

单利是整个利率家族最单纯的人物, 也是最为大家所熟知的. 我们平时的储蓄利息计算方法全是用单利. **单利**就是不管你的存期有多长, 你的利息都不会加入你的存款本金重复计算利息.

设初始本金为 A_0, 银行年利率为 r, t 年末 A_0 将增值到 A_t, 试计算 A_t.

第一年末的本利和为

$$A_1 = A_0 + A_0 r = A_0(1+r),$$

第二年末的本利和为

$$A_2 = A_1 + A_0 r = A_0(1+r) + A_0 r = A_0(1+2r),$$

……

第 t 年末的本利和为

$$A_t = A_t + A_0 r = A_0(1+tr).$$

例 1 假如存入银行 1000 元, 年利率 $r=8\%$, 存期是 3 年, 那么到第一年末获得本利和是 $1000 \times (1+8\%) = 1080$ 元, 第二年末的本利和是 $1000 \times (1+2 \times 8\%) = 1160$ 元, 第三年末的本利和是 $1000 \times (1+3 \times 8\%) = 1240$ 元.

2. 复利公式

所谓**复利计息**, 就是将每期利息于每期之末加入该期本金, 并以此为新本金再计算下期利息.

设初始本金为 A_0, 银行年利率为 r, 若以复利计息, t 年末 A_0 将增值到 A_t, 试计算 A_t.

若一年 1 期计息

一年末的本利和为

$$A_1 = A_0(1+r),$$

二年末的本利和为

$$A_2 = A_1(1+r) = A_0(1+r)^2,$$

依次类推, t 年末的本利和为

$$A_t = A_0(1+r)^t. \qquad (2.6.1)$$

若仍以年利率为 r，一年不是 1 期计息，而是分 n 期计息，且以 $\dfrac{r}{n}$ 为每期的利息来计算.在这种情况下，到 t 年共结息 nt 次，则 t 年末的本利和为

$$A_t = A_0\left(1+\frac{r}{n}\right)^{nt}. \qquad (2.6.2)$$

上述计息的"期"是确定的时间间隔，因而一年计息次数为有限次.公式(2.6.2)称为 t 年末本利和的**离散复利公式**.

若计息的"期"的时间间隔无限缩短，从而计息次数 $n\to\infty$，这种计息方式称为**连续复利**. 由于

$$\lim_{n\to\infty} A_0\left(1+\frac{r}{n}\right)^{nt} = A_0 \lim_{n\to\infty}\left[\left(1+\frac{r}{n}\right)^{\frac{n}{r}}\right]^{rt} = A_0 e^{rt},$$

所以，若以连续复利计算利息，则 t 年末本利和 A_t **连续复利公式**是

$$A_t = A_0 e^{rt}. \qquad (2.6.3)$$

在公式(2.6.1)、(2.6.2)和按连续情况计算复利的公式(2.6.3)中，初始本金 A_0 称为**现在值**，t 年末的本利和 A_t 称为**未来值**. 已知现在值 A_0 求未来值 A_t 是**复利问题**.

例 2 已知初始本金 1000 元，年利率 $r=8\%$，若

一年 1 期计息，则一年末的本利和

$$A_1 = 1000\times(1+0.08) = 1080.00 \text{ 元},$$

一年 2 期计息，一年末的本利和

$$A_1 = 1000\times\left(1+\frac{0.08}{2}\right)^2 = 1081.60 \text{ 元},$$

一年 4 期计息，一年末的本利和

$$A_1 = 1000\times\left(1+\frac{0.08}{4}\right)^4 = 1082.43 \text{ 元},$$

一年 12 期计息，一年末的本利和

$$A_1 = 1000\times\left(1+\frac{0.08}{12}\right)^{12} = 1083.00 \text{ 元},$$

一年 100 期计息，一年末的本利和

$$A_1 = 1000 \times \left(1 + \frac{0.08}{100}\right)^{100} = 1083.25 \text{ 元}.$$

连续复利计算，一年末的本利和

$$A_1 = 100 e^{0.08} \approx 1083.29 \text{ 元}.$$

由例 2 知，年利率相同，但一年计息期数不同，一年所得之利息也不同. 如一年计息 1 期，是按 8% 计息；一年 12 期计息，实际所得利息是按 8.30% 计息；一年 100 期计息，实际所得利息是按 8.325% 计息；若连续复利计算，实际所得利息是按 8.329% 计息.

这样，若年利率给定，对于年期以下的复利，称年利率 8% 为**名义利率**或**虚利率**，而实际计息利率为**实利率**. 如，8.325% 为一年复利 100 期的实利率，8.329% 为一年连续复利的实利率.

3. 贴现公式

若已知未来值 A_t，求现在值 A_0，称为**贴现问题**，这时，利率 r 称为**贴现率**. 若以一年为期贴现，由复利公式(2.6.1)易推得，**贴现公式**是

$$A_0 = A_t (1+r)^{-t}. \tag{2.6.4}$$

若一年均分 n 期贴现，由复利公式(2.6.2)可得，**贴现公式**是

$$A_0 = A_t \left(1 + \frac{r}{n}\right)^{-nt}. \tag{2.6.5}$$

由复利公式(2.6.3)可得，连续**贴现公式**是

$$A_0 = A_t e^{-rt}. \tag{2.6.6}$$

例 3 某人为了孩子的教育，打算在一家保险公司投入一笔资金，需要这笔投资 10 年后价值为 12000 元，

(1) 如果以年利率 9%，每年支付复利 4 期方式计息，应该投资多少元？

(2) 如果复利是连续的，应投资多少元？

解 设初始投资本金 A_0 元，年利率 9%，一年 4 期计息，10 年后的本利和为 12000 元，由公式(2.6.5)知

$$A_0 = 12000 \times \left(1 + \frac{0.09}{4}\right)^{-4 \times 10} \approx 4927.5,$$

所以应该投资 4927.5 元.

若复利是连续的, 由公式 (2.6.6) 知

$$A_0 = 12000 \times e^{-0.09 \times 10} \approx 4878.84,$$

所以应该投资 4878.84 元.

2.6.2 抵押贷款与分期付款

设贷款期限为 t 个月, 贷款额为 A_0, 月利率为 r (按复利计算), 每月还款额为 I, A_n 表示第 n 个月的欠款额, 则

$$A_n = A_{n-1}(1+r) - I,$$

由此得

$$\begin{aligned}A_t &= A_{t-1}(1+r) - I \\ &= [A_{t-2}(1+r) - I](1+r) - I = A_{t-2}(1+r)^2 - I[(1+r)+1] \\ &= [A_{t-3}(1+r) - I](1+r)^2 - I(1+r) - I = A_{t-3}(1+r)^3 - I[(1+r)^2 + (1+r) + 1] \\ &\cdots\cdots \\ &= A_0(1+r)^t - I[(1+r)^{t-1} + (1+r)^{t-2} + \cdots + 1] \\ &= A_0(1+r)^t - I\frac{(1+r)^t - 1}{r},\end{aligned}$$

第 t 个月还清贷款, 则 $A_t = 0$, 即

$$I = A_0 r \frac{(1+r)^t}{(1+r)^t - 1}. \tag{2.6.7}$$

例 4 某先生决定按照抵押贷款的方式购买一套住房, 如果选择一次性付清房款 20 万元, 不足的部分 (不超过房价的 70%) 可以向银行申请抵押贷款, 期限是 20 年, 贷款的年利率为 10.8%, 如果他只有 8 万元存款, 而向银行贷款 12 万元, 那么他每月应向银行还款多少?

解 由题意知, 还款时间 $t = 12 \times 20 = 240$ 个月, 月利率 $r = \dfrac{0.108}{12} = 0.009$, 贷款 $A_0 = 120000$ 元, 代入公式 (2.6.7) 得

$$I = 120000 \times 0.009 \times \frac{(1+0.009)^{240}}{(1+0.009)^{240} - 1} \approx 1222.33,$$

该先生每月应还款大约为 1222.33 元.

例 5 某商店对手机进行分期付款,每部售价为 2000 元的手机,如果分两年付款,每月只需付 100 元;同时来自银行的贷款信息:5000 元以下的贷款,在两年内还清,年利率为 8.64%,那么应该是向银行贷款还是分期付款购得这款手机?

解 如果贷款,两年还清,由公式(2.6.7)知,每月还款额为

$$I = 2000 \times \frac{0.0864}{12} \times \frac{\left(1+\frac{0.0864}{12}\right)^{24}}{\left(1+\frac{0.0864}{12}\right)^{24}-1} \approx 91.04 \ 元,$$

这表明应该向银行贷款而不是采取分期付款的方式购买这款手机.

习题 2.6

1. 某人以 8% 的年利率投资 10000 元,针对以下不同的计息方式,求出两年后的本利和:
(1)按单利;(2)按年复利;(3)按季复利;(4)按月复利;(5)连续复利.

2. 某人想在今后的 30 年里,每年年末从银行里提取 5000 元,银行的固定年利率为 8%,那么现在应该存入银行多少钱?

本 章 小 结

一、本章主要知识点
(1)极限概念,极限运算法则,极限的性质.
(2)极限存在准则与两个重要极限、复利、贴现、分期付款与抵押贷款.
(3)无穷小与无穷大概念,无穷小的性质与无穷小的阶.
(4)函数在一点连续,间断点及其分类,连续函数的性质.
(5)闭区间上连续函数的性质.

二、本章教学重点
(1)极限概念,极限运算法则,等价无穷小.
(2)函数连续概念及连续函数的性质.

三、本章教学难点
极限概念,利用等价无穷小求极限.

四、本章知识结构图

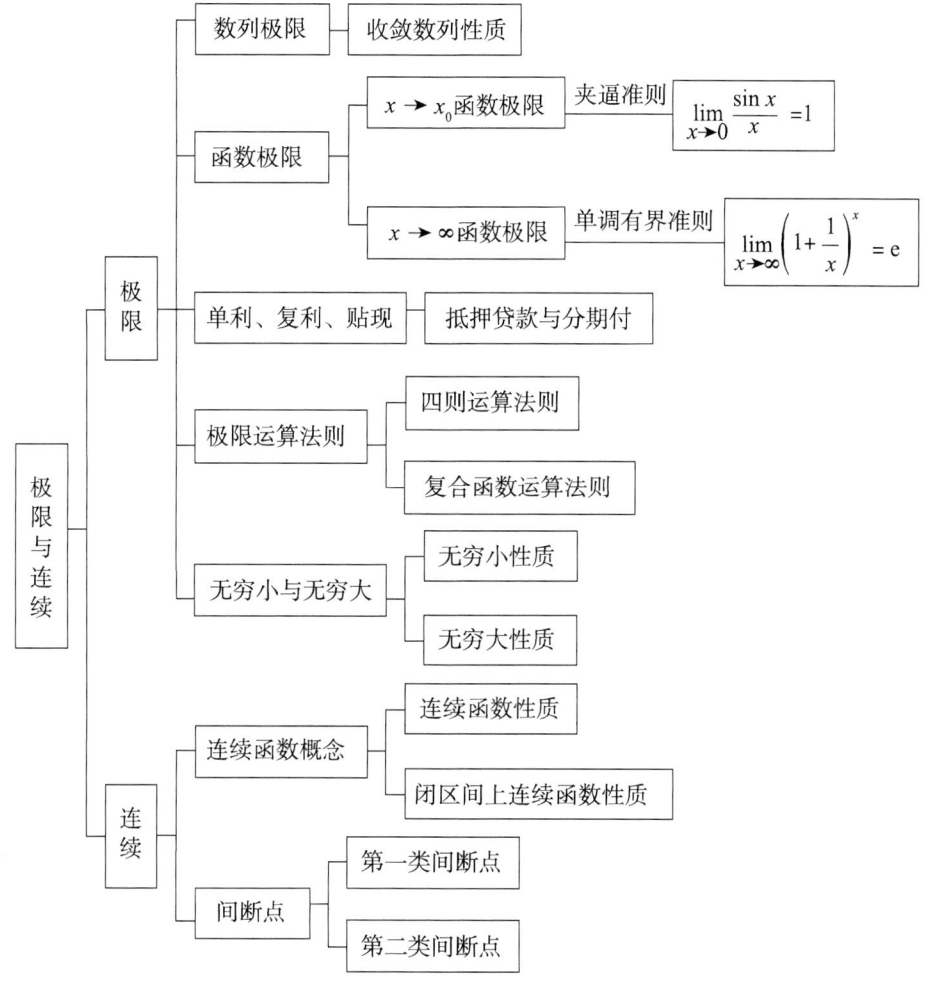

总习题 2

1. 求下列极限：

(1) $\lim\limits_{x\to 1}\dfrac{x^2-2x+1}{x^2-1}$;

(2) $\lim\limits_{x\to 0}\dfrac{(x+a)^2-a^2}{x}$;

(3) $\lim\limits_{n\to\infty}\dfrac{(-2)^n+5^n}{(-2)^{n+1}+5^{n+1}}$;

(4) $\lim\limits_{x\to\infty}\left(\sqrt{x^2+1}-\sqrt{x^2-1}\right)$;

(5) $\lim\limits_{x\to -1}\left(\dfrac{1}{x+1}-\dfrac{3}{x^3+1}\right)$;

(6) $\lim\limits_{n\to\infty}\dfrac{1+\dfrac{1}{2}+\dfrac{1}{4}+\ldots+\dfrac{1}{2^n}}{1+\dfrac{1}{5}+\dfrac{1}{5^2}+\ldots+\dfrac{1}{5^n}}$;

(7) $\lim\limits_{x\to +\infty} x\left(3x-\sqrt{9x^2-6}\right)$;

(8) $\lim\limits_{x\to\infty}\dfrac{(x-1)^{10}(3x-1)^{10}}{(x+1)^{20}}$;

(9) $\lim\limits_{x \to 0}(1+2\tan^2 x)^{\cot^2 x}$;

(10) $\lim\limits_{x \to \infty}\left(\dfrac{x-1}{x+1}\right)^x$;

(11) $\lim\limits_{n \to \infty}(1+2^n+3^n)^{\frac{1}{n}}$;

(12) $\lim\limits_{x \to 0}\left(\dfrac{2x-1}{3x-1}\right)^{\frac{1}{x}}$;

(13) $\lim\limits_{x \to 0}\dfrac{(1+x^2)^{\frac{1}{3}}-1}{\cos x - 1}$;

(14) $\lim\limits_{x \to \infty} x\sin\dfrac{2x}{x^2+1}$;

(15) $\lim\limits_{x \to 0}\dfrac{1-\cos\left(1-\cos\dfrac{x}{2}\right)}{x^2\ln(1+x^2)}$;

(16) $\lim\limits_{x \to 0}\dfrac{\tan x - \sin x}{(\sqrt[3]{1+x^2}-1)(\sqrt{1+\sin x}-1)}$.

2. 设
$$f(x)=\begin{cases}1, & x \neq 1, \\ 0, & x = 1,\end{cases} \quad g(x)=\begin{cases}1, & x \neq 1, \\ 0, & x = 1,\end{cases}$$

求 (1) $\lim\limits_{x \to 0}g(x)$, $\lim\limits_{x \to 1}f(x)$;

(2) $\lim\limits_{x \to 0}f[g(x)]$.

3. 设 $a_1=10$, $a_{n+1}=\sqrt{6+a_n}$ ($n=1,2,\cdots$), 试证数列 $\{a_n\}$ 极限存在, 并求此极限.

4. 设函数
$$f(x)=\begin{cases}\dfrac{x}{1-\sqrt{1-x}}, & x<0, \\ 2, & x=0, \\ \dfrac{1}{x}\ln(1+x)+1, & x>0,\end{cases}$$

讨论函数 $f(x)$ 在点 $x=0$ 处极限是否存在?

5. 证明: (1) 当 $x \to 0$ 时, $\sqrt{1+x}-1$ 与 $\sqrt{4+x}-2$ 是同阶无穷小.

(2) 当 $x \to 0$ 时, $e^{x\cos x^2}-e^x$ 与 x^5 是同阶无穷小.

6. 确定常数 a, b, 使 $\lim\limits_{x \to 1}\dfrac{x^2+ax+b}{\sin(x^2-1)}=3$.

7. 已知 $\lim\limits_{x \to 0}\dfrac{x}{f(3x)}=2$, 求 $\lim\limits_{x \to 0}\dfrac{f(2x)}{x}$.

8. 设 $\lim\limits_{x \to 0}\dfrac{f(x)}{x^2}=2$, 试求 $\lim\limits_{x \to 0}f(x)$, $\lim\limits_{x \to 0}\dfrac{f(x)}{x}$.

9. 求下列函数的间断点, 并判断其类型.

(1) $y=\dfrac{x^2-1}{x^2-3x+2}$;   (2) $y=\begin{cases}x-1, & x \leqslant 1, \\ 3-x, & x>1.\end{cases}$

10. 讨论 $f(x)=\dfrac{1}{1-e^{x/(1-x)}}$ 的连续性, 并判断间断点的类型.

11. 求函数 $f(x) = \lim\limits_{n\to\infty} \dfrac{x^{2n-1}+ax^2+bx}{x^{2n}+1}$，并确定常数 a，b 使函数 $f(x)$ 在点 $x=-1$，与 $x=1$ 处连续.

12. 设函数 $f(x)$ 在 $[a,b]$ 上连续，且 $f(a)>a$，$f(b)<b$，试证在 (a,b) 内至少存在一点 ξ，使得 $f(\xi)=\xi$.

13. 设 $a>0$，$b>0$ 均为常数，求极限 $\lim\limits_{x\to 0}\left(\dfrac{a^x+b^x}{2}\right)^{\frac{3}{x}}$.

14. 设函数 $f(x)=a^x (a>0, a\neq 1)$，求极限 $\lim\limits_{n\to\infty}\dfrac{1}{n^2}\ln\left[f(1)f(2)\cdots f(n)\right]$.

自 测 题 2

（满分 100 分，测试时间 100 分钟）

一、填空题(本题共 10 个小题，每小题 2 分，共 20 分)

1. 数列 $\{a_n\}$ 有界是数列 $\{a_n\}$ 收敛的_____条件，数列 $\{a_n\}$ 收敛是数列 $\{a_n\}$ 有界的_____条件.

2. 函数 $f(x)=\dfrac{1}{\sqrt{x^2-3x+2}}$ 的连续区间是_____.

3. 已知 $\lim\limits_{x\to 0}\dfrac{\sin mx}{2x}=\dfrac{2}{3}$，则 $m=$_____.

4. $\lim\limits_{x\to 0}(1+2x)^{\frac{1}{x}}=$_____.

5. $\lim\limits_{x\to 0}\left(\sec^2 x\right)^{\cot^2 x}=$_____.

6. $\lim\limits_{x\to\infty}\dfrac{2x+3}{x^2+x}\arctan x=$_____.

7. $\lim\limits_{n\to\infty}\left(\dfrac{n+1}{n+3}\right)^n=$_____.

8. 设 $y=x-2\arctan x$，则 $\lim\limits_{x\to -\infty}(y-x)=$_____.

9. 设 $f(x)=\dfrac{|x|}{x}$，则 $x=0$ 是 $f(x)$ 的_____间断点.

10. 已知当 $x\to 0$ 时，$a\left(\sqrt{x+1}-\sqrt{1-2x}\right)$ 是 x 的等价无穷小，则 $a=$_____.

二、单项选择题(本题共 5 个小题，每小题 2 分，共 10 分)

1. 下列等式成立的是(   ).

   A. $\lim\limits_{x\to\infty}\dfrac{\sin x}{x}=1$ B. $\lim\limits_{x\to 0}x\sin\dfrac{1}{x}=1$

   C. $\lim\limits_{x\to 0}\dfrac{\tan x}{\sin x}=1$ D. $\lim\limits_{x\to 0}\dfrac{1-\cos x}{x^2}=1$

2. 若 $\lim\limits_{x\to 0}(1+x^2)^{f(x)}=e$，则 $f(x)=$（　　）.

  A. $\sin^2 x$ B. $\cos^2 x$ C. $\tan^2 x$ D. $\cot^2 x$

3. 函数 $f(x)=\dfrac{x-2}{x^2-4}$ 的所有间断点是（　　）.

  A. $x=2$ B. $x=-2$ C. $x=2$ 或 $x=-2$ D. 无间断点

4. 下列结论中正确的是（　　）.

  A. 两个无穷小均可比较阶的大小

  B. 无界变量未必是无穷大

  C. 若 $\lim\limits_{x\to a}\dfrac{\alpha}{\beta}=0$，则 α 一定是比 β 高阶的无穷小

  D. 若 α 为无穷小，则 $\dfrac{1}{\alpha}$ 必为无穷大

5. 若 $f(x)$ 在 $[a,b]$ 上连续，且不存在 $x\in[a,b]$，使得 $f(x)=0$，则 $f(x)$ 在 $[a,b]$ 上（　　）.

  A. 恒正   B. 恒负   C. 恒正或恒负   D. 单调

三、计算题(本题共 6 个小题，每小题 8 分，共 48 分)

1. $\lim\limits_{n\to\infty}\dfrac{3n^3+10n+8}{(2n+1)(6n^2-1)}$；

2. $\lim\limits_{x\to -2}\dfrac{x^3+3x^2+2x}{x^2-x-6}$；

3. $\lim\limits_{n\to\infty}\left[\dfrac{1}{1\cdot 2}+\dfrac{1}{2\cdot 3}+\cdots+\dfrac{1}{n(n+1)}\right]$；

4. $\lim\limits_{x\to\infty}\left(\dfrac{2x+3}{2x+1}\right)^{x+1}$；

5. $\lim\limits_{x\to +\infty}x\left(\sqrt{x^2+1}-x\right)$；

6. $\lim\limits_{x\to 0}\dfrac{x^2\tan^2 x}{(1-\cos x)^2}$.

四、解答题(本题共 12 分)

  设

$$f(x)=\begin{cases} x\sin\dfrac{1}{x}, & x>0, \\ a+x^2, & x\leqslant 0, \end{cases}$$

要使 $f(x)$ 在 $(-\infty,+\infty)$ 内连续，应当怎样选择数 a？

五、证明题(本题共 10 分)

  证明：方程 $x^5-3x-2=0$ 在 $(1,2)$ 内至少有一个实根.

第 3 章 导数与微分

微积分学包含微分学与积分学两个分支,微分学又分为一元函数微分学与多元函数微分学,导数与微分是一元函数微分学中最重要的两个最基本的概念.本章将以极限概念为基础,从实际应用问题中引出导数和微分的概念,并得到导数与微分的求法和运算法则.

3.1 导数的概念

在实际问题中,我们经常遇到一种变量相对于另一种变量的变化率问题.例如,物理学上,位移变量相对于时间变量的变化率就是速度;几何学上,曲线上点的纵坐标相对于横坐标的变化率就是曲线在该点切线的斜率;经济学上,一种经济变量相对于另一种经济变量的变化率就是边际.

3.1.1 引例

1. 曲线的切线的斜率

函数 $y = f(x)$ 的图形一般为一条曲线 C,确定曲线 C 在点 $M(x_0, f(x_0))$ 处的切线的斜率.

如图 3-1,在 M 的邻近取一点 $N(x, f(x))$,则割线 MN 的斜率为

$$\tan \varphi = \frac{y - y_0}{x - x_0} = \frac{f(x) - f(x_0)}{x - x_0},$$

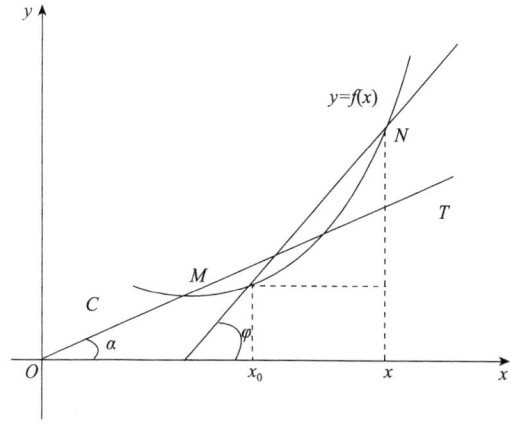

图 3-1

当点 N 沿曲线 C 趋向于 M，割线 MN 的极限位置为曲线 C 在 M 点的切线. 因此，切线的斜率为

$$k = \lim_{x \to x_0} \frac{y - y_0}{x - x_0} = \lim_{x \to x_0} \frac{f(x) - f(x_0)}{x - x_0}.$$

2. 边际成本

设总成本函数为 $C = C(Q)$，当产量 Q 有增量 ΔQ 时，成本函数的增量为 $\Delta C = C(Q + \Delta Q) - C(Q)$，此时，平均成本为

$$\overline{C(Q)} = \frac{\Delta C(Q)}{\Delta Q} = \frac{C(Q + \Delta Q) - C(Q)}{\Delta Q}.$$

对于产品而言，它的产量 Q 是整数，最小的变化量是一个单位. 假设产品的产量 Q 是连续变化的可以无限细分，则边际成本就是产品的产量为 Q 时的总成本的变化率. 即

$$\lim_{\Delta Q \to 0} \frac{\Delta C(Q)}{\Delta Q} = \lim_{\Delta Q \to 0} \frac{C(Q + \Delta Q) - C(Q)}{\Delta Q}.$$

它表示当已经生产了 Q 单位产品时，再增加一个单位产品使总成本增加的数量.

在实际生活中也有很多求变化率的问题，例如物体运动的速度，电流强度，人口增长率等等. 以上两个例子的共同之处在于：

(1) 所要解决的数学问题相同：变化率问题；

(2) 处理问题的思想方法相同：矛盾转化的辩证方法；

(3) 数学结构相同：增量比的极限——瞬间变化率.

这类问题的解决具有普遍性，因此我们从中抽象出一个非常重要的数学概念——**导数**.

3.1.2 导数的定义

定义 1 设函数 $y = f(x)$ 在 x_0 的某邻域内有定义，当自变量 x 在 x_0 处取得增量 Δx（点 $x_0 + \Delta x$ 仍在该邻域）时，相应地函数 y 取得增量 $\Delta y = f(x_0 + \Delta x) - f(x_0)$. 如果极限

$$\lim_{\Delta x \to 0} \frac{\Delta y}{\Delta x} = \lim_{\Delta x \to 0} \frac{f(x_0 + \Delta x) - f(x_0)}{\Delta x}.$$

存在，则称**函数** $y = f(x)$ **在** x_0 **处可导**，极限值称为函数 $y = f(x)$ 在 x_0 处的**导数**，

记为 $f'(x_0)$，即

$$f'(x_0) = \lim_{\Delta x \to 0} \frac{\Delta y}{\Delta x} = \lim_{\Delta x \to 0} \frac{f(x_0 + \Delta x) - f(x_0)}{\Delta x}$$

函数 $y = f(x)$ 在 x_0 处的导数也可记为 $y'|_{x=x_0}$，$\left.\dfrac{dy}{dx}\right|_{x=x_0}$ 或 $\left.\dfrac{df(x)}{dx}\right|_{x=x_0}$．

如果记 $\Delta x = h$，函数 $y = f(x)$ 在 x_0 处的导数也可表示为

$$f'(x_0) = \lim_{h \to 0} \frac{f(x_0 + h) - f(x_0)}{h}$$

或

$$f'(x_0) = \lim_{x \to x_0} \frac{f(x) - f(x_0)}{x - x_0}.$$

函数 $f(x)$ 在点 x_0 处可导也可以说成函数 $f(x)$ 在点 x_0 处导数存在或具有导数．有了导数的概念，第一个问题中的曲线在点 x_0 处切线的斜率可表示为

$$k = \lim_{x \to x_0} \frac{y - y_0}{x - x_0} = \lim_{x \to x_0} \frac{f(x) - f(x_0)}{x - x_0} = f'(x_0).$$

第二个问题中产量为 Q 时边际成本可表示为

$$\lim_{\Delta Q \to 0} \frac{\Delta C(Q)}{\Delta Q} = \lim_{\Delta Q \to 0} \frac{C(Q + \Delta Q) - C(Q)}{\Delta Q} = C'(Q).$$

如果函数 $y = f(x)$ 在开区间 (a,b) 内的每一点都可导，则说函数 $f(x)$ 在开区间 (a,b) 内可导，即对任何 $x \in (a,b)$，有

$$f'(x) = \lim_{\Delta x \to 0} \frac{f(x + \Delta x) - f(x)}{\Delta x} \tag{3.1.1}$$

这样对于开区间 (a,b) 内的每一个确定的 x 都对应着一个确定的导数 $f'(x)$，这就构成了一个新的函数，我们称之为 $f(x)$ 的导函数(在不至于引起混淆的情况下，简称为 $f(x)$ 的导数)．记作 $f'(x)$，y'，$\dfrac{dy}{dx}$ 或 $\dfrac{df(x)}{dx}$．

$f'(x_0)$ 为导函数 $f'(x)$ 当 $x = x_0$ 时的函数值，即

$$f'(x_0) = f'(x)|_{x=x_0}.$$

下面根据导数的定义求一些简单函数的导数．

例1 求函数 $f(x)=C$（C 是常数）的导数.

解 $f'(x)=\lim\limits_{\Delta x\to 0}\dfrac{f(x+\Delta x)-f(x)}{\Delta x}=\lim\limits_{\Delta x\to 0}\dfrac{C-C}{\Delta x}=0$,

即 $(C)'=0$.

例2 求函数 $f(x)=x^n$（$n\in \mathbf{N}^+$）在 $x=a$ 处的导数.

解 由于

$$f'(a)=\lim_{x\to a}\frac{f(x)-f(a)}{x-a}=\lim_{x\to a}\frac{x^n-a^n}{x-a}$$
$$=\lim_{x\to a}(x^{n-1}+ax^{n-2}+\cdots+a^{n-1})=na^{n-1},$$

推广可得

$$(x^n)'=nx^{n-1}.$$

更一般地，有 $(x^\mu)'=\mu x^{\mu-1}$（μ 为实数）.

例如

$$\left(x^{\frac{1}{2}}\right)'=(\sqrt{x})'=\frac{1}{2}x^{-\frac{1}{2}}=\frac{1}{2\sqrt{x}},$$

$$\left(\frac{1}{x}\right)'=(-1)x^{-2}=-\frac{1}{x^2}.$$

例3 求函数 $f(x)=\sin x$ 的导数.

解 由定义有

$$f'(x)=\lim_{h\to 0}\frac{f(x+h)-f(x)}{h}=\lim_{h\to 0}\frac{\sin(x+h)-\sin x}{h}$$
$$=\lim_{h\to 0}\frac{1}{h}\cdot 2\cos\left(x+\frac{h}{2}\right)\sin\frac{h}{2}$$
$$=\lim_{h\to 0}\cos\left(x+\frac{h}{2}\right)\cdot\frac{\sin\frac{h}{2}}{\frac{h}{2}}$$
$$=\cos x.$$

类似的可得 $(\cos x)'=-\sin x$.

例4 求函数 $f(x)=a^x$（$a>0,a\neq 1$）的导数.

解 由定义有

$$f'(x) = \lim_{h \to 0} \frac{f(x+h)-f(x)}{h} = \lim_{h \to 0} \frac{a^{x+h}-a^x}{h}$$

$$= \lim_{h \to 0} a^x \frac{a^h-1}{h} = a^x \lim_{h \to 0} \frac{a^h-1}{h}$$

$$= a^x \ln a.$$

即 $(a^x)' = a^x \ln a$.

特别的，$(e^x)' = e^x$.

定义 2 如果 $y = f(x)$ 在 $(x_0 - \delta, x_0]$ 有定义，若左极限

$$\lim_{\Delta x \to 0^-} \frac{f(x_0 + \Delta x) - f(x_0)}{\Delta x}$$

存在，则称函数 $f(x)$ 在 x_0 **左侧可导**，并把上述左极限称为函数 $f(x)$ 在 x_0 的**左导数**，记作 $f'_-(x_0)$，即

$$f'_-(x_0) = \lim_{\Delta x \to 0^-} \frac{f(x_0 + \Delta x) - f(x_0)}{\Delta x}.$$

类似地可以定义函数 $f(x)$ 在 x_0 的**右侧可导及右导数**

$$f'_+(x_0) = \lim_{\Delta x \to 0^+} \frac{f(x_0 + \Delta x) - f(x_0)}{\Delta x}.$$

由极限存在的条件，我们有

性质 1 函数 $f(x)$ 在 x_0 可导的充分必要条件是在 x_0 的左、右导数都存在并且相等，即 $f'_-(x_0) = f'_+(x_0)$.

由单侧导数可以定义函数在闭区间 $[a,b]$ 上可导. 如果函数 $f(x)$ 在开区间 (a,b) 内可导，且在 a 点的右导数存在，在 b 点的左导数存在，则称函数在闭区间 $[a,b]$ 上可导.

例 5 讨论函数 $f(x) = |x|$ 在 $x = 0$ 处的可导性.

解

$$\lim_{\Delta x \to 0} \frac{f(0 + \Delta x) - f(0)}{\Delta x} = \lim_{h \to 0} \frac{|\Delta x| - 0}{\Delta x} = \lim_{h \to 0} \frac{|\Delta x|}{\Delta x},$$

由于

$$\lim_{\Delta x \to 0^+} \frac{|\Delta x|}{\Delta x} = 1, \quad \lim_{\Delta x \to 0^-} \frac{|\Delta x|}{\Delta x} = -1.$$

因此 $\lim\limits_{\Delta x \to 0} \dfrac{f(0+\Delta x)-f(0)}{\Delta x}$ 不存在，故 $f(x)=|x|$ 在 $x=0$ 处不可导.

例 6 设函数

$$f(x)=\begin{cases} 2x, & x \geqslant 0, \\ \sqrt[3]{x}, & -1 \leqslant x < 0, \\ -\dfrac{1}{6}x^2, & x \geqslant -1, \end{cases}$$

判别 $f(x)$ 在 $x=0$ 和 $x=-1$ 处是否可导?

解 由于

$$\lim_{x \to 0^+} \frac{f(x)-f(0)}{x-0} = \lim_{x \to 0^+} \frac{2x-0}{x-0} = 2,$$

$$\lim_{x \to 0^-} \frac{f(x)-f(0)}{x-0} = \lim_{x \to 0^-} \frac{\sqrt[3]{x}-0}{x-0} = +\infty,$$

所以 $f(x)$ 在 $x=0$ 点不可导.

又由于

$$\lim_{x \to -1^+} \frac{f(x)-f(-1)}{x+1} = \lim_{x \to -1^+} \frac{\sqrt[3]{x}+1}{x+1} = \frac{1}{3},$$

$$\lim_{x \to -1^-} \frac{f(x)-f(-1)}{x+1} = \lim_{x \to -1^-} \frac{-\dfrac{1}{6}x^2+\dfrac{1}{6}}{x+1} = \frac{1}{3}.$$

所以 $f(x)$ 在 $x=-1$ 处可导.

3.1.3 函数可导与连续的关系

函数 $y=f(x)$ 在点 x_0 处连续是指

$$\lim_{x \to x_0}[f(x)-f(x_0)] = 0,$$

函数 $y=f(x)$ 在 x_0 处可导是指

$$\lim_{x \to x_0}\frac{f(x)-f(x_0)}{x-x_0}$$

存在，那么它们之间有什么关系吗?

设函数 $y = f(x)$ 在点 x 处可导，即 $\lim\limits_{\Delta x \to 0} \dfrac{\Delta y}{\Delta x} = f'(x)$ 存在. 由具有极限的函数与无穷小的关系知道，$\dfrac{\Delta y}{\Delta x} = f'(x) + \alpha$，其中 α 为当 $\Delta x \to 0$ 时的无穷小. 上式两边同乘以 Δx，得

$$\Delta y = f'(x)\Delta x + \alpha \Delta x.$$

由此可见，当 $\Delta x \to 0$ 时，$\Delta y \to 0$. 这就是说，函数 $y = f(x)$ 在点 x 处是连续的.

所以，如果函数 $y = f(x)$ 在点 x 处可导，则函数在该点必连续. 反之，一个函数在某点连续却不一定在该点处可导.

定理 1 如果函数 $y = f(x)$ 在点 x_0 处可导，则函数 $y = f(x)$ 在点 x_0 处连续；反之不真.

例如，函数 $f(x) = |x|$ 在 $x = 0$ 处连续但不可导. 因此，函数在某点处连续是在该点可导的必要条件，但不是充分条件.

例 7 讨论函数

$$f(x) = \begin{cases} x, & x \leqslant 1, \\ 2 - x, & x > 1 \end{cases}$$

在 $x = 1$ 处的可导性与连续性.

解 因为 $\lim\limits_{x \to 1^-} f(x) = \lim\limits_{x \to 1^-} x = 1$，$\lim\limits_{x \to 1^+} f(x) = \lim\limits_{x \to 1^+} (2 - x) = 1$，所以 $f(x)$ 在 $x = 1$ 连续，又因为

$$f'_-(1) = \lim_{x \to 1^-} \frac{f(x) - f(1)}{x - 1} = \lim_{x \to 1^-} \frac{x - 1}{x - 1} = 1,$$

$$f'_+(1) = \lim_{x \to 1^+} \frac{f(x) - f(1)}{x - 1} = \lim_{x \to 1^+} \frac{2 - x - 1}{x - 1} = -1,$$

因此 $f(x)$ 在 $x = 1$ 不可导.

3.1.4 导数的几何意义

如果函数 $y = f(x)$ 在 x_0 可导，则 $y = f(x)$ 在 x_0 的导数值为曲线 $y = f(x)$ 在点 $M(x_0, f(x_0))$ 处的切线的斜率，即

$$\tan \alpha = f'(x_0) = \lim_{x \to x_0} \frac{f(x) - f(x_0)}{x - x_0},$$

因此，曲线 $y = f(x)$ 在点 $M(x_0, f(x_0))$ 处的切线的方程为

$$y - y_0 = f'(x_0)(x - x_0),$$

曲线 $y = f(x)$ 在点 $M(x_0, f(x_0))$ 处与切线垂直的直线称为曲线在点 $M(x_0, f(x_0))$ 处的**法线**. 如果 $f'(x_0) \neq 0$，曲线 $C: y = f(x)$ 在点 $M(x_0, f(x_0))$ 处的法线方程为

$$y - y_0 = -\frac{1}{f'(x_0)}(x - x_0).$$

例 8 求曲线 $y = \dfrac{1}{x}$ 在点 $\left(\dfrac{1}{2}, 2\right)$ 处的切线和法线的方程.

解 因为 $y' = -\dfrac{1}{x^2}$，所以曲线 $y = \dfrac{1}{x}$ 在点 $\left(\dfrac{1}{2}, 2\right)$ 处的切线的斜率为

$$k = -\frac{1}{\left(\dfrac{1}{2}\right)^2} = -4,$$

故切线的方程为

$$y - 2 = -4\left(x - \frac{1}{2}\right),$$

即 $4x + y - 4 = 0$；而法线的斜率 $k = \dfrac{1}{4}$，所以法线的方程为

$$y - 2 = \frac{1}{4}\left(x - \frac{1}{2}\right),$$

即 $2x - 8y + 15 = 0$.

习题 3.1

1. 填空题

(1) $\lim\limits_{\Delta x \to 0} \dfrac{f(x_0 - \Delta x) - f(x_0)}{\Delta x} = $ _____.

(2) $\lim\limits_{\Delta x \to 0} \dfrac{f(x_0 + 2h) - f(x_0)}{h} = $ _____.

(3) 曲线 $y = x^{\frac{3}{2}}$ 在点 $x = 4$ 处的切线方程为_____.

(4) $f(x)$ 在点 x_0 连续是 $f(x)$ 在点 x_0 可导的_____条件.

2. 单选题

(1) 函数 $f(x) = \cos x$,则 $f'(0) = (\quad)$.

A. -1 B. 0 C. $\dfrac{1}{2}$ D. 1

(2) 函数 $y = f(x) = \begin{cases} x^2, & x < 0, \\ x, & x \geq 0 \end{cases}$ 在 $x = 0$ 处 ($\quad$).

A. 可导且连续   B. 可导但不连续

C. 连续但不可导   D. 不连续且不可导

(3) 函数 $f(x) = \begin{cases} x^2 + 2x, & x \leq 0, \\ 2x, & 0 < x < 1, \\ \dfrac{1}{x}, & x \geq 1 \end{cases}$ 的不可导点是($\quad$).

A. $x = -1$ B. $x = 0$ C. $x = 1$ D. $x = 2$

3. 根据导数的定义,求下列函数的导数:

(1) $y = x^2 + x + 1$;   (2) $y = \cos(x + 3)$.

4. 求下列函数的导数:

(1) $y = x^4$;   (2) $y = \sqrt[4]{x^3}$;   (3) $y = \dfrac{1}{x^3}$;

(4) $y = \dfrac{1}{\sqrt[3]{x}}$;   (5) $y = x^2 \sqrt{x}$;   (6) $y = \dfrac{x^2 \sqrt{x}}{\sqrt[4]{x}}$.

3.2 求导法则与导数公式

本节将介绍求导的法则和基本初等函数的求导公式,从而解决初等函数求导的问题.

3.2.1 函数的和、差、积、商的求导法则

定理 1 设函数 $u = u(x)$ 及 $v = v(x)$ 在 x 点可导,则

(1) $[u(x) \pm v(x)]' = u'(x) \pm v'(x)$;

(2) $[u(x)v(x)]' = u'(x)v(x) + u(x)v'(x)$;

(3) $[Cu(x)]' = Cu'(x)$,C 为常数;

(4) $\left[\dfrac{u(x)}{v(x)}\right]' = \dfrac{u'(x)v(x) - u(x)v'(x)}{v^2(x)}$,$v(x) \neq 0$.

证 我们只证明(2),其余留给读者作为练习.

由可导必连续,有

$$[u(x)v(x)]' = \lim_{\Delta x \to 0} \frac{u(x+\Delta x)v(x+\Delta x) - u(x)v(x)}{\Delta x}$$

$$= \lim_{\Delta x \to 0} \frac{u(x+\Delta x)v(x+\Delta x) - u(x)v(x+\Delta x) + u(x)v(x+\Delta x) - u(x)v(x)}{\Delta x}$$

$$= \lim_{\Delta x \to 0} [\frac{u(x+\Delta x)v(x+\Delta x) - u(x)v(x+\Delta x)}{\Delta x} + \frac{u(x)v(x+\Delta x) - u(x)v(x)}{\Delta x}]$$

$$= \lim_{\Delta x \to 0} \frac{[u(x+\Delta x) - u(x)]v(x+\Delta x)}{\Delta x} + \lim_{\Delta x \to 0} \frac{u(x)[v(x+\Delta x) - v(x)]}{\Delta x}$$

$$= u'(x)v(x) + u(x)v'(x),$$

例 1 求函数 $y = \tan x$ 以及函数 $y = \sec x$ 的导数.

解 $(\tan x)' = \left(\frac{\sin x}{\cos x}\right)' = \frac{(\sin x)'\cos x - \sin x(\cos x)'}{\cos^2 x}$

$= \frac{\cos^2 + \sin^2 x}{\cos^2 x} = \frac{1}{\cos^2 x} = \sec^2 x.$

$(\sec x)' = \left(\frac{1}{\cos x}\right)' = -\frac{(\cos x)'}{\cos^2 x} = \frac{\sin x}{\cos^2 x} = \sec x \cdot \tan x.$

类似可得

$$(\cot x)' = -\csc^2 x, \quad (\csc x)' = -\csc x \cot x.$$

例 2 设 $y = 3x^3 + 5x^2 - 4x + 1$,求 y'.

解 $$y' = (3x^3)' + (5x^2)' - (4x)' + (1)'$$

$$= 9x^2 + 10x - 4.$$

例 3 设 $f(x) = x^3 - 3e^x \cos x + \sin\frac{\pi}{6}$,求 $f'(x)$ 及 $f'\left(\frac{\pi}{2}\right)$.

解 $f'(x) = 3x^2 - 3(e^x \cos x - e^x \sin x) = 3x^2 - 3e^x(\cos x - \sin x).$

$$f'\left(\frac{\pi}{2}\right) = 3\frac{\pi^2}{4} - 3e^{\frac{\pi}{2}}\left(\cos\frac{\pi}{2} - \sin\frac{\pi}{2}\right) = \frac{3}{4}\pi^2 + 3e^{\frac{\pi}{2}}.$$

3.2.2 反函数的求导法则

定理 2 如果函数 $x = f(y)$ 在区间 I_y 内单调、可导且 $f'(y) \neq 0$,则它的反函数 $y = f^{-1}(x)$ 在区间 $I_x = \{x \mid x = f(y), y \in I_y\}$ 内也可导,且

$$[f^{-1}(x)]' = \frac{1}{f'(y)} \quad 或 \quad \frac{dy}{dx} = \frac{1}{\frac{dx}{dy}}.$$

例 4　求 $y = \arcsin x$ 的导数.

解　设 $x = \sin y$，$y \in \left[-\frac{\pi}{2}, \frac{\pi}{2}\right]$ 为直接函数，其反函数为 $y = \arcsin x$，由公式有

$$(\arcsin x)' = \frac{1}{(\sin y)'} = \frac{1}{\cos y},$$

又由于 $\cos y = \sqrt{1 - \sin^2 y} = \sqrt{1 - x^2}$，因此

$$(\arcsin x)' = \frac{1}{\sqrt{1 - x^2}}.$$

类似可得

$$(\arccos x)' = -\frac{1}{\sqrt{1 - x^2}}.$$

例 5　求 $y = \arctan x$ 的导数.

解　设 $x = \tan y$，$y \in \left(-\frac{\pi}{2}, \frac{\pi}{2}\right)$ 是直接函数，其反函数 $y = \arctan x$，由公式有

$$(\arctan x)' = \frac{1}{(\tan y)'} = \frac{1}{\sec^2 y}.$$

又由于 $\sec^2 y = 1 + \tan^2 y = 1 + x^2$，因此

$$(\arctan x)' = \frac{1}{1 + x^2}.$$

类似可得

$$(\text{arccot}\, x)' = -\frac{1}{1 + x^2}.$$

例 6　求 $y = \log_a x$ 的导数.

解　$x = a^y$ 与 $y = \log_a x$ 互为反函数，因此

$$(\log_a x)' = \frac{1}{(a^y)'} = \frac{1}{a^y \ln a} = \frac{1}{x \ln a}.$$

特别的 $(\ln x)' = \dfrac{1}{x}$.

3.2.3 复合函数的求导法则

对于复合函数, 如 $y = (3x-2)^2$, 由于 $y = 9x^2 - 12x + 4$, 从而有

$$y' = 18x - 12.$$

而对于不能展开的复合函数, 如 $y = \ln \tan \dfrac{x}{2}$, $y = e^{x^2}$, $y = \cos^2 \dfrac{x}{1+x^2}$, 如何求其导数呢?

定理 3 如果 $u = g(x)$ 在点 x 可导, $y = f(u)$ 在点 $u = g(x)$ 可导, 则复合函数 $y = f[g(x)]$ 在点 x 可导, 且导数为

$$\frac{\mathrm{d}y}{\mathrm{d}x} = f'(u) \cdot g'(x) \quad \text{或} \quad \frac{\mathrm{d}y}{\mathrm{d}x} = \frac{\mathrm{d}y}{\mathrm{d}u} \cdot \frac{\mathrm{d}u}{\mathrm{d}x}.$$

我们也称它为复合函数的**链式法则**.

对于多层复合函数, 也有类似的链式法则.

设 $y = f(u)$, $u = \varphi(v)$, $v = \psi(x)$ 构成复合函数, 且满足相应的求导条件, 则复合函数 $y = f\{\varphi[\psi(x)]\}$ 可导, 且

$$\frac{\mathrm{d}y}{\mathrm{d}x} = \frac{\mathrm{d}y}{\mathrm{d}u} \cdot \frac{\mathrm{d}u}{\mathrm{d}v} \cdot \frac{\mathrm{d}v}{\mathrm{d}x}.$$

例 7 $y = \ln \sin x$, 求 $\dfrac{\mathrm{d}y}{\mathrm{d}x}$.

解 $\dfrac{\mathrm{d}y}{\mathrm{d}x} = (\ln \sin x)' = \dfrac{1}{\sin x}(\sin x)' = \dfrac{\cos x}{\sin x} = \cot x.$

例 8 $y = \sqrt[3]{1 - 2x^2}$, 求 $\dfrac{\mathrm{d}y}{\mathrm{d}x}$.

解 $\dfrac{\mathrm{d}y}{\mathrm{d}x} = \left[(1-2x^2)^{\frac{1}{3}}\right]' = \dfrac{1}{3}(1-2x^2)^{-\frac{2}{3}} \cdot (1-2x^2)' = \dfrac{-4x}{3\sqrt[3]{(1-2x^2)^2}}.$

例 9 $y = e^{x^3}$, 求 $\dfrac{\mathrm{d}y}{\mathrm{d}x}$.

解 $\dfrac{\mathrm{d}y}{\mathrm{d}x} = (e^{x^3})' = e^{x^3}(x^3)' = e^{x^3} 3x^2 = 3x^2 e^{x^3}.$

例 10 设 $y = \left(\arctan \sqrt{x}\right)^3$, 求 $\dfrac{\mathrm{d}y}{\mathrm{d}x}$.

解 $\dfrac{dy}{dx} = 3\left(\arctan\sqrt{x}\right)^2 \left(\arctan\sqrt{x}\right)' = 3\left(\arctan\sqrt{x}\right)^2 \dfrac{1}{1+x}(\sqrt{x})'$

$= \dfrac{3\left(\arctan\sqrt{x}\right)^2}{2(1+x)\sqrt{x}}.$

例 11 设 $y = \ln\cos\dfrac{1}{x}$,求 $\dfrac{dy}{dx}$.

解 $\dfrac{dy}{dx} = \dfrac{1}{\cos\dfrac{1}{x}}(\cos\dfrac{1}{x})' = \dfrac{1}{\cos\dfrac{1}{x}}\left(-\sin\dfrac{1}{x}\right)\left(\dfrac{1}{x}\right)' = \dfrac{1}{x^2}\tan\dfrac{1}{x}.$

例 12 设 $y = \sqrt{f(\sin x^2)}$,求 $\dfrac{dy}{dx}$.

解 $\dfrac{dy}{dx} = \dfrac{1}{2\sqrt{f(\sin x^2)}}[f(\sin x^2)]' = \dfrac{1}{2\sqrt{f(\sin x^2)}}f'(\sin x^2)(\sin x^2)'$

$= \dfrac{1}{2\sqrt{f(\sin x^2)}}f'(\sin x^2)\cos x^2 (x^2)' = \dfrac{x\cos x^2 f'(\sin x^2)}{\sqrt{f(\sin x^2)}}.$

3.2.4 基本求导法则与导数公式

1. 常数和基本初等函数的导数公式

(1) $(C)' = 0$; (2) $(x^\mu)' = \mu \cdot x^{\mu-1}$;

(3) $(\sin x)' = \cos x$; (4) $(\cos x)' = -\sin x$;

(5) $(\tan x)' = \sec^2 x$; (6) $(\cot x)' = -\csc^2 x$;

(7) $(\sec x)' = \sec x \tan x$; (8) $(\csc x)' = -\csc x \cot x$;

(9) $(a^x)' = a^x \ln a$; (10) $(e^x)' = e^x$;

(11) $(\log_a x)' = \dfrac{1}{x \ln a}$; (12) $(\ln x)' = \dfrac{1}{x}$;

(13) $(\arcsin x)' = \dfrac{1}{\sqrt{1-x^2}}$; (14) $(\arccos x)' = -\dfrac{1}{\sqrt{1-x^2}}$;

(15) $(\arctan x)' = \dfrac{1}{1+x^2}$; (16) $(\text{arccot}\, x)' = -\dfrac{1}{1+x^2}$.

2. 函数和、差、积、商的求导法则

(1) $(u \pm v)' = u' \pm v'$; (2) $(Cu)' = Cu'$ (C 为常数);

(3) $(uv)' = u'v + uv'$; (4) $\left(\dfrac{u}{v}\right)' = \dfrac{vu' - uv'}{v^2}$ ($v \neq 0$).

3. 反函数的求导法则

如果 $x = f(y)$ 与 $y = f^{-1}(x)$ 互为反函数，则

$$[f^{-1}(x)]' = \frac{1}{f'(y)} \quad \text{或} \quad \frac{dy}{dx} = \frac{1}{\frac{dx}{dy}}.$$

4. 复合函数的求导法则

如果 $y = f(u)$ 可导，$u = g(x)$ 可导，则复合函数 $y = f[g(x)]$ 可导，且

$$\frac{dy}{dx} = f'(u) \cdot g'(x) \quad \text{或} \quad \frac{dy}{dx} = \frac{dy}{du} \cdot \frac{du}{dx}.$$

习题 3.2

1. 填空题

(1) $y = 2^x + x^2 - 3x^{-2} + 1$, $\dfrac{dy}{dx} = $ _____.

(2) $y = e^x \cos x$，则 $y'|_{x=0} = $ _____.

(3) $f(x) = \dfrac{\sin x}{1 + \cos x}$，则 $f'\left(\dfrac{3\pi}{2}\right) = $ _____.

2. 单选题

(1) 设 $f(t) = \dfrac{1 - \sqrt{t}}{1 + \sqrt{t}}$，则 $f'(4) = (\quad)$.

A. $-\dfrac{1}{18}$ B. $\dfrac{1}{18}$ C. -18 D. 18

(2) 设 $f(x) = \dfrac{3}{5-x} + \dfrac{x^2}{5}$，则 $f'(0) = (\quad)$.

A. 3 B. $\dfrac{3}{25}$ C. $\dfrac{7}{15}$ D. $\dfrac{7}{25}$

3. 求下列函数的导数：

(1) $y = 2x^3 - \dfrac{2}{x^2} + 9$;

(2) $y = \dfrac{x^4 + \sqrt{x} + 1}{x^3}$;

(3) $y = xe^x$;

(4) $y = \dfrac{1}{\sqrt[4]{x}}$;

(5) $y = (5x + 2)(3x^2 - 4)$;

(6) $y = \dfrac{3}{x^2 - 2}$.

4. 求下列函数的导数：

(1) $y = \sin 6x$;

(2) $y = \tan 2x^2$;

(3) $y = e^{\frac{x}{3}}(x^2 + 1)$;

(4) $y = \arcsin(3x + 2)$;

(5) $y = \ln\cos x$;   (6) $y = \ln x^3$;
(7) $y = \arctan\sqrt{x^2 - 1}$;   (8) $y = \arcsin\dfrac{1}{x}$;
(9) $y = \ln\sin 4x$;   (10) $y = \arcsin\sqrt{1 - x^2}$.

3.3 高 阶 导 数

一般函数 $y = f(x)$ 的导数 $y' = f'(x)$ 仍是 x 的函数，如果 $y' = f'(x)$ 仍然是可导函数，则称它的导数为 $f(x)$ 的二阶导数，记成 y'' ， $f''(x)$ ， $\dfrac{d^2 y}{dx^2}$ 或 $\dfrac{d^2 f(x)}{dx^2}$.

即
$$y'' = f''(x) = \frac{d^2 y}{dx^2} = \frac{d}{dx}\left(\frac{dy}{dx}\right) = \frac{d}{dx}\left(\frac{df(x)}{dx}\right) = [f'(x)]'.$$

类似地，$f(x)$ 的二阶导数的导数称为 $f(x)$ 的三阶导数，即 $y''' = [f''(x)]'$；$f(x)$ 的三阶导数的导数为 $f(x)$ 的四阶导数；……，$(n-1)$ 阶导数的导数称为 n 阶导数. 分别记作

$$y^{(3)}, y^{(4)}, \cdots, y^{(n)} \quad \text{或} \quad \frac{d^2 y}{dx^2}, \frac{d^3 y}{dx^3}, \cdots, \frac{d^n y}{dx^n}.$$

$f'(x)$ 称为 $f(x)$ 一阶导数，二阶以及二阶以上导数都称为**高阶导数**.

由高阶导数的定义可以发现，要求 $f(x)$ 的 n 阶导数只需连续的对函数求 n 次导数. 关于高阶导数的计算问题，没有特殊的技巧和方法，逐阶求导即可.

例 1 设 $y = \sqrt{2x - x^2}$ ，求 y'' .

解
$$y' = \frac{1 - x}{\sqrt{2x - x^2}},$$

$$y'' = \frac{-2x + x^2 - (1-x)^2}{(2x - x^2)\sqrt{2x - x^2}} = -\frac{1}{(2x - x^2)^{\frac{3}{2}}}.$$

下面求一些比较常见的函数的 n 阶导数.

例 2 $y = e^x$ ，求 $y^{(n)}$.

解 由于 $y' = e^x$ ， $y'' = e^x$ ， $\cdots$ ， $y^{(n)} = e^x$. 所以 $(e^x)^{(n)} = e^x$.

例 3 设 $y = \sin x$ ，求 $y^{(n)}$.

解 由于 $y = \sin x$ ，有

$$y' = \cos x = \sin\left(x + \frac{\pi}{2}\right),$$

$$y'' = (\cos x)' = -\sin x = \sin\left(x + 2 \cdot \frac{\pi}{2}\right),$$

$$y''' = (-\sin x)' = -\cos x = \sin\left(x + \frac{3\pi}{2}\right),$$

$$y^{(4)} = (-\cos x)' = \sin x = \sin\left(x + \frac{4\pi}{2}\right),$$

一般地，可得

$$y^{(n)} = \sin\left(x + \frac{n\pi}{2}\right),$$

即 $(\sin x)^{(n)} = \sin\left(x + n \cdot \frac{\pi}{2}\right)$，用类似方法，可得

$$(\cos x)^{(n)} = \cos\left(x + n \cdot \frac{\pi}{2}\right).$$

例 4 设 $y = \ln(1+x)$，求 $y^{(n)}$.

解 由于 $y = \ln(1+x)$，有

$$y' = \frac{1}{1+x},$$

$$y'' = (y')' = -\frac{1}{(1+x)^2},$$

$$y''' = (y'')' = \frac{1 \cdot 2}{(1+x)^3},$$

$$y^{(4)} = (y''')' = -\frac{1 \cdot 2 \cdot 3}{(1+x)^4}, \quad \cdots\cdots,$$

一般地，可得 $y^{(n)} = (-1)^{n-1} \dfrac{(n-1)!}{(1+x)^n}$.

即

$$\left[\ln(1+x)\right]^{(n)} = (-1)^{n-1} \frac{(n-1)!}{(1+x)^n}.$$

通常规定 $0! = 1$，所以这个公式当 $n = 1$ 时也成立.

类似的有，$[\ln x]^{(n)} = (-1)^{n-1}\dfrac{(n-1)!}{x^n}$.

例 5 设 $y = x^\mu$，求 $y^{(n)}$

解

当 $\mu > n$ 时，$y' = \mu x^{\mu-1}$，

$$y'' = (y')' = \mu(\mu-1)x^{\mu-2},$$

$$y''' = (y'')' = \mu(\mu-1)(\mu-2)x^{\mu-3},$$

$$y^{(4)} = (y''')' = \mu(\mu-1)(\mu-2)(\mu-3)x^{\mu-4},$$

一般地，可得

$$y^{(n)} = \mu(\mu-1)(\mu-2)\cdots(\mu-n+1)x^{\mu-n},$$

即 $\left(x^\mu\right)^{(n)} = \mu(\mu-1)(\mu-2)\cdots(\mu-n+1)x^{\mu-n}$.

当 $\mu = n$ 时，得到，

$$\left(x^n\right)^{(n)} = n(n-1)(n-2)\cdots 3 \cdot 2 \cdot 1 = n!,$$

而 $\left(x^n\right)^{(n+1)} = 0$.

习题 3.3

1. 填空题

(1) $y = x + e^x \tan x$, $y'' = $ _____.

(2) $y = \sin 2x$, $y^{(n)} = $ _____.

2. 单选题

(1) 已知 $f(x) = (x+10)^6$，则 $f'''(-9) = (\quad)$.

A. 6　　　　B. 30　　　　C. 120　　　　D. 360

(2) 已知 $f(x) = x\cos x$，则 $f''(0) = (\quad)$.

A. 0　　　　B. 1　　　　C. -1　　　　D. π

3. 求下列函数的二阶导数：

(1) $y = \dfrac{1}{x+2}$;　　　　(2) $y = \tan x$;

(3) $y = xe^x$;　　　　(4) $y = \sin(3x+2)$;

(5) $y = e^x \cos x$;　　　　(6) $y = x \ln x$;

(7) $y = \ln\sin x$; (8) $y = \arcsin x$.

4. 已知 $f^{(98)}(x) = x^2 + e^x$ ，求 $f^{(100)}(x)$.

5. 设 $y = e^x \cos x$ ，求 $y^{(4)}$.

3.4 隐函数及由参数方程所确定的函数的导数

3.4.1 隐函数的导数

第一章已经介绍了隐函数的定义，这里就不再叙述了.

有些隐函数可以化成显函数，通过显函数来求导数. 但是有些隐函数的显化是比较困难甚至是不可能的，下面讨论不显化隐函数直接对方程所确定的隐函数求导的问题.

设 $y = f(x)$ 是由方程 $F(x, y) = 0$ 确定的隐函数，将 $y = f(x)$ 代入方程中，得到恒等式

$$F[x, f(x)] \equiv 0 .$$

利用复合函数的求导法则，等式两边对自变量 x 求导数，视 $f(x)$ 为中间变量，就可以求得 y 对 x 的导数 $\dfrac{dy}{dx}$. 隐函数的求导实际上是复合函数求导法则的应用. 下面举例说明.

例 1 求由方程 $y^5 + 2y - x - 3x^7 = 0$ 确定的隐函数的导数 $\dfrac{dy}{dx}$.

解 方程两边对 x 求导数，得

$$5y^4 \cdot \frac{dy}{dx} + 2\frac{dy}{dx} - 1 - 21x^6 = 0 ,$$

解得

$$\frac{dy}{dx} = \frac{1 + 21x^6}{5y^4 + 2} .$$

值得注意的是，y 是 x 的函数，而关于 y 的函数则是 x 的复合函数.

例 2 设 $y = f(x)$ 是由方程 $e^y + xy - e = 0$ 所确定的隐函数，求 $\left.\dfrac{dy}{dx}\right|_{x=0}$.

解 由于 $y = y(x)$ 由方程 $e^y + xy - e = 0$ 确定，方程两边对 x 求导数，得

$$e^y \cdot \frac{dy}{dx} + y + x\frac{dy}{dx} = 0 ,$$

解得
$$\frac{dy}{dx} = -\frac{y}{x+e^y}.$$

当 $x=0$ 时 $y=1$，所以
$$\left.\frac{dy}{dx}\right|_{x=0} = -e^{-1}.$$

例 3 设 $y = y(x)$ 由方程 $x - y + \frac{1}{2}\sin y = 0$ 确定，求 $\frac{d^2 y}{dx^2}$.

解 方程两边对 x 求导数，得
$$1 - \frac{dy}{dx} + \frac{1}{2}\frac{dy}{dx}\cos y = 0,$$

解得
$$\frac{dy}{dx} = \frac{2}{2-\cos y},$$

于是
$$\frac{d^2 y}{dx^2} = \frac{d}{dx}\left(\frac{dy}{dx}\right) = \frac{d}{dx}\left(\frac{2}{2-\cos y}\right) = \frac{-2\sin y \frac{dy}{dx}}{(2-\cos y)^2} = \frac{-4\sin y}{(2-\cos y)^3}.$$

例 4 已知 $y = \ln\frac{1+x}{1-x}$，求 y'.

解
$$y = \ln(1+x) - \ln(1-x),$$
$$y' = \frac{1}{1+x} - \frac{-1}{1-x} = \frac{2}{(1+x)(1-x)}.$$

从此例可以看出，若将一个较为复杂函数先转化为一些简单函数的和、差的形式后再求导，求导运算将变得更加简单. 因此，对某些函数求导，有时先在 $y = f(x)$ 的两边取对数，然后再求出 y 的导数. 这种方法称为对数求导法. 下面通过几个例子来说明这种方法.

例 5 求 $y = x^{\sin x}$ $(x > 0)$ 的导数.

解 两边取对数，得
$$\ln y = \sin x \cdot \ln x,$$

两边对 x 求导数，得

$$\frac{1}{y} \cdot y' = \cos x \cdot \ln x + \sin x \cdot \frac{1}{x},$$

解得

$$y' = y \cdot \left(\cos x \cdot \ln x + \frac{\sin x}{x} \right) = x^{\sin x} \left(\cos x \cdot \ln x + \frac{\sin x}{x} \right).$$

一般情况，对于幂指函数

$$y = u(x)^{v(x)} \ (u(x) > 0),$$

求导数 y' 的方法为：先将等式两边取对数，得

$$\ln y = v \cdot \ln u,$$

再将等式两边对 x 求导数，得

$$\frac{1}{y} \cdot y' = v' \cdot \ln u + \frac{v}{u} \cdot u',$$

解得

$$y' = y \cdot \left(v' \cdot \ln u + \frac{vu'}{u} \right) = u^v \left(v' \cdot \ln u + \frac{vu'}{u} \right).$$

以上求导数的方法称为**对数求导法**.

例 6 求 $y = \sqrt{\dfrac{(x-1)(x-2)}{(x-3)(x-4)}}$ 的导数.

解 先取对数（假定 $x > 4$），得

$$\ln y = \frac{1}{2}[\ln(x-1) + \ln(x-2) - \ln(x-3) - \ln(x-4)],$$

上式两端对 x 求导得 $\dfrac{1}{y} y' = \dfrac{1}{2}\left(\dfrac{1}{x-1} + \dfrac{1}{x-2} - \dfrac{1}{x-3} - \dfrac{1}{x-4} \right)$，于是

$$y = \frac{1}{2}\sqrt{\frac{(x-1)(x-2)}{(x-3)(x-4)}}\left(\frac{1}{x-1} + \frac{1}{x-2} - \frac{1}{x-3} - \frac{1}{x-4} \right).$$

可以讨论，在函数的其他定义域内也有类似的结果.

3.4.2 由参数方程所确定的函数的导数

一般情况，参数方程

$$\begin{cases} x = \phi(t), \\ y = \psi(t) \end{cases}$$

可以确定函数 $y = y(x)$ 或 $x = x(y)$. 称此函数为该**参数方程所确定的函数**.

一般来说把参数方程所确定的函数转化为因变量是自变量表达的式子比较复杂，下面就给出由参数方程所确定的函数的求导方法.

一般由 $x = \phi(t)$ 得 $t = \phi^{-1}(x)$，代入 $y = \psi(t)$，得

$$y = \psi(t) = \psi[\phi^{-1}(x)] = y(x),$$

由复合函数求导方法，得

$$\frac{\mathrm{d}y}{\mathrm{d}x} = \frac{\mathrm{d}y}{\mathrm{d}t} \cdot \frac{\mathrm{d}t}{\mathrm{d}x} = \frac{\mathrm{d}y}{\mathrm{d}t} \cdot \frac{1}{\frac{\mathrm{d}x}{\mathrm{d}t}} = \frac{\psi'(t)}{\phi'(t)}.$$

二阶导数为

$$\frac{\mathrm{d}^2 y}{\mathrm{d}x^2} = \frac{\mathrm{d}}{\mathrm{d}x}\left(\frac{\mathrm{d}y}{\mathrm{d}x}\right) = \frac{\mathrm{d}}{\mathrm{d}x}\left(\frac{\psi'(t)}{\phi'(t)}\right) = \frac{\mathrm{d}}{\mathrm{d}t}\left(\frac{\psi'(t)}{\phi'(t)}\right) \cdot \frac{\mathrm{d}t}{\mathrm{d}x} = \frac{\mathrm{d}}{\mathrm{d}t}\left(\frac{\psi'(t)}{\phi'(t)}\right) \cdot \frac{1}{\frac{\mathrm{d}x}{\mathrm{d}t}}$$

$$= \frac{\psi''(t)\phi'(t) - \psi'(t)\phi''(t)}{[\phi'(t)]^3}.$$

例 7 求椭圆曲线 $\begin{cases} x = a\cos t, \\ y = b\sin t \end{cases}$ 在 $t = \frac{\pi}{4}$ 相应点的切线方程.

解 当 $t = \frac{\pi}{4}$ 时，$x = a\cos\frac{\pi}{4} = \frac{\sqrt{2}}{2}a$，$y = \frac{\sqrt{2}}{2}b$，曲线在相应点的切线的斜率为

$$\left.\frac{\mathrm{d}y}{\mathrm{d}x}\right|_{t=\frac{\pi}{4}} = \left.\frac{(b\sin t)'}{(a\cos t)'}\right|_{t=\frac{\pi}{4}} = \left.-\frac{b\cos t}{a\sin t}\right|_{t=\frac{\pi}{4}} = -\frac{b}{a}.$$

于是切线的方程为

$$y - \frac{\sqrt{2}}{2}b = -\frac{b}{a}\left(x - \frac{\sqrt{2}}{2}a\right),$$

即 $bx + ay - \sqrt{2}ab = 0$.

例8 计算由参数方程

$$\begin{cases} x = a(t - \sin t), \\ y = a(1 - \cos t) \end{cases}$$

所确定的函数 $y = y(x)$ 的二阶导数 $\dfrac{d^2 y}{dx^2}$.

解 由于 $\dfrac{dy}{dx} = \dfrac{\sin t}{1 - \cos t} = \cot \dfrac{t}{2}$ $(t \neq 2n\pi, n \in \mathbf{Z})$，于是

$$\dfrac{d^2 y}{dx^2} = \dfrac{d\left(\dfrac{dy}{dx}\right)}{dx} = \dfrac{-\csc^2 \dfrac{t}{2}}{a(1 - \cos t)}$$

$$= -\dfrac{1}{2\sin^2 \dfrac{t}{2}} \cdot \dfrac{1}{a(1 - \cos t)} = -\dfrac{1}{a(1-\cos t)^2} \ (t \neq 2n\pi, n \in \mathbf{Z}).$$

习题 3.4

1. 填空题

(1) 设方程 $x - y - e^y = 0$ 确定函数 $y = y(x)$，则 $\dfrac{dy}{dx} = $ _____.

(2) 由方程 $x^3 + 2x^3 y - y^2 x + 2 = 0$ 所确定的隐函数在 $x = 1$ 处的导数为_____.

(3) 曲线 $\begin{cases} x = 1 + t^2, \\ y = t^3 \end{cases}$ 在 $t = 3$ 处的切线方程为_____.

(4) 设函数 $y = y(x)$ 由方程 $\ln(x^2 + y) = x^3 y + \sin x$ 确定，则 $\dfrac{dy}{dx}\big|_{x=0} = $ _____.

2. 单选题

(1) 设方程 $y - x - \dfrac{1}{2}\sin y = 0$ 确定函数 $y = y(x)$，则 $\dfrac{dy}{dx}\big|_{x=0} = $ (   ).

A. -1 B. 1 C. -2 D. 2

(2) 对于由参数方程 $\begin{cases} x = e^t \sin 2t \\ y = e^t \cos t \end{cases}$ 所确定的函数，$\dfrac{dy}{dx}\big|_{t=0} = $ (   ).

A. -1 B. 1 C. $-\dfrac{1}{2}$ D. $\dfrac{1}{2}$

3. 求由下列方程所确定的隐函数的导数 $\dfrac{dy}{dx}$.

(1) $y^3 - 2xy - 9 = 0$； (2) $x^2 + y^2 - 2 = 0$；

(3) $xy^2 - e^{xy} + 2 = 0$； (4) $y = 1 - ye^x$；

(5) $x + y - e^{-x^2 y} = 0$； (6) $xy + \sin(xy) = 0$.

4. 用对数求导法求下列函数的导数：

(1) $y = x^x$； (2) $y = (\cos x)^{\sin x}$；

(3) $y=\left(\dfrac{x}{x+1}\right)^x$; (4) $y=\sqrt[5]{\dfrac{x-5}{\sqrt[5]{x^2+2}}}$.

5. 求由下列参数方程所确定的函数的导数 $\dfrac{\mathrm{d}y}{\mathrm{d}x}$.

(1) $\begin{cases}x=\dfrac{t^2}{2},\\ y=1-t;\end{cases}$ (2) $\begin{cases}x=t(1-\sin t),\\ y=t\cos t.\end{cases}$

6. 计算由参数方程 $\begin{cases}x=2-t^2,\\ y=t-2t^3,\end{cases}$ 所确定的函数 $y=y(x)$ 的二阶导数 $\dfrac{\mathrm{d}^2 y}{\mathrm{d}x^2}$.

3.5 函数的微分

本节将研究微分学的第二个基本概念——微分及其运算.

3.5.1 微分的定义

在实际问题中，有时需要计算当自变量取得微小增量时函数相应增量的近似值.

例如有边长为 x_0 的正方形铁片的面积 $A=x_0^2$ ，加热后边长增加了 Δx （如图 3-2），问铁片的面积增加了多少？

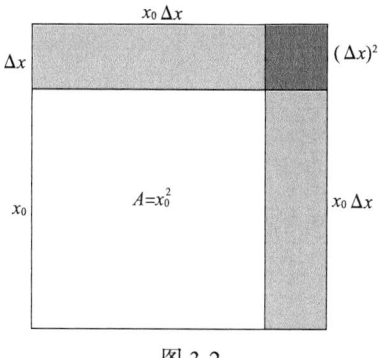

图 3-2

$$\Delta A=(x_0+\Delta x)^2-x_0^2=2x_0\Delta x+(\Delta x)^2.$$

ΔA 由两部分构成：一部分是两个长方形面积之和，另一部分是小正方形的面积，即 $2x_0\Delta x$ 和 $(\Delta x)^2$. 其中当 Δx 很小时， $(\Delta x)^2$ 可以忽略不计，而且

$$\lim_{\Delta x\to 0}\dfrac{\Delta A-2x_0\Delta x}{\Delta x}=\lim_{\Delta x\to 0}\dfrac{(\Delta x)^2}{\Delta x}=\lim_{\Delta x\to 0}\Delta x=0,$$

这样，当 Δx 很小时， $\Delta A\approx 2x_0\Delta x$ ，而且 $\Delta A-2x_0\Delta x=o(\Delta x)$. 因此 $2x_0\Delta x$ 叫做 ΔA 的

线性主部.

定义 1 设函数 $y = f(x)$ 在某区间 I 内有定义，x_0 及 $x_0 + \Delta x$ 属于 I. 如果函数的增量可表为

$$\Delta y = f(x_0 + \Delta x) - f(x_0) = A\Delta x + o(\Delta x),$$

其中 A 为与 Δx 无关的常数，则称函数 $y = f(x)$ 在 x_0 处**可微**，$A\Delta x$ 称为函数 $y = f(x)$ 在 x_0 处的**微分**，记作 $\mathrm{d}y$，即

$$\mathrm{d}y = A\Delta x.$$

定理 1 函数 $y = f(x)$ 在 x_0 处是可微的充要条件是函数 $y = f(x)$ 在 x_0 处是可导，而且 $\mathrm{d}y = f'(x_0)\Delta x$.

证 如果函数 $y = f(x)$ 在 x_0 处可微，则

$$\Delta y = f(x_0 + \Delta x) - f(x_0) = A\Delta x + o(\Delta x),$$

从而

$$\frac{\Delta y}{\Delta x} = \frac{f(x_0 + \Delta x) - f(x_0)}{\Delta x} = \frac{A\Delta x + o(\Delta x)}{\Delta x} = A + \frac{o(\Delta x)}{\Delta x},$$

因此

$$\lim_{\Delta x \to 0} \frac{\Delta y}{\Delta x} = \lim_{\Delta x \to 0}\left(A + \frac{o(\Delta x)}{\Delta x}\right) = A,$$

即函数 $y = f(x)$ 在 x_0 处是可导，而且 $f'(x_0) = A$.

反之，如果函数 $y = f(x)$ 在 x_0 处可导，即

$$\lim_{\Delta x \to 0} \frac{\Delta y}{\Delta x} = \lim_{\Delta x \to 0} \frac{f(x_0 + \Delta x) - f(x_0)}{\Delta x} = f'(x_0),$$

因此得

$$\frac{\Delta y}{\Delta x} = \frac{f(x_0 + \Delta x) - f(x_0)}{\Delta x} = f'(x_0) + \alpha.$$

α 为 $\Delta x \to 0$ 时的无穷小. 即

$$\Delta y = f(x_0 + \Delta x) - f(x_0) = f'(x_0)\Delta x + \alpha \cdot \Delta x = f'(x_0)\Delta x + o(\Delta x),$$

所以函数 $y = f(x)$ 在 x_0 处可微.

例1 求函数 $y=x^2$ 在 $x=1$ 和 $x=3$ 的微分.

解 由于 $y'=2x$，故 $y'|_{x=1}=2$，$y'|_{x=3}=6$. 所以函数 $y=x^2$ 在 $x=1$ 的微分为 $dy=2\Delta x$；函数 $y=x^2$ 在 $x=3$ 的微分为 $dy=6\Delta x$.

例2 求函数 $y=x^3$ 当 $x=2$，$\Delta x=0.02$ 时的微分.

解 由于 $y'=3x^2$，于是有 $dy=3x^2\Delta x$，当 $x=2$，$\Delta x=0.02$ 时，

$$dy=3x^2\Delta x|_{x=2,\Delta x=0.02}=12\times 0.02=0.24.$$

如果函数 $y=f(x)$ 在任意点 x 都可微，则 $y=f(x)$ 在任意点 x 的微分为 $dy=f'(x)\Delta x$. 特别地，函数 $y=x$ 的微分为 $dy=dx=\Delta x$，称为**自变量的微分**. 因此，函数 $y=f(x)$ 的微分可记为 $dy=f'(x)dx$.

3.5.2 微分的几何意义

设函数 $y=f(x)$，当自变量 x 从 x 增加到 $x+\Delta x$ 时，相应的函数增量为
$$\Delta y=f(x+\Delta x)-f(x)\approx dy=f'(x)\Delta x$$
如图 3-3，函数 $y=f(x)$ 在 x 处的微分 $dy=f'(x)\Delta x$ 为曲线 $y=f(x)$ 的切线当 x 从 x 增加到 $x+\Delta x$ 时的增量，即

$$QP=MQ\cdot \tan\alpha=f'(x)\Delta x.$$

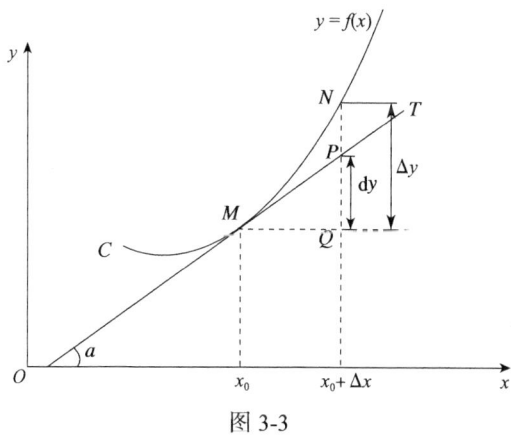

图 3-3

3.5.3 微分公式与微分法则

由微分与导数的关系 $dy=f'(x)dx$ 可知，计算微分实际上可归结为计算导数 $f'(x)$，所以与导数的基本公式和运算法则相对应，可以建立微分的基本公式和运算法则.

1. 基本初等函数的微分公式

(1) $d(C) = 0$（C 为常数）；

(2) $d(x^\mu) = \mu x^{\mu-1} dx$；

(3) $d(\sin x) = \cos x\, dx$；

(4) $d(\cos x) = -\sin x\, dx$；

(5) $d(\tan x) = \sec^2 x\, dx$；

(6) $d(\cot x) = -\csc^2 x\, dx$；

(7) $d(\sec x) = \sec x \tan x\, dx$；

(8) $d(\csc x) = -\csc x \cot x\, dx$；

(9) $d(a^x) = a^x \ln a\, dx$；

(10) $d(e^x) = e^x dx$；

(11) $d(\log_a x) = \dfrac{1}{x \ln a} dx$；

(12) $d(\ln x) = \dfrac{1}{x} dx$；

(13) $d(\arcsin x) = \dfrac{1}{\sqrt{1-x^2}} dx$；

(14) $d(\arccos x) = -\dfrac{1}{\sqrt{1-x^2}} dx$；

(15) $d(\arctan x) = \dfrac{1}{1+x^2} dx$；

(16) $d(\text{arccot}\, x) = -\dfrac{1}{1+x^2} dx$。

2. 函数的和、差、积、商的微分法则

(1) $d(u \pm v) = du \pm dv$；

(2) $d(uv) = v\, du + u\, dv$；

(3) $d(C \cdot u) = C \cdot du$（$C$ 为常数）；

(4) $d\left(\dfrac{u}{v}\right) = \dfrac{v\, du - u\, dv}{v^2}$ $(v \neq 0)$。

3. 复合函数的微分法则

如果函数 $y = f(u)$ 与 $u = g(x)$ 都可微，则复合函数 $y = f[g(x)]$ 可微，而且

$$dy = y'_x dx = f'(u) g'(x) dx.$$

由于 $du = g'(x) dx$，因此 $dy = f'(u) g'(x) dx = f'(u) du$。即对于函数 $y = f(u)$，无论 u 是自变量还是中间变量，微分形式 $dy = f'(u) du$ 保持不变，这个性质称为**微分形式的不变性**。

例 3 $y = \sin(2x+1)$，求 dy。

解 $dy = \cos(2x+1) d(2x+1) = \cos(2x+1) 2 dx = 2\cos(2x+1) dx$。

例 4 $y = \ln(1 + e^{x^2})$，求 dy。

解 $dy = \dfrac{1}{1+e^{x^2}} d(1+e^{x^2}) = \dfrac{1}{1+e^{x^2}} e^{x^2} dx^2 = \dfrac{2x e^{x^2}}{1+e^{x^2}} dx$。

习题 3.5

1. 填空题

(1) $d(\quad) = \dfrac{1}{(1+x)^2} dx$；

(2) $d(\quad) = x\, dx$；

(3) $d(\quad) = e^{3x}dx$;   (4) $d(\quad) = \cos x dx$;

(5) $d(\quad) = \dfrac{1}{\sqrt{x}}dx$;   (6) $d(\quad) = \dfrac{1}{1-x}dx$;

(7) 已知函数 $y = f(\arcsin x)$，且 $f(x)$ 可导，则 $dy = (\quad)$ ；

(8) $f(x)$ 在点 x_0 不连续是 $f(x)$ 在点 x_0 不可微的（　）条件.

2. 单选题

(1) 设 $y = e^{\sin^2 x}$ 则 $dy = (\quad)$.

A. $e^x d\sin^2 x$ B. $e^{\sin^2 x} d\sin^2 x$ C. $e^{\sin^2 x}\sin 2x d\sin x$ D. $e^{\sin^2 x} d\sin x$

(2) 设 $\dfrac{d}{dx}f(x) = g(x), h(x) = x^2$，则 $\dfrac{d}{dx}f[h(x)]$ 等于（　）.

A. $g(x^2)$ B. $2xg(x)$ C. $x^2 g(x^2)$ D. $2xg(x^2)$

3. 已知 $y = e^{-x^2+1}$，求 dy.

4. 设 $xy = \ln(x+y)$，求 dy.

5. 设函数 $y = \ln(1+e^{x^2})$，求 dy.

本 章 小 结

一、本章主要知识点
(1) 导数的概念.
(2) 求导法则与导数公式.
(3) 高阶导数.
(4) 隐函数及由参数方程所确定的函数的导数.
(5) 微分.

二、本章教学重点
(1) 导数的概念，导数的几何意义.
(2) 导数的四则运算法则，反函数求导方法，复合函数的求导法则.
(3) 高阶导数的求法.
(4) 隐函数求导.
(5) 微分的计算.

三、本章教学难点
(1) 导数定义的理解，不同形式的掌握.
(2) 反函数求导，理解复合函数的求导方法.
(3) 高阶导数的归纳方法.
(4) 隐函数和参数方程确定的函数的二阶导数的求法，幂指函数的求导法.
(5) 微分的定义，利用微分作近似计算.

四、本章知识结构图

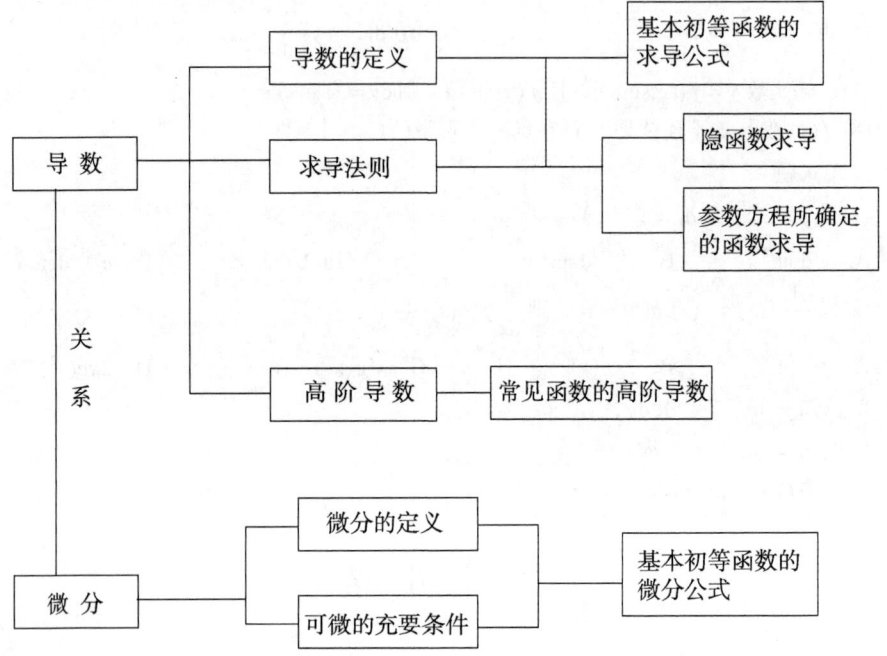

总 习 题 3

1. 讨论函数

$$y = \begin{cases} x^2 \sin\dfrac{1}{x}, & x \neq 0, \\ 0, & x = 0 \end{cases}$$

在 $x=0$ 的连续性与可导性.

2. 求曲线 $y = x(1-x)$ 在横坐标为 $x=1$ 点处的切线方程.

3. 设函数 $f(x)$ 在点 x_0 处可导,且 $\lim\limits_{h \to 0}\dfrac{f(x_0-2h)-f(x_0)}{h}=3$,求 $f'(x_0)$.

4. 讨论函数 $y = x|x|$ 在点 $x=0$ 处的可导性.

5. 求下列函数的导数.

(1) $y = \ln\sqrt{\dfrac{1-x}{\arccos x}}$;

(2) $y = \cos^2 x \cdot \ln x$;

(3) $y = \sin\sqrt{1+x^2}$;

(4) $y = \sin nx \cdot \sin^n x$.

6. 设函数 $f(x)$ 可导,求下列函数的导数:

(1) $y = f(x^3)$;

(2) $y = f(\sin^2 x) + f(\cos^2 x)$.

7. 求下列函数的二阶导数.

(1) $y = \arcsin\sqrt{\dfrac{1-x}{1+x}}$;

(2) $y = \dfrac{x}{2}[\sin(\ln x) - \cos(\ln x)]$.

8. 设 $y = e^x \sin x$,证明: $y'' - 2y' + 2y = 0$.

9. 求曲线 $x^{\frac{2}{3}} + y^{\frac{2}{3}} = a^{\frac{2}{3}}$ 在点 $\left(\dfrac{\sqrt{2}}{4}a, \dfrac{\sqrt{2}}{4}a\right)$ 处的切线方程和法线方程.

10. 求曲线 $\begin{cases} x = 2e^t, \\ y = e^{-t} \end{cases}$ 在 $t = 0$ 相应点处的切线方程和法线方程.

11. 求下列参数方程所确定的函数的二阶导数 $\dfrac{d^2 y}{dx^2}$.

(1) $\begin{cases} x = a\cos t, \\ y = b\sin t; \end{cases}$

(2) $\begin{cases} x = 3e^{-t}, \\ y = 2e^t; \end{cases}$

(3) $\begin{cases} x = at^2, \\ y = bt^3; \end{cases}$

(4) $\begin{cases} x = \ln(1+t^2), \\ y = t - \arctan t. \end{cases}$

12. 求下列函数的微分 dy.

(1) $y = \dfrac{1}{x} + 2\sqrt{x}$;

(2) $y = x\tan x$;

(3) $y = \dfrac{x}{\sqrt{x^2+1}}$;

(4) $y = \ln^2(3x+2)$;

(5) $y = \arcsin(2x+1)$;

(6) $y = e^x \cos(3-x)$.

13. 设 $y = f(\ln x)e^{f(x)}$,其中 f 可微,求 dy.

自 测 题 3

(满分 100 分,测试时间 100 分钟)

一、填空题(本题共 10 个小题,每小题 3 分,共 30 分)

1. $y = 5^x$ 的导数为_____.

2. 已知函数 $f(x)$ 在 $x=1$ 处可导,则 $\lim\limits_{h \to 0} \dfrac{f(1) - f(1-2h)}{h} =$ _____.

3. 曲线 $y = x^2 + 2$ 在点 $(1,3)$ 处的切线方程为_____.

4. 已知 $y = x^{\sin x}$,则 $y' =$ _____.

5. 曲线 $\dfrac{x^2}{4} + \dfrac{y^2}{9} = 1$ 在点 $\left(\dfrac{1}{2}, \dfrac{3\sqrt{15}}{4}\right)$ 处的法线的斜率为_____.

6. 若 $y = e^{2x^2}$, $dy =$ _____.

7. 如果 $y = \sin(2x+5)$,那么 $y''' =$ _____.

8. 求由参数方程 $\begin{cases} x = \dfrac{t}{2}, \\ y = 1-t \end{cases}$ 确定的函数的二阶导数 $\dfrac{d^2 y}{dx^2} =$ _____ .

9. 求由参数方程 $\begin{cases} x = a\cos t, \\ y = b\sin t \end{cases}$ 确定的函数的导数 $\dfrac{dy}{dx} =$ _____ .

10. 求由方程 $xy = e^{2x+y}$ 所确定的隐函数的导数 $\dfrac{dy}{dx} =$ _____ .

二、选择题(本题共 5 个小题,每小题 2 分,共 10 分)

1. 由下列哪个极限存在可以得到函数 $y = f(x)$ 在 x_0 点可导(   ).

   A. $\lim\limits_{h \to 0^+} \dfrac{f(x_0+h) - f(x_0)}{h}$ B. $\lim\limits_{h \to 0} \dfrac{f(x_0+h) - f(x_0-h)}{h}$

   C. $\lim\limits_{h \to 0} \dfrac{f(x_0+h) - f(x_0-2h)}{h}$ D. $\lim\limits_{h \to 0} \dfrac{f(x_0) - f(x_0-h)}{h}$

2. 函数 $y = f(x)$ 在 x_0 点可导是函数 $y = f(x)$ 在 x_0 点连续的(   )条件.

   A. 充分   B. 必要

   C. 充分必要   D. 即非充分也非必要

3. 函数 $y = f(x)$ 在 x_0 点可导是函数 $y = f(x)$ 在 x_0 点可微的(   )条件.

   A. 充分   B. 必要

   C. 充分必要   D. 即非充分也非必要

4. 函数 $y = xe^x$,则 $y^{(n)} = ($ $)$.

   A. xe^x B. nxe^x C. $e^x(x+n)$ D. $xe^x(x+n)$

5. 函数 $y = e^{x^2}$,则 $dy = ($ $)$.

   A. $e^{x^2} dx$ B. $2xe^{x^2} dx$ C. $x^2 e^{x^2} dx$ D. $xe^{x^2} dx$

三、计算题(本题共 6 题,每小题 10 分,共 60 分)

1. 已知 $y = \dfrac{e^{3x}}{\ln(x+2)}$,求 y'.

2. 已知 $y = x^2 e^{3x}$,求 $\dfrac{d^2 y}{dx^2}$.

3. 已知 $y = \begin{cases} x, & x \geq 0, \\ a\tan x - b, & x < 0 \end{cases}$ 在 $x = 0$ 处可导,求 a, b.

4. 求由方程 $y^3 - \sin xy - 9 = 0$ 所确定的隐函数的导数 $\dfrac{dy}{dx}$.

5. 求由参数方程 $\begin{cases} x = \theta(1-\sin\theta), \\ y = \theta\cos\theta \end{cases}$ 所确定的函数的二阶导数 $\dfrac{dy}{dx}$.

6. 已知 $y = \dfrac{e^{3x}}{\sin x}$,求 dy.

第4章 中值定理与导数的应用

在上一章我们研究了导数的概念及其求法. 事实上, 导数作为函数的变化率, 在研究函数性态中起着重要的作用, 因而在自然科学、工程技术、经济及管理等领域都有广泛的应用.

本章内容是上一章的延续, 主要介绍导数的一些应用. 首先从中值定理入手, 并以此为基础, 介绍计算极限的另一种方法——洛必达法则. 然后以导数为工具研究函数的性态. 最后介绍导数在经济学中的一些应用.

4.1 微分中值定理

导数的概念指出, 函数在一点处的导数通常理解为函数在该点处的变化率. 揭示函数在某区间的整体性质与区间内部一点的导数之间联系的定理称之为**微分中值定理**. 其中拉格朗日中值定理是核心, 费马引理是它的预备定理, 罗尔定理是它的特例, 柯西定理是它的推广.

4.1.1 费马引理

为叙述引理方便, 首先介绍极值的概念.

定义 1 设函数 $f(x)$ 在点 x_0 的某邻域有定义, 如果对于该邻域内任何异于 x_0 的点 x, 总有

$$f(x) \leqslant f(x_0) \text{ 或 } f(x) \geqslant f(x_0),$$

则称 $f(x_0)$ 为函数 $f(x)$ 的**极大值**或**极小值**, x_0 称为函数 $f(x)$ 的**极大值点**或**极小值点**. 极大值和极小值统称为**极值**, 极大值点和极小值点统称为**极值点**.

若函数 $f(x)$ 的图形如图 4-1 所示, 则它在 $x=x_1, x_3$ 处均取得极大值. 在 $x=x_2, x_4$ 处均取得极小值. 在点 $x=a, b, x_5$ 处不取得极值.

极值是个局部性概念. 按照定义, $f(x_0)$ 只要在点 x_0 的某个邻域内最大(小), $f(x_0)$ 就是一个极大(小)值. 但在整体上未必是最大(小)的, 并且极小值未必比极大值小. 如图 4-1 中, $f(x_4) > f(x_1)$, 但 $f(x_4)$ 为极小值, $f(x_1)$ 为极大值.

若曲线 $f(x)$ 在极值点处有切线, 观察切线的特点, 发现切线平行于 x 轴, 一般地有如下定理.

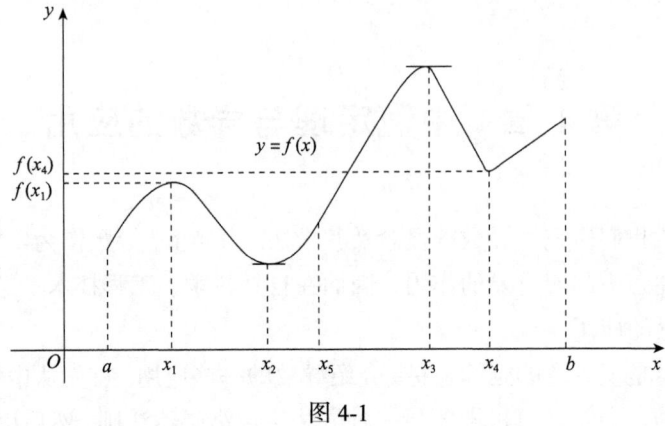

图 4-1

费马引理 若函数 $f(x)$ 满足

(1) x_0 是函数 $f(x)$ 的极值点;

(2) $f(x)$ 在点 x_0 处可导.

则有 $f'(x_0)=0$.

证 不妨设 x_0 为函数 $f(x)$ 在邻域 $U(x_0)$ 的极大值. 由极大值的定义可知, 对于任意的 $x_0+\Delta x\in U(x_0)$, 有

$$f(x_0+\Delta x)\leqslant f(x_0),$$

当 $\Delta x>0$ 时, 有

$$\frac{f(x_0+\Delta x)-f(x_0)}{\Delta x}\leqslant 0;$$

当 $\Delta x<0$ 时, 有

$$\frac{f(x_0+\Delta x)-f(x_0)}{\Delta x}\geqslant 0.$$

由 $f(x)$ 在 x_0 可导及极限的保号性, 有

$$f'(x_0)=f'_+(x_0)=\lim_{\Delta x\to 0^+}\frac{f(x_0+\Delta x)-f(x_0)}{\Delta x}\leqslant 0,$$

$$f'(x_0)=f'_-(x_0)=\lim_{\Delta x\to 0^-}\frac{f(x_0+\Delta x)-f(x_0)}{\Delta x}\geqslant 0,$$

由此可得, $f'(x_0)=0$.

容易证明, 当 $f(x_0)$ 为函数 $f(x)$ 的极小值时, 定理也成立. 证毕.

定义 2 导数为零的点,称其为函数的**驻点**,或**稳定点、临界点**.

从而费马引理可简述为:可导函数的极值点必为驻点.

例如,$f(x)=x^2$ 在 $x=0$ 处可导,且 $x=0$ 为该函数的极小值点,由费马引理知,$x=0$ 必为 $f(x)=x^2$ 的驻点. 事实上,我们容易验证 $f'(0)=0$,即 $x=0$ 恰为 $f(x)=x^2$ 的驻点.

但是,函数的驻点不一定是极值点. 例如函数 $f(x)=x^3$,不难证明 $x=0$ 是函数 $f(x)$ 的驻点,但由图 4-2 知,$x=0$ 不是函数 $f(x)$ 的极值点.

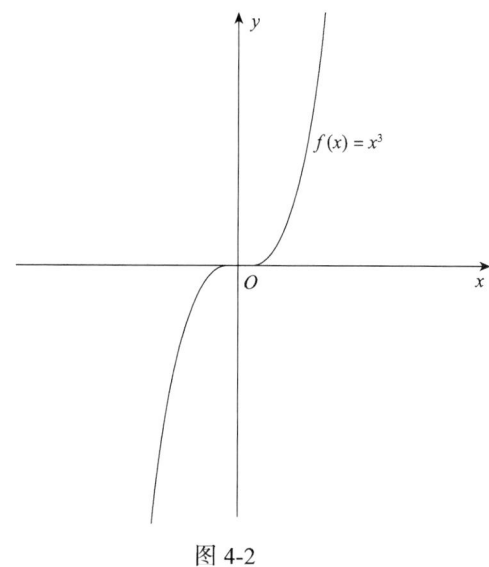

图 4-2

我们再从几何上来研究费马引理. 由函数 $f(x)$ 在点 x_0 可导可以推得,曲线在点 $x=x_0$ 处连续,且存在不与 x 轴垂直的切线;函数 $f(x)$ 的极值点为曲线上的局部最高点或最低点;驻点处的切线平行于 x 轴. 从而费马引理的几何意义为:如果连续曲线在局部最高点或最低点存在切线,且该切线不垂直于 x 轴,则它必平行于 x 轴.

4.1.2 罗尔定理

罗尔[①]**定理** 若函数 $f(x)$ 满足

(1) 在闭区间 $[a,b]$ 上连续;

(2) 在开区间 (a,b) 内可导;

(3) 在区间端点处的函数值相等,即 $f(a)=f(b)$,那么在开区间 (a,b) 内至少

---

① 罗尔(1652—1719)法国数学家.

存在一点 ξ，使得 $f'(\xi)=0$.

首先说明罗尔定理的几何意义. $f(x)$ 在 $[a,b]$ 上连续说明曲线在点 $A(a,f(a))$ 和 $B(b,f(b))$ 之间包括端点处连续；$f(x)$ 在开区间 (a,b) 内可导说明曲线 $f(x)$ 在 A,B 之间每一点都具有不与 x 轴垂直的切线，这里不包括点 A 和点 B；$f(a)=f(b)$ 说明曲线 $f(x)$ 在端点 A 和 B 处纵坐标相等. 结论说明曲线 $f(x)$ 在 A 点和 B 点之间（不包括点 A 和点 B）至少有一点，它的切线平行于 x 轴. 从而罗尔定理的几何意义可以叙述为：如果端点纵坐标相等的连续曲线，除端点外处处具有不与 x 轴垂直的切线，那么该曲线上至少存在一点，使得该点处的切线平行于 x 轴（见图 4-3）.

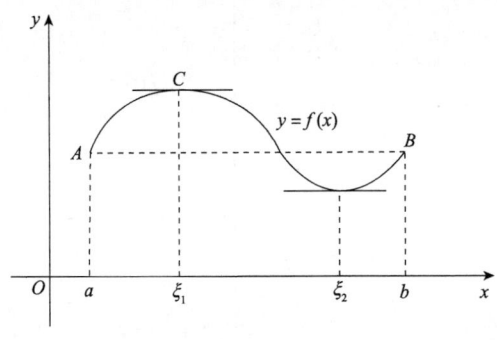

图 4-3

证 由于函数 $f(x)$ 在闭区间 $[a,b]$ 上连续，根据闭区间上连续函数的性质可知，函数 $f(x)$ 在 $[a,b]$ 上必存在最大值 M 和最小值 m.

(1) 如果 $M=m$，那么 $f(x)$ 在 $[a,b]$ 上是常数函数 $f(x)=M$. 于是在开区间 (a,b) 内恒有 $f'(x)=0$. 此时，(a,b) 内任意一点均可作为 ξ.

(2) 如果 $M \neq m$，那么 M 和 m 至少有一个不等于函数 $f(x)$ 在区间端点的值. 不妨设 $M \neq f(x)$（若 $m \neq f(x)$，证法类似）. 于是最大值 M 是函数 $f(x)$ 的极大值，令 $f(\xi)=M(\xi \in (a,b))$，又因为函数 $f(x)$ 在 (a,b) 内可导，由费马引理可知，$f'(\xi)=0$. 证毕.

罗尔定理的三个条件缺少其中任何一个，定理的结论将不一定成立.

例如，$f(x)=\begin{cases} 1-x, & 0<x \leqslant 1 \\ 0, & x=0 \end{cases}$，在 $x=0$ 处不连续，未满足罗尔定理的第一个条件，在 $(0,1)$ 内找不到一点 ξ，使 $f'(\xi)=0$（如图 4-4）.

又如函数 $f(x)=|x|, x \in [-2,2]$，在 $x=0$ 处不可导，未满足罗尔定理第二个条件，在 $(-2,2)$ 内找不到一点 ξ，使 $f'(\xi)=0$（如图 4-5）.

函数 $f(x)=x, x \in [0,2]$，在 $[0,2]$ 上，$f(0) \neq f(2)$，未满足罗尔定理第三个条

件，在 $(0,2)$ 内找不到一点 ξ，使 $f'(\xi)=0$（如图 4-6）.

另一方面，如果函数不全满足定理的三个条件，结论也有可能成立. 例如，$f(x)=x^2, x\in[-1,2]$（如图 4-7），虽然在 $[-1,2]$ 上未满足罗尔定理所有条件，但在 $x=0$ 处有 $f'(0)=0$.

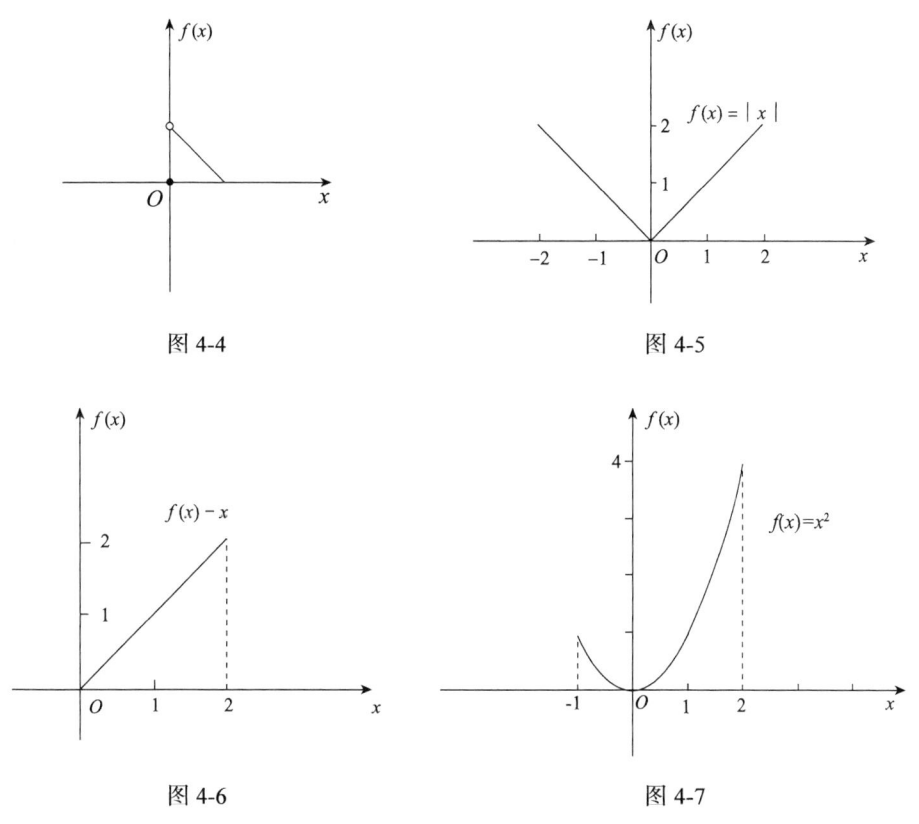

图 4-4　　　　　　　　　　图 4-5

图 4-6　　　　　　　　　　图 4-7

该定理只说明了 ξ 的存在性，没有具体给出 ξ 的值，即便这样，也仍具有它的广泛应用性.

例 1　验证罗尔定理对函数 $f(x)=\ln\sin x$ 在区间 $\left[\dfrac{\pi}{6},\dfrac{5\pi}{6}\right]$ 上的正确性.

证　(1) $f(x)=\ln\sin x$ 的定义域为 $2k\pi<x<2k\pi+\pi (k\in\mathbf{Z})$. 因为初等函数在定义域区间内连续，所以该函数在 $\left[\dfrac{\pi}{6},\dfrac{5\pi}{6}\right]$ 上连续；

(2) $f'(x)=\cot x$ 在 $\left(\dfrac{\pi}{6},\dfrac{5\pi}{6}\right)$ 内处处存在，说明 $f(x)$ 在 $\left(\dfrac{\pi}{6},\dfrac{5\pi}{6}\right)$ 内可导；

(3) $f\left(\dfrac{\pi}{6}\right)=f\left(\dfrac{5\pi}{6}\right)=-\ln 2$.

所以函数在 $\left[\dfrac{\pi}{6}, \dfrac{5\pi}{6}\right]$ 上满足罗尔定理的条件.

$$f'(x) = \cot x = 0 \text{ 在} \left(\dfrac{\pi}{6}, \dfrac{5\pi}{6}\right) \text{内显然有解} x = \dfrac{\pi}{2}, \text{故可取} \xi = \dfrac{\pi}{2}, \text{有} f'(\xi) = 0. \text{即}$$

函数在 $\left[\dfrac{\pi}{6}, \dfrac{5\pi}{6}\right]$ 上满足罗尔定理的结论.

例 2 设 $f(x) = (x-1)(x-2)(x-3)$,不用求导,说明 $f'(x) = 0$ 的实根个数及这些实根所在的范围.

解 显然,函数 $f(x)$ 在区间 $[1,2]$ 和 $[2,3]$ 上都满足闭区间连续,开区间可导,且 $f(1) = f(2) = f(3) = 0$,满足罗尔定理的条件. 于是,至少存在点 $\xi_1 \in (1,2)$,$\xi_2 \in (2,3)$,使得

$$f'(\xi_1) = 0, \; f'(\xi_2) = 0,$$

即方程 $f'(x) = 0$ 至少有两个实根.

又因为 $f(x)$ 是一个三次多项式,则 $f'(x) = 0$ 是一个二次方程,最多有两个实根. 综上,$f'(x) = 0$ 有两个实根,分别在区间 $(1,2)$ 和 $(2,3)$ 内.

4.1.3 拉格朗日中值定理

拉格朗日[①]**中值定理** 如果函数 $f(x)$ 满足

(1) 在闭区间 $[a,b]$ 上连续;

(2) 在开区间 (a,b) 内可导,

则在开区间 (a,b) 内至少存在一点 ξ,使得

$$\dfrac{f(b) - f(a)}{b - a} = f'(\xi) \; (\xi \in (a,b)),$$

该公式称为**拉格朗日中值公式**.

公式左端 $\dfrac{f(b) - f(a)}{b - a}$ 反映函数在区间 $[a,b]$ 上整体变化的平均变化率,而等式右端的 $f'(\xi)$ 反映了函数在区间内部某一点的变化率. 从而如前所述,这个公式反映了函数在某区间的整体性质与区间内部一点的导数的关系.

拉格朗日中值定理的几何意义可以描述为:如果连续曲线 $f(x)$ 除端点外,处处具有不垂直于 x 轴的切线,那么曲线上除端点外至少有一点,它的切线平行于割线 AB(见图 4-8).

[①] 拉格朗日(1736—1813),法国数学家、力学家、天文学家.

显然，若 $f(a)=f(b)$，拉格朗日中值定理就成为罗尔定理. 同时在几何上，罗尔定理中割线 AB 平行于 x 轴，而拉格朗日中值定理中割线 AB 不一定平行于 x 轴，它也可与 x 轴斜交. 由此可见，罗尔定理是拉格朗日中值定理的特例. 前面已经证明了罗尔定理，是否可以通过将拉格朗日中值定理转化为罗尔定理的形式来证明它呢？

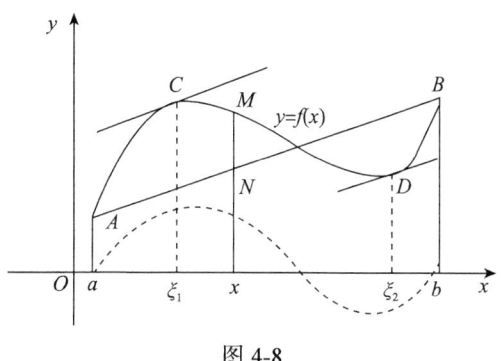

图 4-8

观察所要证明的结论，我们可将其转化为证明 $f'(\xi)-\dfrac{f(b)-f(a)}{b-a}=0$. 联系罗尔定理的结论，哪个函数的导数恰好为这个等式的左端呢？执果溯因，构造函数 $\varphi(x)=f(x)-\dfrac{f(b)-f(a)}{b-a}x$，这个函数恰好可以满足罗尔定理的三个条件.

证 作辅助函数

$$\varphi(x)=f(x)-\dfrac{f(b)-f(a)}{b-a}x,\quad x\in[a,b],$$

显然，$\varphi(x)$ 在 $[a,b]$ 上连续，在 (a,b) 内可导，且

$$\varphi(a)=\varphi(b)=\dfrac{bf(a)-af(b)}{b-a},$$

根据罗尔定理可知，至少存在一点 $\xi\in(a,b)$，使得 $\varphi'(\xi)=0$，即

$$f'(\xi)-\dfrac{f(b)-f(a)}{b-a}=0,$$

即

$$\dfrac{f(b)-f(a)}{b-a}=f'(\xi).$$

显然，拉格朗日中值公式对于 $b<a$ 也成立. 证毕.

拉格朗日中值定理是中值定理的核心，它在微积分中起着非常重要的作用.

例 3 设 $a>b>0$，证明：$\dfrac{a-b}{a}<\ln\dfrac{a}{b}<\dfrac{a-b}{b}$.

证 令 $f(x)=\ln x$，显然 $f(x)$ 在 $[b,a]$ 上连续，在 (b,a) 内可导，于是有

$$f(a)-f(b)=f'(\xi)(a-b), \xi\in(b,a),$$

即
$$\ln\frac{a}{b}=\frac{1}{\xi}(a-b).$$

由于 $b<\xi<a$，故 $\frac{1}{a}<\frac{1}{\xi}<\frac{1}{b}$，所以 $\frac{a-b}{a}<\ln\frac{a}{b}<\frac{a-b}{b}$.

我们已经知道，常数的导数为零，反过来，导数为零的函数是否为常数呢？答案是肯定的. 事实上，这是以后我们在积分学中特别常用的一个结论，我们可以用拉格朗日中值定理证明其正确性.

推论 1 如果函数 $f(x)$ 在区间 (a,b) 内的导数恒为零，那么 $f(x)$ 在区间 (a,b) 内为常数函数.

证 任取 x_1, x_2 为区间 (a,b) 内两点，不妨设 $x_1<x_2$. 由于 $f(x)$ 在区间 (a,b) 内可导，所以 $f(x)$ 在 $[x_1,x_2]$ 上连续，在 (x_1,x_2) 内可导，由拉格朗日中值定理，有

$$f(x_2)-f(x_1)=f'(\xi)(x_2-x_1), \quad \xi\in(x_1,x_2)$$

又因为 $f(x)$ 在区间 (a,b) 内的导数恒为零，故 $f'(\xi)=0$，所以

$$f(x_1)=f(x_2),$$

由 x_1, x_2 的任意性知，$f(x)$ 恒为常数. 证毕.

该推论的几何意义为，斜率处处为零的曲线一定是一条平行于 x 轴的直线.

例 4 证明：$\arcsin x+\arccos x=\frac{\pi}{2}$ $(-\infty<x<+\infty)$.

证 令 $f(x)=\arcsin x+\arccos x(-\infty<x<+\infty)$，则 $f'(x)=0$，根据拉格朗日中值定理的推论，有 $f(x)=C$. 又因为 $f(0)=\frac{\pi}{2}$，故 $f(x)=\frac{\pi}{2}$ $(-\infty<x<+\infty)$.

推论 2 若在区间 I 上，均有 $f'(x)=g'(x)$，则在区间 I 上函数 $f(x)$ 和 $g(x)$ 仅相差一个常数，即 $f(x)=g(x)+C$（C 为常数）.

证 只要令 $h(x)=f(x)-g(x)$，然后对 $h(x)$ 应用推论 1 即可.

推论 2 在积分学中将起到重要的作用.

4.1.4 柯西[①]定理

柯西定理　如果函数 $f(x)$ 和 $g(x)$ 满足

(1)在闭区间 $[a,b]$ 上连续；

(2)在开区间 (a,b) 内可导；

(3)对于任意的 $x\in(a,b)$，$g'(x)\neq 0$，那么，至少存在一点 $\xi\in(a,b)$，使得

$$\frac{f(b)-f(a)}{g(b)-g(a)}=\frac{f'(\xi)}{g'(\xi)}.$$

分析　要证明结论成立，只需证明 $f'(\xi)-\dfrac{f(b)-f(a)}{g(b)-g(a)}g'(\xi)=0$.

证　作辅助函数

$$\varphi(x)=f(x)-\frac{f(b)-f(a)}{g(b)-g(a)}g(x),$$

则

$$\varphi'(x)=f'(x)-\frac{f(b)-f(a)}{g(b)-g(a)}g'(x),$$

显然，函数 $\varphi(x)$ 满足罗尔定理的条件，于是在 (a,b) 内至少存在一点 ξ，使得 $\varphi'(\xi)=0$，即

$$f'(\xi)-\frac{f(b)-f(a)}{g(b)-g(a)}g'(\xi)=0,$$

所以 $\dfrac{f(b)-f(a)}{g(b)-g(a)}=\dfrac{f'(\xi)}{g'(\xi)}$. 证毕.

显然，若令 $g(x)=x$，柯西定理就成了拉格朗日中值定理，所以，柯西定理是拉格朗日中值定理的推广.

注意　(1)在应用微分中值定理时，一定要验证定理的条件是否满足，条件满足时，才有相应的结论；

(2)微分中值定理的结论中只肯定了"ξ"的存在性，它不一定是唯一的.

[①] 柯西（1789—1857），法国数学家.

习题 4.1

1. 填空题

(1) $f(x)=\sin x$ 在 $[0,\pi]$ 上满足罗尔中值定理的条件，当 $\xi=$＿＿＿时，$f'(\xi)=0$。

(2) 函数 $f(x)=\ln x$ 在 $[1,e]$ 上满足拉格朗日定理的条件，此时 $\xi=$＿＿＿.

(3) $f(x)=x^3$ 与 $g(x)=x^2+1$ 在 $[1,2]$ 上满足柯西中值定理的条件，则 $\xi=$＿＿＿.

2. 单选题

(1) 函数 $f(x)=$（ ）在 $[-1,1]$ 上满足罗尔定理的条件.

A. $\dfrac{1}{x}$　　　B. $|x|$　　　C. $1-x^2$　　　D. $x-1$

(2) 罗尔定理中的三个条件：$f(x)$ 在 $[a,b]$ 上连续，在 (a,b) 内可导，$f(a)=f(b)$ 是 $f(x)$ 在 (a,b) 内至少存在一点 ξ 使 $f'(\xi)=0$ 的（ ）.

A. 必要条件　　　　　　　　　　　B. 充分条件

C. 充分必要条件　　　　　　　　　D. 既非充分也非必要条件

(3) 设 $y=f(x)$ 是 (a,b) 内的可导函数，$x,x+\Delta x(\Delta x>0)$ 是 (a,b) 内任意两点，则（ ）.

A. $\Delta y=f'(x)\Delta x$

B. 在 $x,x+\Delta x$ 之间恰有一点 ξ，使 $\Delta y=f'(\xi)\Delta x$

C. 在 $x,x+\Delta x$ 之间至少有一点 ξ，使 $\Delta y=f'(\xi)\Delta x$

D. 对于 x 与 $x+\Delta x$ 之间任一点 ξ，均有 $\Delta y=f'(\xi)\Delta x$

3. 验证函数 $f(x)=2x^2+x+1$ 在区间 $\left[-1,\dfrac{1}{2}\right]$ 上是否满足罗尔定理的条件. 若满足，求出 ξ.

4. 验证函数 $f(x)=\ln x$ 在区间 $[1,2]$ 上是否满足拉格朗日中值定理的条件，求出 ξ.

5. 对 $f(x)=x^2$，$g(x)=x^3$ 在区间 $[0,1]$ 上就柯西中值定理计算相应的 ξ.

6. 设 $a>b>0$，证明：$\dfrac{a-b}{a}<\ln\dfrac{a}{b}<\dfrac{a-b}{b}$.

4.2　洛必达法则

前面我们已经讨论过函数极限的求法，其中不乏两个无穷小量之比以及两个无穷大量之比的极限. 比如极限 $\lim\limits_{x\to 1}\dfrac{x^2-2x+1}{x^2-1}$ 是一个无穷小量与无穷小量比值的极限，我们可以通过约分消去"零因子"来求解. 但这只是针对某些特定问题的特殊方法，能否找到一种一般性的方法解决类似的问题呢？这就是本节将要讨论的问题——洛必达(L'Hospital)[①]法则.

为了叙述方便，首先给出定义.

定义 1　通常把两个无穷小量之比的极限简记为 $\dfrac{0}{0}$，而把两个无穷大量之的

---

① 洛必达（1661—1704），法国数学家.

极限简记为 $\frac{\infty}{\infty}$. $\frac{0}{0}$ 型和 $\frac{\infty}{\infty}$ 型极限可能存在, 也可能不存在, 把这种极限称为**未定式**. 比如前面讨论过的 $\lim\limits_{x\to 0}\frac{\sin x}{x}$ 即为未定式中 $\frac{0}{0}$ 型的一个典型例子. 我们把未定式极限的计算称为**未定式的定值**.

4.2.1 $\frac{0}{0}$ 型未定式

定理 1 设函数 $f(x)$ 和 $g(x)$ 满足

(1) 当 $x \to a$ 或 $x \to \infty$ 时, $f(x)$ 和 $g(x)$ 都趋于零;

(2) 在点 a 的某去心邻域 (或 $|x|>N$) 时, $f'(x)$ 和 $g'(x)$ 都存在, 且 $g'(x) \neq 0$;

(3) $\lim \frac{f'(x)}{g'(x)}$ 存在 (或为无穷大),

那么, $\lim \frac{f(x)}{g(x)} = \lim \frac{f'(x)}{g'(x)}$.

定理的证明可通过柯西定理得到, 这里不予证明.

注 (1) 该定理表明, 当满足定理条件时, $\frac{0}{0}$ 型未定式 $\frac{f(x)}{g(x)}$ 的极限可化为导数之比 $\frac{f'(x)}{g'(x)}$ 的极限;

(2) 若 $\frac{f'(x)}{g'(x)}$ 仍为 $\frac{0}{0}$ 型未定式, 且 $f'(x)$ 和 $g'(x)$ 也如 $f(x)$ 和 $g(x)$ 一样满足定理条件, 则可继续使用上述定理, 即

$$\lim \frac{f(x)}{g(x)} = \lim \frac{f'(x)}{g'(x)} = \lim \frac{f''(x)}{g''(x)};$$

(3) 这种在一定条件下通过分子分母分别求导来确定未定式定值的方法称为**洛必达法则**;

(4) 如果 $\lim \frac{f'(x)}{g'(x)}$ 不存在且不是无穷大, 则不能得出 $\lim \frac{f(x)}{g(x)}$ 不存在且不是无穷大.

例 1 用洛必达法则求下列极限:

(1) $\lim\limits_{x\to 1}\frac{x^2-2x+1}{x^2-1}$;

(2) $\lim\limits_{x\to 0}\frac{x-\sin x}{x^3}$;

(3) $\lim\limits_{x\to 0}\frac{\ln(1+x)}{x}$;

(4) $\lim\limits_{x\to -\infty}\frac{\pi-\mathrm{arccot}\, x}{\frac{1}{x}}$.

解 均为 $\dfrac{0}{0}$ 型不定式，使用洛必达法则．

(1) $\lim\limits_{x\to 1}\dfrac{x^2-2x+1}{x^2-1}=\lim\limits_{x\to 1}\dfrac{2x-2}{2x}=0$；

注意 上式中 $\lim\limits_{x\to 1}\dfrac{2x-2}{2x}$ 已不是未定式，不能对它应用洛必达法则，否则将导致错误结果．

(2) $\lim\limits_{x\to 0}\dfrac{x-\sin x}{x^3}=\lim\limits_{x\to 0}\dfrac{1-\cos x}{3x^2}=\lim\limits_{x\to 0}\dfrac{\sin x}{6x}=\dfrac{1}{6}$；

(3) $\lim\limits_{x\to 0}\dfrac{\ln(1+x)}{x}=\lim\limits_{x\to 0}\dfrac{\dfrac{1}{1+x}}{1}=1$；

(4) $\lim\limits_{x\to -\infty}\dfrac{\pi-\operatorname{arccot}x}{\dfrac{1}{x}}=\lim\limits_{x\to -\infty}\dfrac{\dfrac{1}{1+x^2}}{-\dfrac{1}{x^2}}=-\lim\limits_{x\to -\infty}\dfrac{x^2}{1+x^2}=-1$．

4.2.2 $\dfrac{\infty}{\infty}$ 型未定式

定理 2 设函数 $f(x)$ 和 $g(x)$ 满足

(1) 当 $x\to a$ 或 $x\to\infty$ 时，$f(x)$ 和 $g(x)$ 都趋于无穷大；

(2) 在点 a 的某去心邻域(或 $|x|>N$)时，$f'(x)$ 和 $g'(x)$ 都存在，且 $g'(x)\neq 0$；

(3) $\lim\dfrac{f'(x)}{g'(x)}$ 存在(或为无穷大)，

那么，$\lim\dfrac{f(x)}{g(x)}=\lim\dfrac{f'(x)}{g'(x)}$．

例 2 用洛必达法则求下列极限：

(1) $\lim\limits_{x\to +\infty}\dfrac{\ln x}{x}$； (2) $\lim\limits_{x\to +\infty}\dfrac{x^3}{e^x}$；

(3) $\lim\limits_{x\to +\infty}\dfrac{e^x+x}{x^3}$； (4) $\lim\limits_{x\to 0^+}\dfrac{\ln(\cot x)}{\ln x}$．

解 均为 $\dfrac{\infty}{\infty}$ 型不定式，使用洛必达法则，

(1) $\lim\limits_{x\to +\infty}\dfrac{\ln x}{x}=\lim\limits_{x\to +\infty}\dfrac{\dfrac{1}{x}}{1}=0$；

(2) $\lim\limits_{x\to +\infty}\dfrac{x^3}{e^x}=\lim\limits_{x\to +\infty}\dfrac{3x^2}{e^x}=\lim\limits_{x\to +\infty}\dfrac{6x}{e^x}=\lim\limits_{x\to +\infty}\dfrac{6}{e^x}=0$；

(3) $\lim\limits_{x\to+\infty}\dfrac{e^x+x}{x^3}=\lim\limits_{x\to+\infty}\dfrac{e^x+1}{3x^2}=\lim\limits_{x\to+\infty}\dfrac{e^x}{6x}=\lim\limits_{x\to+\infty}\dfrac{e^x}{6}=+\infty$，故原极限不存在；

(4) $\lim\limits_{x\to 0^+}\dfrac{\ln(\cot x)}{\ln x}=\lim\limits_{x\to 0^+}\dfrac{\dfrac{1}{\cot x}(-\csc^2 x)}{\dfrac{1}{x}}=\lim\limits_{x\to 0^+}\dfrac{-x}{\sin x\cos x}$

$=-\left(\lim\limits_{x\to 0^+}\dfrac{x}{\sin x}\right)\left(\lim\limits_{x\to 0^+}\dfrac{1}{\cos x}\right)=-1$.

4.2.3 其他类型的未定式

除了 $\dfrac{0}{0}$ 型和 $\dfrac{\infty}{\infty}$ 型未定式外，$0\cdot\infty$ 型、$\infty-\infty$ 型、0^0 型、1^∞ 型以及 ∞^0 型的未定式一般也可以通过恒等变形化为 $\dfrac{0}{0}$ 型或 $\dfrac{\infty}{\infty}$ 型未定式后应用洛必达法则定值.

1. $0\cdot\infty$ 型未定式

一般地，如果 $f(x)\cdot g(x)$ 为 $0\cdot\infty$ 型未定式，可以通过恒等变形将其化为 $\dfrac{f(x)}{\dfrac{1}{g(x)}}$ $\left(\dfrac{0}{0}\text{型}\right)$ 或 $\dfrac{g(x)}{\dfrac{1}{f(x)}}$ $\left(\dfrac{\infty}{\infty}\text{型}\right)$ 而后利用洛必达法则.

例 3 求 $\lim\limits_{x\to 0^+}x\ln x$.

分析 题目为 $0\cdot\infty$ 型极限，用洛必达法则.

解 $\lim\limits_{x\to 0^+}x\ln x=\lim\limits_{x\to 0^+}\dfrac{\ln x}{\dfrac{1}{x}}=\lim\limits_{x\to 0^+}\dfrac{\dfrac{1}{x}}{-\dfrac{1}{x^2}}=\lim\limits_{x\to 0^+}(-x)=0$.

注 一般地，对数函数和反三角函数不"下放".

2. $\infty-\infty$ 型未定式

$\infty-\infty$ 型未定式一般可以通过通分或者根式有理化化为 $\dfrac{0}{0}$ 型和 $\dfrac{\infty}{\infty}$ 型未定式而后应用洛必达法则定值.

例 4 求 $\lim\limits_{x\to 0}\left(\dfrac{1}{x}-\dfrac{1}{e^x-1}\right)$.

分析 题目为 $\infty-\infty$ 型极限，用洛必达法则.

解
$$\lim_{x\to 0}\left(\frac{1}{x}-\frac{1}{e^x-1}\right)$$
$$=\lim_{x\to 0}\frac{e^x-1-x}{x(e^x-1)} \quad \left(\frac{0}{0}\text{型}\right)$$
$$=\lim_{x\to 0}\frac{e^x-1}{e^x-1+xe^x} \quad \left(\frac{0}{0}\text{型}\right)$$
$$=\lim_{x\to 0}\frac{e^x}{e^x+e^x+xe^x}$$
$$=\lim_{x\to 0}\frac{1}{2+x}=\frac{1}{2}.$$

3. 0^0 型、1^∞ 型以及 ∞^0 型未定式

诸如 0^0 型、1^∞ 型以及 ∞^0 型等幂指函数的未定式，可以通过对数恒等式的方法定值，即 $f(x)^{g(x)}=e^{g(x)\ln f(x)}$。

例 5 求 $\lim\limits_{x\to 0^+} x^x$.

解 $\lim\limits_{x\to 0^+} x^x = \lim\limits_{x\to 0^+} e^{x\ln x} = e^0 = 1$.

例 6 求 $\lim\limits_{x\to 1} x^{\frac{1}{1-x}}$.

解 $\lim\limits_{x\to 1} x^{\frac{1}{1-x}} = \lim\limits_{x\to 1} e^{\frac{\ln x}{1-x}} = e^{\lim\limits_{x\to 1}\frac{\ln x}{1-x}} = e^{\lim\limits_{x\to 1}\frac{\frac{1}{x}}{-1}} = e^{-1}$.

注 这是个 1^∞ 型的未定式，也可以利用第二个重要极限解决，读者可以自己尝试.

例 7 求 $\lim\limits_{x\to 0}(\cos x)^{\cot^2 x}$.

解 $\lim\limits_{x\to 0}(\cos x)^{\cot^2 x} = \lim\limits_{x\to 0}e^{\cot^2 x \ln(\cos x)} = e^{\lim\limits_{x\to 0}\frac{\ln(\cos x)}{\tan^2 x}} = e^{\lim\limits_{x\to 0}\frac{\ln(\cos x)}{x^2}} = e^{\lim\limits_{x\to 0}\frac{-\tan x}{2x}} = e^{-\frac{1}{2}}$.

注 洛必达法则固然是求极限的一种有效方法，但也应结合其他求极限的方法，例 7 中就使用了无穷小的等价代换，以简化运算.

例 8 求 $\lim\limits_{x\to\infty}\frac{x+\sin x}{x}$.

解 这是个 $\frac{\infty}{\infty}$ 型未定式，使用洛必达法则

$$\lim_{x\to\infty}\frac{x+\sin x}{x}=\lim_{x\to\infty}\frac{1+\cos x}{1},$$

等式右端极限不存在，但是

$$\lim_{x\to\infty}\frac{x+\sin x}{x}=\lim_{x\to\infty}\left(1+\frac{\sin x}{x}\right)=1.$$

这说明如果极限 $\lim\frac{f'(x)}{g'(x)}$ 不存在，不能断言原极限也不存在，应尝试其他方法．

习题 4.2

1. 填空题

(1) $\lim\limits_{x\to 2}\dfrac{x^3+ax^2+b}{x-2}=8$，则 $a=$ _____，$b=$ _____．

(2) $\lim\limits_{x\to 1}\left(\dfrac{2}{x^2-1}-\dfrac{1}{x-1}\right)=$ _____．

(3) $\lim\limits_{x\to 0}\dfrac{\tan x-x}{x^2\sin x}=$ _____．

2. 单选题

(1) $\lim\limits_{x\to\infty}\dfrac{\cos x}{1+x^2}=\lim\limits_{x\to\infty}\dfrac{-\sin x}{2x}=-\dfrac{1}{2}$，则此计算（　　）．

A. 正确

B. 错误，因为 $\lim\limits_{x\to\infty}\dfrac{\cos x}{1+x^2}$ 不是 $\dfrac{\infty}{\infty}$ 型未定式

C. 错误，因为 $\lim\limits_{x\to\infty}\dfrac{\cos x}{1+x^2}$ 不存在

D. 错误，因为 $\lim\limits_{x\to\infty}\dfrac{\cos x}{1+x^2}=\lim\limits_{x\to\infty}\left(\dfrac{\cos x}{1+x^2}\right)'$

(2) $\lim\limits_{x\to+\infty}\dfrac{e^x-e^{-x}}{e^x+e^{-x}}=($ 　　$)$．

A. 1　　　　B. -1　　　　C. 0　　　　D. 不存在

3. 用洛必达法则求下列极限：

(1) $\lim\limits_{x\to 0}\dfrac{\sin 5x}{\sin 8x}$；

(2) $\lim\limits_{x\to 1}\dfrac{x^3-3x+2}{x^3-x^2-x+1}$；

(3) $\lim\limits_{x\to 0}\dfrac{\ln(\cos x)}{x}$；

(4) $\lim\limits_{x\to 2}\dfrac{x^2-4}{x-2}$；

(5) $\lim\limits_{x\to 1}\dfrac{x^2-1}{\ln x}$；

(6) $\lim\limits_{x\to\frac{\pi}{2}}\dfrac{\cos x}{x-\dfrac{\pi}{2}}$；

(7) $\lim\limits_{x\to 0}\dfrac{e^x-1}{\sin x}$；

(8) $\lim\limits_{x\to 0}\dfrac{e^x-e^{-x}}{x}$；

(9) $\lim\limits_{x\to 0}\dfrac{\ln(\cos ax)}{\ln(\cos bx)}$；

(10) $\lim\limits_{x\to+\infty}\dfrac{\ln x}{x^n}$；

(11) $\lim\limits_{x\to 0}\dfrac{\tan x-x}{x-\sin x}$；

(12) $\lim\limits_{x\to 0}\left(\cot x-\dfrac{1}{x}\right)$；

(13) $\lim\limits_{x\to 0}\left(\dfrac{1}{x^2}-\dfrac{1}{\sin^2 x}\right)$;

(14) $\lim\limits_{x\to 1}\left(\dfrac{x}{x-1}-\dfrac{1}{\ln x}\right)$;

(15) $\lim\limits_{x\to \frac{\pi}{2}}(\sec x-\tan x)$;

(16) $\lim\limits_{x\to 0^+}\left(\dfrac{1}{x}\right)^{\tan x}$;

(17) $\lim\limits_{x\to 0^+}(\sin x)^x$;

(18) $\lim\limits_{x\to \infty}\left(1+\dfrac{3}{x}\right)^x$.

4.3 函数的单调性与极值

4.3.1 函数单调性的判别法

我们在中学时就已经学习过函数单调性的定义,并知道如何用定义的方法判断函数的单调性. 但是依据定义判定函数的单调性有时是非常困难的. 下面介绍利用导数判断函数单调性的方法.

首先我们从函数单调性出发研究一下导数符号. 从几何上直观来看,图 4-9 所示的函数 $y=f(x)$ 单调递增,不难看出曲线上任一点的切线与 x 轴正向的夹角为锐角或平行于 x 轴,即曲线在任一点的斜率均为正数或零. 由导数的几何意义知,单调递增函数在任一点的导数大于或等于零;图 4-10 所示的函数 $y=f(x)$ 单调递减,于是曲线上任一点的导数均小于或等于零. 由此可见,由函数的单调性可以判断其导数的符号.

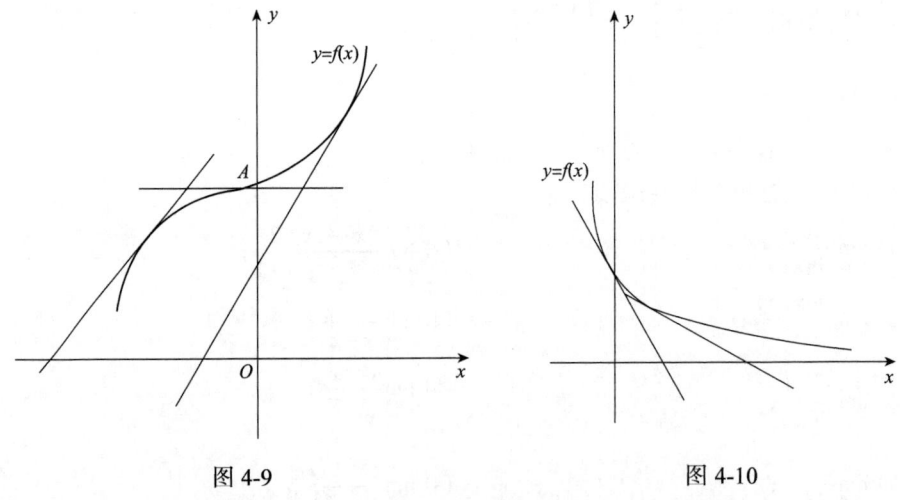

图 4-9　　　　　　　　图 4-10

反过来,能否用导数的符号来判断函数的单调性呢？答案是肯定的.

定理 1　设函数 $f(x)$ 在 $[a,b]$ 上连续,在 (a,b) 内可导,则

(1) 如果在 (a,b) 内 $f'(x)>0$,那么函数 $f(x)$ 在 $[a,b]$ 上单调增加；

(2) 如果在 (a,b) 内 $f'(x)<0$,那么函数 $f(x)$ 在 $[a,b]$ 上单调减少.

证 任取 $x_1 < x_2 \in [a,b]$，显然 $f(x)$ 在 $[x_1, x_2]$ 上满足拉格朗日中值定理，于是存在 $\xi \in (x_1, x_2)$，使得

$$f(x_2) - f(x_1) = f'(\xi)(x_2 - x_1),$$

(1)若在 (a,b) 内，$f'(x) > 0$，则 $f'(\xi) > 0$，所以 $f(x_2) > f(x_1)$，由 x_1, x_2 的任意性知，$f(x)$ 在 $[a,b]$ 上单调增加；

(2)若在 (a,b) 内，$f'(x) < 0$，则 $f'(\xi) < 0$，所以 $f(x_2) < f(x_1)$，由 x_1, x_2 的任意性知，$f(x)$ 在 $[a,b]$ 上单调减少.

注 定理中闭区间 $[a,b]$ 换成其他各种区间(包括无穷区间)，结论也成立.

例 1 判断函数 $y = x - \sin x$，$x \in [0, 2\pi]$ 的单调性.

解 当 $x \in (0, 2\pi)$ 时，$y' = 1 - \cos x > 0$，因此 $y = x - \sin x$ 在 $[0, 2\pi]$ 上单调增加.

例 2 判断函数 $y = x^2$ 的单调性.

解 函数的定义域为 $(-\infty, +\infty)$，由 $y' = 2x$ 得驻点为 $x = 0$.

当 $x > 0$ 时，$y' > 0$，因此 $y = x^2$ 在 $[0, +\infty)$ 上单调增加；

当 $x < 0$ 时，$y' < 0$，因此 $y = x^2$ 在 $(-\infty, 0]$ 上单调减少.

$x = 0$ 是 $y = x^2$ 单调区间的分界点，这里 $x = 0$ 是函数 $y = x^2$ 的驻点.

例 3 讨论函数 $y = \sqrt[3]{x^2}$ 的单调性.

解 函数的定义域为 $(-\infty, +\infty)$. 函数的导数为 $y' = \dfrac{2}{3\sqrt[3]{x}}, x \neq 0$（当 $x = 0$ 时函数的导数不存在）.

当 $x > 0$ 时，$y' > 0$，因此函数在 $[0, +\infty)$ 上单调增加；

当 $x < 0$ 时，$y' < 0$，因此 $y = x^2$ 在 $(-\infty, 0]$ 上单调减少.

$x = 0$ 是 $y = \sqrt[3]{x^2}$ 单调区间的分界点，这里 $x = 0$ 是函数 $y = \sqrt[3]{x^2}$ 的一阶不可导点. 由例 2 和例 3 我们可以得出结论：驻点和不可导点成为了函数单调区间的分界点. 我们将求函数 $f(x)$ 单调区间的步骤总结如下：

(1)求出 $f(x)$ 的定义域；

(2)求出 $f(x)$ 的定义域内的所有驻点和不可导点；

(3)用上述点将 $f(x)$ 的定义域分成若干小区间；

(4)讨论 $f'(x)$ 在各小区间的符号，从而判定 $f(x)$ 在各小区间的单调性.

例 4 判定函数 $f(x) = \dfrac{1}{3}x^3 - \dfrac{5}{2}x^2 + 4x + 3$ 的单调性.

解 函数 $f(x)$ 的定义域为 $(-\infty, +\infty)$. 令 $f'(x) = x^2 - 5x + 4 = 0$，得 $x_1 = 1, x_2 = 4$，x_1, x_2 将 $(-\infty, +\infty)$ 分成三个区域：$(-\infty, 1), (1, 4), (4, +\infty)$.

当 $x \in (-\infty, 1)$ 时，$f'(x) > 0$，因此函数 $f(x)$ 在 $(-\infty, 1]$ 内单调增加；

当 $x \in (1,4)$ 时，$f'(x) < 0$，因此函数 $f(x)$ 在 $[1,4]$ 内单调减少；

当 $x \in (4, +\infty)$ 时，$f'(x) > 0$，因此函数 $f(x)$ 在 $[4, +\infty)$ 内单调增加。

我们也可以通过下述表格解释这个问题：

x	$(-\infty, 1)$	1	$(1,4)$	4	$(4, +\infty)$
$f'(x)$	+	0	−	0	+
$f(x)$	↗		↘		↗

例 5 讨论函数 $f(x) = 3x^4 - 10x^3 - 3x^2 + 36x + 6$ 的单调性。

解 函数 $f(x)$ 的定义域为 $(-\infty, +\infty)$。

$$f'(x) = 12x^3 - 30x^2 - 6x + 36,$$

令 $f'(x) = 0$，得驻点 $x_1 = -1, x_2 = \dfrac{3}{2}, x_3 = 2$。列表如下：

x	$(-\infty, -1)$	−1	$\left(-1, \dfrac{3}{2}\right)$	$\dfrac{3}{2}$	$\left(\dfrac{3}{2}, 2\right)$	2	$(2, +\infty)$
$f'(x)$	−	0	+	0	−	0	+
$f(x)$	↘		↗		↘		↗

于是，函数 $f(x)$ 在区间 $(-\infty, -1]$ 及 $\left[\dfrac{3}{2}, 2\right]$ 单调减少，在区间 $\left[-1, \dfrac{3}{2}\right]$ 及 $[2, +\infty)$ 单调增加。

例 6 讨论函数 $f(x) = x^3$ 的单调性。

解 函数 $f(x)$ 的定义域为 $(-\infty, +\infty)$，由 $f'(x) = x^2$ 得驻点为 $x = 0$。显然，除 $x = 0$ 外，其余各点处 $f'(x) > 0$。因此 $f(x)$ 在 $(-\infty, 0]$ 及 $[0, +\infty)$ 上都是单调增加的，从而在整个定义域 $(-\infty, +\infty)$ 内单调增加。

一般地，如果 $f'(x)$ 在某区间内的有限个点处为零，在其余各点处均为正（或负）时，那么 $f(x)$ 在该区间仍旧是单调增加（或减少）的。

函数的单调性也可以用于证明不等式。

例 7 证明：当 $x < 0$ 时，$e^x > 1 + x$。

证 令 $f(x) = e^x - 1 - x$，则

$$f'(x) = e^x - 1,$$

$f(x)$ 在 $(-\infty,0]$ 上连续，在 $(-\infty,0)$ 内 $f'(x)<0$，所以在 $(-\infty,0]$ 内 $f(x)$ 单调减少，从而当 $x<0$ 时，$f(x)>f(0)$.

由于 $f(0)=0$，故 $f(x)>f(0)=0$，即

$$e^x-1-x>0,$$

即
$$e^x>1+x.$$

单调性也可以用于证明根的存在情况.

例 8 证明方程 $x^5+x-1=0$ 在 $(0,1)$ 内只有一个根.

证 令 $f(x)=x^5+x-1$，则 $f(x)$ 在 $[0,1]$ 上连续，且

$$f(0)=-1<0, f(1)=1>0,$$

由零点定理可知，至少存在 $\xi\in(0,1)$，使得 $f(\xi)=0$，即 ξ 为 $x^5+x-1=0$ 的根.

又因为 $f'(x)=5x^4+1$ 在 $(0,1)$ 内恒大于零，故 $f(x)$ 在 $[0,1]$ 上单调增加，因此曲线 $y=f(x)$ 与 x 轴至多有一个交点，即 $y=f(x)$ 在 $(0,1)$ 内最多有一个零点，从而上述方程在 $(0,1)$ 内最多有一个根.

综上，方程 $x^5+x-1=0$ 在 $(0,1)$ 内只有一个根.

4.3.2 函数的极值

费马引理已经指出，可导函数的极值点必为驻点. 但反过来，驻点不一定是极值点. 例如，$x=0$ 是 $f(x)=x^3$ 的驻点，但显然它不是极值点. 这说明，驻点只是可能的极值点. 另外，并不是所有的极值点都是驻点. 例如，$x=0$ 是 $f(x)=|x|$ 的极小值点，但它不是驻点，事实上，$x=0$ 是函数 $f(x)=|x|$ 的不可导点. 这说明，不可导点也可能是极值点. 那么如何判定函数在驻点和不可导点是否取得极值呢？如果是的话，究竟是极大值还是极小值呢？下面给出判定定理.

定理 2（第一充分条件） 设函数 $f(x)$ 在点 x_0 处连续，且在 x_0 的某去心邻域 $\overset{\circ}{U}(x_0,\delta)$ 内可导.

(1) 若 $x\in(x_0-\delta,x_0)$ 时，$f'(x)>0$，而 $x\in(x_0,x_0+\delta)$ 时，$f'(x)<0$，则 $f(x)$ 在 x_0 处取得极大值；

(2) 若 $x\in(x_0-\delta,x_0)$ 时，$f'(x)<0$，而 $x\in(x_0,x_0+\delta)$ 时，$f'(x)>0$，则 $f(x)$ 在 x_0 处取得极小值；

(3) 若 $x\in\overset{\circ}{U}(x_0,\delta)$ 时，$f'(x)$ 的符号保持不变，则 $f(x)$ 在 x_0 处没有极值.

根据导数符号的几何意义，定理 2 是显然的，这里不予证明，我们仅就情形 (1) 简单说明. 在点 x_0 的左邻域 $f'(x) > 0$，说明在 x_0 的左侧函数 $f(x)$ 单调增加；在点 x_0 的右邻域 $f'(x) < 0$，说明在 x_0 的右侧函数 $f(x)$ 单调减少. 从而函数 $f(x)$ 在 x_0 处取得极大值.

例 9 求函数 $f(x) = x^3 - x^2 + 5$ 的极值点和极值.

解 (1) $f(x)$ 的定义域为 $(-\infty, +\infty)$；

(2) $f'(x) = 3x^2 - 2x = x(3x - 2)$，令 $f'(x) = 0$，得驻点 $x_1 = 0, x_2 = \dfrac{2}{3}$，没有不可导点；

(3) 类似于求单调性，列表如下：

x	$(-\infty, 0)$	0	$\left(0, \dfrac{2}{3}\right)$	$\dfrac{2}{3}$	$\left(\dfrac{2}{3}, +\infty\right)$
$f'(x)$	+	0	−	0	+
$f(x)$	↗	极大值	↘	极小值	↗

从表中可以看出，$x_1 = 0$ 左侧邻近处导数大于零，右侧邻近处导数小于零，所以 $x_1 = 0$ 为极大值点，极大值为 $f(0) = 5$；$x_2 = \dfrac{2}{3}$ 左侧邻近处导数小于零，右侧邻近处导数大于零，所以 $x_2 = \dfrac{2}{3}$ 为极小值点，极小值为 $f\left(\dfrac{2}{3}\right) = \dfrac{131}{27}$.

在 $f(x)$ 具有二阶导数的条件下，也可以通过二阶导数符号判定驻点是否为极值点.

定理 3（第二充分条件） 设函数 $f(x)$ 在 x_0 处具有二阶导数且 $f'(x) = 0$，则
(1) 若 $f''(x) < 0$，函数 $f(x)$ 在 x_0 处取得极大值；
(2) 若 $f''(x) > 0$，函数 $f(x)$ 在 x_0 处取得极小值；
(3) 若 $f''(x) = 0$，则无法判定 $f(x)$ 在 x_0 处是否取得极值.

例 10 求函数 $f(x) = x^3 - x^2 + 5$ 的极值点和极值.

解 (1) $f(x)$ 的定义域为 $(-\infty, +\infty)$；

(2) $f'(x) = 3x^2 - 2x = x(3x - 2)$，令 $f'(x) = 0$，得驻点 $x_1 = 0, x_2 = \dfrac{2}{3}$，没有不可导点；

(3) $f''(x) = 6x - 2$，从而 $f''(0) = -2, f''\left(\dfrac{2}{3}\right) = 2$，根据极值的第二充分条件，$x_1 = 0$ 为 $f(x)$ 的极大值点，$x_2 = \dfrac{2}{3}$ 为 $f(x)$ 的极小值点；

(4)极大值为 $f(0)=5$,极小值为 $f\left(\dfrac{2}{3}\right)=\dfrac{131}{27}$.

可见,求极值时,如果函数在驻点处存在不为零的二阶导数,第二充分条件比较简单. 但第二充分条件有其局限性. 首先,根据定理条件,第二充分条件只能用于判定驻点是否为极值点,而不能判定不可导点;其次,第二充分条件对于 $f''(x)=0$ 的情形也无法判定. 当出现上述情况,第二充分条件无法判定时,可用第一充分条件.

一般地,函数 $f(x)$ 的极值可按下述步骤求出:

(1)确定函数 $f(x)$ 的定义域;

(2)求出 $f(x)$ 的一切可能的极值点,即驻点和不可导点;

(3)利用充分条件判定这些驻点和不可导点是否为极值点,是极大值还是极小值;

(4)求出极值.

例 11 求函数 $f(x)=x^{\frac{2}{3}}$ 的极值点和极值.

解 函数 $f(x)$ 的定义域为 $(-\infty,+\infty)$,$f'(x)=\dfrac{2}{3\sqrt[3]{x}}$,显然 $f(x)$ 没有驻点,但在 $x=0$ 处不可导. 只能用第一充分条件判定.

$$\text{当 } x<0 \text{ 时,} f'(x)<0;$$
$$\text{当 } x>0 \text{ 时,} f'(x)>0,$$

所以, $x=0$ 为函数 $f(x)$ 的极小值点,极小值为 $f(0)=0$.

例 12 求函数 $f(x)=(x^2-1)^3+3$ 的极值点和极值.

解 函数 $f(x)$ 的定义域为 $(-\infty,+\infty)$, $f'(x)=6x(x^2-1)^2$,令 $f'(x)=0$ 得驻点 $x_1=-1, x_2=0, x_3=1$.

$f''(x)=6(x^2-1)(5x^2-1)$,由于 $f''(0)=6>0$,故 $f(x)$ 在 $x=0$ 处取得极小值,极小值为 $f(0)=2$.

由于 $f''(-1)=f''(1)=0$,故用极值的第二充分条件无法判定,改用第一充分条件. 当 x 取 -1 的左侧邻近值和右侧邻近值时, $f'(x)$ 均小于零,所以 $f(x)$ 在 $x=-1$ 处没有极值. 同理, $f(x)$ 在 $x=1$ 处也没有极值.

4.3.3 函数的最值

在工程设计、经济管理等许多实际问题中,常常会遇到在一定条件下,怎样使材料最省、产品最多、效率最高、成本最低等问题. 这类问题在数学上有时可归结为求函数的最大值和最小值问题,也称为最优化问题. 这类问题有着广泛应用的现实意义.

首先必须指出,最值是不同于极值的概念. 函数的极值是一个局部的概念,而函数的最值则是一个整体的概念,是指在所考查的区间上全部函数值中最大或最小的;极值点必是区域的内点,而最值可以是边界点;极大值不一定是最大值,极小值也不一定是最小值.

现在我们来研究一下如何求函数的最值.

由闭区间上连续函数的性质可知, 函数 $f(x)$ 在闭区间 $[a,b]$ 上必存在最大值和最小值. 这实际上给出了函数存在最值的一个充分条件. 因此我们假定:

函数 $f(x)$ 在闭区间 $[a,b]$ 上连续, 在开区间 (a,b) 内除有限个点外可导, 且至多有有限个驻点.

在上述条件下, 讨论 $f(x)$ 在 $[a,b]$ 上的最大值和最小值的求法.

如果函数 $f(x)$ 的最值在区间 (a,b) 内部取得, 那么这个最大值(或最小值)一定是 $f(x)$ 的一个极大值(或极小值). 同时, 最值也可能在区间的端点取得. 因此, 可按如下步骤求得函数的最值:

(1) 求出 $f(x)$ 在 $[a,b]$ 内的所有驻点和不可导点;

(2) 计算 $f(x)$ 在上述驻点和不可导点以及端点处的函数值;

(3) 比较 (2) 中的函数值, 最大的就是最大值, 最小的就是最小值.

例 13 求函数 $f(x)=x^{\frac{2}{3}}-(x^2-1)^{\frac{1}{3}}$ 在 $[0,2]$ 上的最大值和最小值.

解 $f'(x)=\dfrac{2}{3}x^{-\frac{1}{3}}-\dfrac{2}{3}x(x^2-1)^{-\frac{2}{3}}=\dfrac{2}{3}\cdot\dfrac{(x^2-1)^{\frac{2}{3}}-x^{\frac{4}{3}}}{x^{\frac{1}{3}}(x^2-1)^{\frac{2}{3}}}$,

令 $f'(x)=0$, 得驻点 $x=\dfrac{1}{\sqrt{2}}$, $x=1$ 为其不可导点. 而

$$f\left(\dfrac{1}{\sqrt{2}}\right)=\sqrt[3]{4},\ f(1)=1,\ f(0)=1,\ f(2)=\sqrt[3]{4}-\sqrt[3]{3}.$$

比较这几个函数值, 可知 $f(x)$ 在 $[0,2]$ 的最大值为 $f\left(\dfrac{1}{\sqrt{2}}\right)=\sqrt[3]{4}$, 最小值为 $f(2)=\sqrt[3]{4}-\sqrt[3]{3}$.

注 若函数 $f(x)$ 在区间 (a,b) 内连续且仅有一个极值点, 则当这个极值点是极大值点时, 函数 $f(x)$ 在该点取最大值; 当这个极值点是极小值点时, 函数在该点取最小值. 这一结论在几何直观上是非常明显的(如图 4-11). 在求解应用问题时, 经常用到这一结论.

特别地, 若函数 $f(x)$ 在区间 $[a,b]$ 上为单调函数, 则最大(小)值在区间端点

取得.

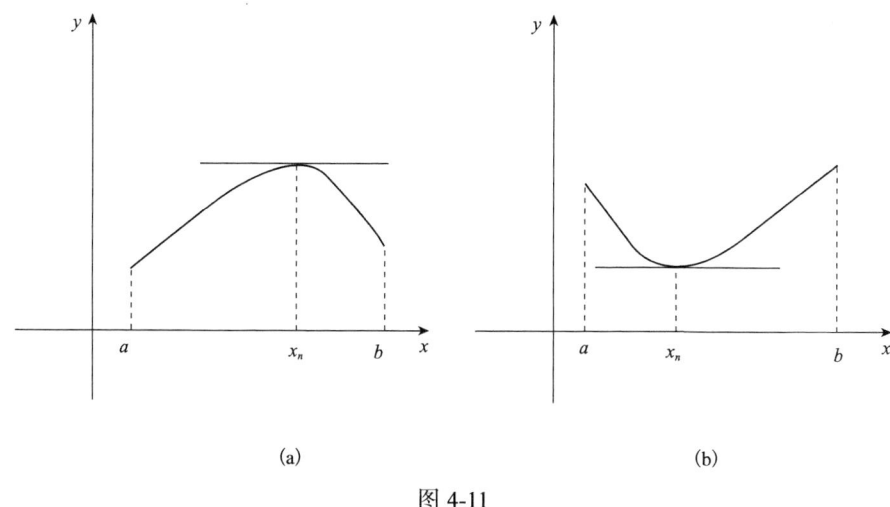

图 4-11

例 14 要造一圆柱形油桶，体积为 V，试问桶底半径 r 和高 h 各为多少时，才能使用料最省？

解 用料最省就是桶的表面积最小. 设桶的表面积为 S，则有

$$S = 2\pi r^2 + 2\pi rh.$$

由于 $V = \pi r^2 h$，所以 $h = \dfrac{V}{\pi r^2}$，于是

$$S = 2\pi r^2 + \dfrac{2V}{r} (0 < r < +\infty),$$

$$S'_r = 4\pi r - \dfrac{2V}{r^2}.$$

令 $S'_r = 0$，得驻点 $r = \sqrt[3]{\dfrac{V}{2\pi}}$.

因为 $S'' = 4\pi + \dfrac{4V}{r^3} > 0$，故 S 在点 $r = \sqrt[3]{\dfrac{V}{2\pi}}$ 处取得极小值，也是 S 的最小值，即底半径 $r = \sqrt[3]{\dfrac{V}{2\pi}}$ 时用料最省，此时，$h = 2\sqrt[3]{\dfrac{V}{2\pi}}$.

例 15 某商场以每件 5 元的价格进一批商品. 若零售价定为每件 8 元，预计可售出 100 件，若每件降低 0.5 元，则可多售出 50 件. 问该商店应进多少件商品，每件售价多少才能获得最大利润？最大利润为多少？

解 设利润函数为 L，购进 Q 件商品，每件 p 元，则

$$L=(p-5)\left(100+\frac{8-p}{0.5}\times 50\right),$$

求导得

$$L'=-200p+1400,$$

得驻点

$$p=7.$$

又因为 $L''(p)=-200<0$，所以当 $p=7$ 时利润最大，此时 $Q=200$，最大利润 $L=400$.

习题 4.3

1. 填空题

(1) $f'(x_0)=0$ 是函数 $f(x)$ 在点 x_0 取得极值的_____条件.

(2) 若函数 $f(x)$ 在点 x_0 连续，且当 $x>x_0$ 时，$f'(x_0)>0$，当 $x<x_0$ 时，$f'(x_0)<0$，则 x_0 必定是 $f(x)$ 的极_____值点.

2. 单选题

(1) 设 $f(x)$ 在 $(-a,a)$ 是连续的偶函数，且当 $0<x<a$ 时，$f(x)<f(0)$，则(   ).

A. $f(0)$ 是 $f(x)$ 在 $(-a,a)$ 的极大值，但不是最大值

B. $f(0)$ 是 $f(x)$ 在 $(-a,a)$ 的最小值

C. $f(0)$ 是 $f(x)$ 在 $(-a,a)$ 的极大值，也是最大值

D. $f(0)$ 是曲线 $y=f(x)$ 的拐点的纵坐标

(2) 若可导函数有有限个驻点，则这些驻点(   )极值点.

A. 一定全是　　　　　　B. 不会全不是

C. 只可能其中一部分是　D. 前面说法都不对

3. 判断题

(1) 驻点必为极值点.（   ）

(2) 极值点必为驻点.（   ）

(3) 可导函数的极值点必为驻点.（   ）

(4) 函数的极大值不可能比它的极小值小.（   ）

4. 求下列函数的单调区间：

(1) $y=x^3-3x^2-9x+2$；

(2) $y=x-e^x$；

(3) $y=x+\cos x$；

(4) $y=x+\dfrac{1}{x}$ $(x>0)$；

(5) $y = \dfrac{x^4}{4} - x^3$;　　　　　　(6) $f(x) = 2 - (x^2 - 1)^{\frac{2}{3}}$.

5. 求下列函数的极值点和极值：

(1) $f(x) = x + \dfrac{1}{x}$;　　　　　　(2) $f(x) = x^3 - 3x$;

(3) $f(x) = x^2 \ln x$;　　　　　　(4) $f(x) = 1 + \sqrt[3]{x - 1}$;

(5) $f(x) = x^4 - 8x^2 + 2$, $x \in [-1, 3]$.

6. 求下列函数在给定区间上的最值.

(1) $f(x) = x^4 - 2x^2 + 5$, $[-\sqrt{2}, \sqrt{2}]$;　　　(2) $f(x) = \sqrt{5 - 4x}$, $[-1, 1]$;

(3) $f(x) = x + \dfrac{1}{x}$, $[1, 2]$;　　　　(4) $f(x) = \sin x - 2x$, $[-\dfrac{\pi}{2}, \dfrac{\pi}{2}]$.

4.4　曲线的凹凸性及函数作图

4.4.1　曲线的凹凸性与拐点

前面我们已经讨论过函数的单调性，几何上它反映的是函数图形的升降情况. 但在研究函数图形时，只知道这些是不够的. 如图 4-12，函数 $f(x) = x^2$ 和 $g(x) = \sqrt{x}$ 的图形在区间 $[0,1]$ 上都是单调增加的，但是明显弯曲方向不同，$f(x) = x^2$ 是向上凹的，而 $g(x) = \sqrt{x}$ 是向上凸的. 因此，为了更好的研究函数图形，我们有必要讨论曲线的凹凸性问题.

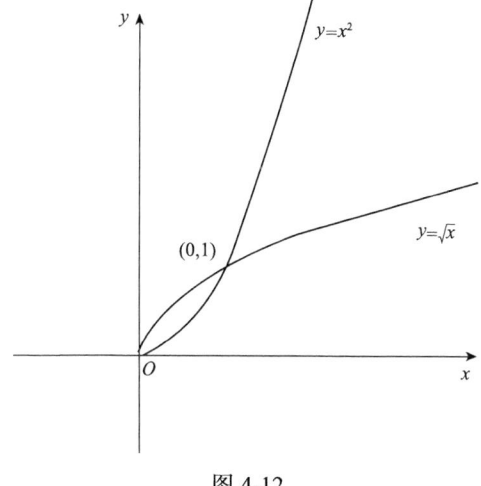

图 4-12

结合直观图形，很容易理解凹凸性的定义.

定义 1　如果在某区间内，曲线上每一点的切线都位于该曲线的下方，则称曲线在该区间内是向上凹的(或向下凸的);如果曲线上每一点的切线都位于该曲线的上方,则称曲线在该区间内是向下凹的(或向上凸的)(如图 4-13).

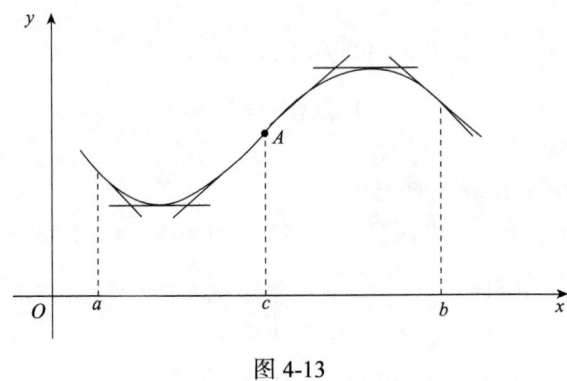

图 4-13

也可以理解为,曲线 $y=f(x)$ 上任意两点的割线在曲线下(上)面,则 $y=f(x)$ 是凸(凹)的. 即:

定义 1′ 设 $f(x)$ 在某区间上连续,如果对区间上任意两点 x_1,x_2,恒有

$$f\left(\frac{x_1+x_2}{2}\right) < \frac{f(x_1)+f(x_2)}{2},$$

则称 $f(x)$ 在该区间上的图形是(向上)凹的(或凹弧);如果恒有

$$f\left(\frac{x_1+x_2}{2}\right) > \frac{f(x_1)+f(x_2)}{2},$$

则称 $f(x)$ 在该区间上的图形是(向上)凸的(或凸弧).

定义 2 如果曲线 $f(x)$ 在经过点 $(x_0,f(x_0))$ 时,曲线的凹凸性发生改变,称点 $(x_0,f(x_0))$ 为曲线 $f(x)$ 的拐点.

应该注意的是,拐点是曲线上的一个点,不能只用横坐标 x_0 来表示,而必须用横、纵坐标 $(x_0,f(x_0))$ 同时表示.

如何判定曲线的凹凸性呢?从图 4-13 中可以看到,对于凸的曲线,它的切线斜率随 x 的增大而减小;而对于凹的曲线,它的切线斜率随 x 的增大而增大. 若曲线 $y=f(x)$ 可导,则导数反映的是切线斜率,从而切线斜率的增减就是导数的增减,因此我们不难得出:如果曲线 $y=f(x)$ 是凸曲线,则导函数 $y'=f'(x)$ 单调减少;如果曲线 $y=f(x)$ 是凹曲线,则导函数 $y'=f'(x)$ 单调增加. 反之也成立.

可见,通常可以用函数的二阶导数的符号来判定函数曲线的凹凸性.

定理 1 设函数 $f(x)$ 在 (a,b) 内具有二阶导数 $f''(x)$,则

(1)如果对 (a,b) 内的每一点 x,恒有 $f''(x)>0$,则曲线 $f(x)$ 在 (a,b) 内是凹的;

(2) 如果对 (a,b) 内的每一点 x，恒有 $f''(x)<0$，则曲线 $f(x)$ 在 (a,b) 内是凸的．
证明略．

注 若在 (a,b) 内 $f''(x) \geq 0$（或 $f''(x) \leq 0$），而等号只在个别点取得，则曲线 $f(x)$ 在区间 (a,b) 内仍然是凹的（或凸的）．

定理1指出，由 $f''(x)$ 的符号可以判定曲线的凹凸性，而拐点是凹凸性的分界点，因此，要寻找拐点，只要找到 $f''(x)$ 的符号发生改变的分界点即可．类似于极值点的存在，如果 $f(x)$ 在 (a,b) 内二阶导数连续，则在拐点处必然有 $f''(x)=0$；另外，二阶导数不存在的点也可能成为 $f''(x)$ 的符号发生改变的点．因此，拐点的可能点包括：$f''(x)=0$ 的点和 $f''(x)$ 不存在的点．

一般地，求曲线 $y=f(x)$ 的拐点的方法步骤是：

(1) 求函数 $f(x)$ 的定义域；

(2) 求出二阶导数 $f''(x)$；

(3) 求出定义域内使二阶导数等于零或二阶导数不存在的点；

(4) 对于以上点，检验各点两边二阶导数的符号，如果符号不同，该点就是拐点；

(5) 求出拐点的纵坐标．

例 1 求曲线 $y=5x^3-3x^2+7x-1$ 的凹、凸区间及拐点．

解 函数 $y=5x^3-3x^2+7x-1$ 的定义域为 $(-\infty,+\infty)$，

$$y'=15x^2-6x+7,$$

$$y''=30x-6,$$

由 $y''=0$，得 $x=\dfrac{1}{5}$ 是可能的拐点，没有二阶导数不存在的点．

$x=\dfrac{1}{5}$ 将函数的定义域 $(-\infty,+\infty)$ 分成两个部分，$\left(-\infty,\dfrac{1}{5}\right]$ 和 $\left[\dfrac{1}{5},+\infty\right)$，考查每部分的二阶导数符号情况．

当 $x\in\left(-\infty,\dfrac{1}{5}\right)$ 时，$y''<0$，因此在区间 $\left(-\infty,\dfrac{1}{5}\right]$ 上曲线是凸的；

当 $x\in\left(\dfrac{1}{5},+\infty\right)$ 时，$y''>0$，因此在区间 $\left[\dfrac{1}{5},+\infty\right)$ 上曲线是凹的．

同时可以判定，在 $x=\dfrac{1}{5}$ 的两侧二阶导数符号发生改变，因此 $\left(\dfrac{1}{5},\dfrac{8}{25}\right)$ 时曲线的拐点．

例 2 求曲线 $y = \dfrac{1}{12}x^4 - \dfrac{1}{2}x^3 + x^2 + 5$ 的凹、凸区间及拐点.

解 函数 $y = \dfrac{1}{12}x^4 - \dfrac{1}{2}x^3 + x^2 + 5$ 的定义域为 $(-\infty, +\infty)$，

$$y' = \dfrac{1}{3}x^3 - \dfrac{3}{2}x^2 + 2x,$$

$$y'' = x^2 - 3x + 2,$$

令 $y'' = 0$，得 $x_1 = 1, x_2 = 2$.

$x_1 = 1, x_2 = 2$ 将函数的定义域 $(-\infty, +\infty)$ 分成三个区间 $(-\infty, 1], [1, 2]$ 及 $[2, +\infty)$，可列表如下：

x	$(-\infty, 1)$	1	$(1, 2)$	2	$(2, +\infty)$
y''	+	0	−	0	+
y	凹	$\dfrac{67}{12}$（拐点）	凸	$\dfrac{19}{3}$（拐点）	凹

可见，曲线的凹区间为 $(-\infty, 1]$ 和 $[2, +\infty)$，曲线的凸区间为 $[1, 2]$，拐点为 $\left(1, \dfrac{67}{12}\right)$ 和 $\left(2, \dfrac{19}{3}\right)$.

例 3 求曲线 $y = x^{\frac{1}{3}}$ 的拐点.

解 函数 $y = x^{\frac{1}{3}}$ 的定义域为 $(-\infty, +\infty)$.

$$y' = \dfrac{1}{3\sqrt[3]{x^2}}, \quad y'' = -\dfrac{2}{9x\sqrt[3]{x^2}},$$

当 $x = 0$ 时，y'' 不存在.

当 $x < 0$ 时，$y'' > 0$；当 $x > 0$ 时，$y'' < 0$，即在 $x = 0$ 的邻近两侧，y'' 的符号发生改变，因此，点 $(0, 0)$ 是该曲线的拐点.

例 4 求曲线 $y = \dfrac{1}{x}$ 的拐点.

解 函数 $y = \dfrac{1}{x}$ 的定义域为 $(-\infty, 0) \cup (0, +\infty)$.

$$y' = -\dfrac{1}{x^2}, \quad y'' = \dfrac{2}{x^3}.$$

由于 $y=\dfrac{1}{x}$ 在 $x=0$ 处没有定义,所以该曲线没有拐点.

4.4.2 曲线的渐近线

为了描绘函数的图形,除了已经知道的单调性、奇偶性、周期性、凹凸性、极值和拐点等性态外,还应研究曲线的渐近线.

定义 3 如果曲线上一动点沿曲线趋于无穷远时,动点与某一直线的距离趋于零,则称此直线为曲线的一条渐近线.

当然,并不是所有曲线都有渐近线,如抛物线就不会与某一直线无限靠近.渐近线有如下三种情形.

1. 铅直渐近线

如果曲线 $y=f(x)$ 有
$$\lim_{x\to a^+}f(x)=\infty \text{ 或 } \lim_{x\to a^-}f(x)=\infty,$$
则 $x=a$ 为曲线 $y=f(x)$ 的一条铅直渐近线.

注 当 $x=a$ 为函数 $y=f(x)$ 的无穷间断点时,$x=a$ 为曲线 $y=f(x)$ 的铅直渐近线.

例 5 求曲线 $f(x)=\dfrac{1}{x(x-1)}$ 的铅直渐近线.

解 因为
$$\lim_{x\to 0}\frac{1}{x(x-1)}=\infty,$$
$$\lim_{x\to 1}\frac{1}{x(x-1)}=\infty,$$
所以,$x=0$ 和 $x=1$ 是曲线的两条铅直渐近线.

2. 水平渐近线

如果曲线 $y=f(x)$ 有
$$\lim_{x\to +\infty}f(x)=b \text{ 或 } \lim_{x\to -\infty}f(x)=b,$$
则 $y=b$ 是曲线 $y=f(x)$ 的一条水平渐近线.

值得注意的是,只有当函数的定义域是一个无穷区间时,其曲线才有可能存在水平渐近线,且一条曲线的水平渐近线至多有两条.

如，对于函数 $f(x) = \dfrac{\sin x}{x}$，由于

$$\lim_{x \to \infty} \dfrac{\sin x}{x} = 0,$$

所以，$y = 0$ 是曲线 $f(x) = \dfrac{\sin x}{x}$ 的水平渐近线.

又如，对于函数 $f(x) = \arctan x$，由于

$$\lim_{x \to -\infty} \arctan x = -\dfrac{\pi}{2},$$

$$\lim_{x \to +\infty} \arctan x = \dfrac{\pi}{2},$$

故，$y = -\dfrac{\pi}{2}$ 和 $y = \dfrac{\pi}{2}$ 为曲线 $f(x) = \arctan x$ 的两条水平渐近线.

3. 斜渐近线

如果曲线 $y = f(x)$ 有

$$\lim_{x \to +\infty} \dfrac{f(x)}{x} = a \neq 0, \quad \lim_{x \to +\infty} [f(x) - ax] = b$$

或

$$\lim_{x \to -\infty} \dfrac{f(x)}{x} = a \neq 0, \quad \lim_{x \to -\infty} [f(x) - ax] = b,$$

则 $y = ax + b$ 是曲线 $y = f(x)$ 的一条斜渐近线.

与水平渐近线类似，当函数的定义域为无穷区间时，曲线才可能有斜渐近线，一条曲线至多有两条斜渐近线，且一条曲线可能存在多种斜渐近线.

例 6 求曲线 $f(x) = \dfrac{x^2}{x-1}$ 的渐近线.

解 由于

$$\lim_{x \to 1} \dfrac{x^2}{x-1} = \infty,$$

故 $x = 1$ 为该曲线的一条铅直渐近线.

又因为

$$\lim_{x \to \infty} \dfrac{f(x)}{x} = \lim_{x \to \infty} \dfrac{x}{x-1} = 1 = a,$$

$$\lim_{x\to\infty}[f(x)-ax]=\lim_{x\to\infty}\left(\frac{x^2}{x-1}-x\right)=\lim_{x\to\infty}\frac{x}{x-1}=1=b,$$

故 $y=x+1$ 为曲线的斜渐近线.

4.4.3 函数图形的描绘

基于前面几节对于函数 $f(x)$ 的各种性态的讨论,我们可以较为准确的描绘函数的图形.

一般地,可以按照如下步骤描绘函数图形:

(1) 求出 $y=f(x)$ 的定义域,判定函数的奇偶性和周期性;

(2) 求出 $f'(x)$,令 $f'(x)=0$ 求出驻点,确定导数不存在的点,再根据 $f'(x)$ 的符号找出函数的单调区间与极值;

(3) 求出 $f''(x)$,确定 $f''(x)$ 的全部零点及 $f''(x)$ 不存在的点,再根据 $f''(x)$ 的符号找出曲线的凹凸区间及拐点;

(4) 求出曲线的渐近线;

(5) 将上述"增减、极值、凹凸、拐"等特性综合列表,必要时可用补充曲线上某些特殊点(如与坐标轴的交点);

(6) 依据表中性态作出函数 $y=f(x)$ 的图形.

例 7 描绘函数 $y=x^3-x^2-x+1$ 的图形.

解 (1) 函数的定义域为 $(-\infty,+\infty)$

(2) $f'(x)=3x^2-2x-1=(3x+1)(x-1)$,令 $f'(x)=0$ 得驻点 $x_1=-\frac{1}{3}, x_2=1$,没有不可导点.

当 $-\frac{1}{3}<x<1$ 时,$f'(x)<0$,函数 $f(x)$ 单调减少;

当 $x>1$ 或 $x<-\frac{1}{3}$ 时,$f'(x)>0$,函数 $f(x)$ 单调增加. 且 $f\left(-\frac{1}{3}\right)=\frac{32}{27}$ 为极大值点,$f(1)=0$ 为极小值点.

(3) $f''(x)=2(3x-1)$,令 $f''(x)=0$ 得 $x_3=\frac{1}{3}$.

当 $x<\frac{1}{3}$ 时,$f''(x)<0$,曲线 $f(x)$ 为凸的;

当 $x>\frac{1}{3}$ 时,$f''(x)>0$,曲线 $f(x)$ 为凹的.

且 $\left(\frac{1}{3},\frac{16}{27}\right)$ 为拐点.

(4)无渐近线.

(5)列表

x	$\left(-\infty,-\dfrac{1}{3}\right)$	$-\dfrac{1}{3}$	$\left(-\dfrac{1}{3},\dfrac{1}{3}\right)$	$\dfrac{1}{3}$	$\left(\dfrac{1}{3},1\right)$	1	$(1,+\infty)$
$f'(x)$	+	0	−	−	−	0	+
$f''(x)$	−	−	−	0	+	+	+
$f(x)$	↗凸	$\dfrac{32}{27}$（极大值）	↘凸	$\dfrac{16}{27}$（拐点）	↘凹	0 极小值	↗凹

补充点 $(-1,0)$

(6)描图(如图4-14).

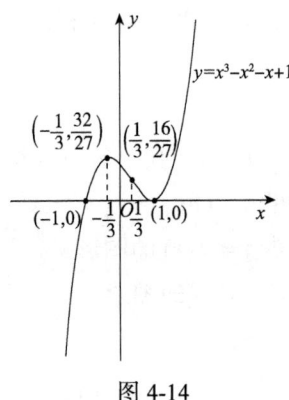

图 4-14

习题 4.4

1. 填空题

(1)设 $y=f(x)$ 在 $(1,2)$ 上满足 $f'(x)<0,f''(x)>0$，则函数曲线在 $(1,2)$ 上形态(指单调性与凹凸性)是_____.

(2)函数 $y=x^3-5x^2+3x+5$ 图形的拐点为_____，凸区间为_____.

(3) $y=\dfrac{1}{x^2-1}$ 的铅直渐近线是_____.

(4)设 $f(x)$ 在 (a,b) 中有二阶导数且在 (a,b) 中 $f''(x)>0$，则 $f(x)$ 在 (a,b) 上的图形是_____的，且对任意 $x_1,x_2\in(a,b)$, $\dfrac{f(x_1)+f(x_2)}{2}$ _____ $f\left(\dfrac{x_1+x_2}{2}\right)$.

2. 单选题

(1)曲线凹凸的分界点是曲线的(   ).

A. 驻点　　　B. 拐点　　　C. 极值点　　　D. 以上均不对

(2) 曲线 $y = 4 - \sqrt[3]{x-1}$ 的拐点是（　　）.

A. $(1,4)$　　　B. $(2,3)$　　　C. $(9,2)$　　　D. $(0,5)$

3. 证明：当 $0 < x < \pi$ 时，$\sin\dfrac{x}{2} > \dfrac{x}{\pi}$.

4. 判定下列曲线的凹凸性并求出拐点.

(1) $y = \ln(1+x^2)$；　　　　　　　(2) $y = 2x - 4x^2$；

(3) $y = xe^{-x}$；　　　　　　　　(4) $y = x^4 - 6x^2 + 2x$；

(5) $y = x^4 - 6x^3 + 12x^2 - 10$；　　(6) $f(x) = (x-1)\sqrt[3]{x^2}$.

5. 求下列曲线的渐近线.

(1) $y = \dfrac{1}{x-2}$；　　　　　　(2) $y = \ln x$；

(3) $y = \dfrac{x^2+3}{x-1}$；　　　　　(4) $y = x\sin\dfrac{1}{x}$.

4.5　导数在经济学中的简单应用

在经济学中，习惯用平均和边际两个词来描述一个经济变量 y 对另外一个经济变量 x 的变化. 平均概念表示 y 在自变量 x 的某一个范围内的平均值，它随着 x 的范围不同而不同. 边际概念表示的是 x 的某个值(或称边缘上)对 y 的变化情况，也就是 y 对 x 的瞬时变化率，实际上就是我们熟悉的导数的概念. 这种利用导数来研究经济变量边际变化规律的方法称为边际分析法.

4.5.1　边际分析

首先回顾一下导数的概念.

如果函数 $y = f(x)$ 在点 $x = x_0$ 处可导，则当自变量 x 在 x_0 处取得增量 Δx 时，相应的 y 的增量为 Δy，此时函数 $f(x)$ 的平均变化率为

$$\dfrac{\Delta y}{\Delta x},$$

函数在点 $x = x_0$ 处的瞬时变化率为

$$\lim_{\Delta x \to 0}\dfrac{\Delta y}{\Delta x} = \lim_{\Delta x \to 0}\dfrac{f(x+\Delta x)-f(x)}{\Delta x} = f'(x_0),$$

该式表示函数 $y = f(x)$ 关于 x 在"边际上" x_0 处的变化率. 在经济学上称为在点 $x = x_0$ 处改变一个单位时函数 $y = f(x)$ 的变化为**边际变化**.

定义1　设函数 $y = f(x)$ 可导，经济上称导函数 $f'(x)$ 为 $f(x)$ 的**边际函数**，简称"**边际**". $f'(x)$ 在 x_0 处的值 $f'(x_0)$ 为边际函数值，即当 $x = x_0$ 时，x 改变一个

单位，y 改变 $f'(x_0)$ 个单位.

例如设 $f(x) = x^3 + 2$，则 $f'(x) = 3x^2$，$f'(2) = 12$. 该值表明：当 $x = 2$ 时，x 改变一个单位，$f(x)$ 改变 12 个单位.

在经济分析中，边际函数主要有边际成本函数、边际收益函数、边际利润函数和边际需求函数等.

1. 边际成本

总成本 $C = C(Q)$ 的导数

$$C'(Q) = \lim_{\Delta Q \to 0} \frac{\Delta C}{\Delta Q} = \lim_{\Delta Q \to 0} \frac{C(Q + \Delta Q) - C(Q)}{\Delta Q}$$

称为**边际成本**.

一般情况下，总成本 $C(Q)$ 等于固定成本 C_0 与可变成本 $C_1(Q)$ 之和，即 $C(Q) = C_0 + C_1(Q)$，边际成本为 $C'(Q) = [C_0 + C_1(Q)]' = C_1'(Q)$.

因此，边际成本只与可变成本有关.

下面我们来分析一下边际成本的经济意义.

上述极限表达式中，ΔQ 是自变量产量的增量，ΔC 表示因变量总成本的增量，当 ΔQ 变化很小时，有

$$\Delta C = C(Q + \Delta Q) - C(Q) \approx \mathrm{d}C = C'(Q)\Delta Q.$$

当 $\Delta Q = 1$，即在产量为 Q 的基础上再生产"一个单位"产品，且"一个单位"与 Q 相比很小时，则有

$$C(Q+1) - C(Q) \approx C'(Q).$$

因此，边际成本 $C'(Q)$ 的经济意义为：在产量为 Q 时再生产一个单位产品，总成本增加 $C'(Q)$ 个单位.

边际成本有时用 MC 表示，即 $MC = C'(Q)$.

例1 一企业某产品的日生产能力为 500 台，每日产品的总成本 C (单位：千元) 是日产量 Q (单位：台) 的函数

$$C(Q) = 400 + 2Q + 5\sqrt{Q}, Q \in [0, 500].$$

求：

(1) 产量为 400 台时的总成本；

(2) 产量为 400 台时的平均成本；

(3) 产量由 400 台增加到 484 台时总成本的平均变化率;

(4) 产量为 400 台时的边际成本, 并解释其经济意义.

解 (1) 总成本为: $C(400) = 400 + 2 \times 400 + 5 \times \sqrt{400} = 1300$ (千元)

(2) 平均成本为: $\dfrac{C(400)}{400} = \dfrac{1300}{400} = 3.25$ (千元/台)

(3) $\dfrac{\Delta C}{\Delta Q} = \dfrac{C(484) - C(400)}{484 - 400} \approx 2.119$ (千元/台)

(4) 产量为 400 台时的边际成本为

$$C'(Q) = 2 + \dfrac{5}{2\sqrt{Q}},$$

$$C'(400) = 2 + \dfrac{5}{2\sqrt{400}} = 2.125 \text{ (千元/台)}$$

其经济意义为: 当产量为 400 台时, 再多生产 1 台, 成本将增加 2.125 千元.

2. 边际收益

总收益函数为 $R = R(Q)$ 的导数

$$R'(Q) = \lim_{\Delta Q \to 0} \dfrac{\Delta R}{\Delta Q} = \lim_{\Delta Q \to 0} \dfrac{R(Q + \Delta Q) - R(Q)}{\Delta Q}$$

称为**边际收益**.

类似于边际成本, 边际收益的经济意义可以解释为: 在销售 Q 个单位的基础上, 多销售一个单位产品时, 总收益增加 $R'(Q)$ 个单位.

设 P 为价格, 且 P 也是销售量 Q 的函数, 有 $R(Q) = QP = Q \cdot P(Q)$, 则边际收益函数为 $R' = R'(Q) = P(Q) + QP'(Q)$.

边际收益有时也用 MR 表示, 即 $MR = R'(Q)$.

例 2 设某种家具的需求函数为 $Q = 1200 - 3P$, 其中 P (单位: 元) 为家具的销售价格, Q (单位: 件) 为需求量. 求销售该家具的需求函数为 $Q = 1200 - 3P$ 时的边际收益函数, 以及当销售量为 $Q = 450$ 件, 600 件和 750 件时的边际收益.

解 由需求函数 $Q = 1200 - 3P$ 得价格 $P = \dfrac{1}{3}(1200 - Q)$. 总收益函数为

$$R(Q) = PQ = 400Q - \dfrac{1}{3}Q^2,$$

故边际收益函数为

$$R'(Q) = 400 - \frac{2}{3}Q,$$

所以

$$R'(450) \times 400 - \frac{2}{3} \times 450 = 100,$$

$$R'(600) \times 400 - \frac{2}{3} \times 600 = 0,$$

$$R'(750) \times 400 - \frac{2}{3} \times 750 = -100.$$

由例 2 可知，当家具销售量为 450 件时，$R'(450) > 0$，说明总收益函数 $R(Q)$ 在 $Q = 450$ 附近是单调增加的，即销售量增加可使总收入增加，而且再多销售一件家具总收入将增加 100 元；当销售量为 600 件时，$R'(600) = 0$，说明总收入函数达到最大值，再增加销售量总收入将不会增加；当销售量为 750 件时，$R'(750) < 0$，说明总收入函数在 750 附近是单调减少的，而且，再多销售一件家具总收入将减少 100 元.

3. 边际利润

总利润函数为 $L = L(Q)$ 的导数

$$L'(Q) = \lim_{\Delta Q \to 0} \frac{\Delta L}{\Delta Q} = \lim_{\Delta Q \to 0} \frac{L(Q + \Delta Q) - L(Q)}{\Delta Q}$$

称为**边际利润**.

边际利润的经济意义为：在销售 Q 个单位产品的基础上，多销售一个单位产品所增加的总利润.

一般地，总利润 $L(Q)$ 等于总收益 $R(Q)$ 与总成本 $C(Q)$ 之差，即

$$L(Q) = R(Q) - C(Q).$$

故边际利润为

$$L'(Q) = R'(Q) - C'(Q).$$

也就是说，边际利润等于边际收益与边际成本之差.

在实际应用中，经常考虑利润最大的问题，即求 $L(Q)$ 的最大值. 根据前面求最值的方法，$L(Q)$ 取得最大值的必要条件为

$$L'(Q)=0, \text{ 即 } R'(Q)=C'(Q).$$

$L(Q)$ 在 $L'(Q)=0$ 的条件下取得最大值的充分条件是(边际收入的变化率小于边际成本的变化率)

$$L''(Q)<0, \text{ 即 } R''(Q)<C''(Q).$$

于是，可得最大利润原则为：

(1) $R'(Q)=C'(Q)$；

(2) $R''(Q)<C''(Q)$.

例3 已知某产品的售价为100元，总成本函数为

$$C(Q)=20000-50Q+\frac{1}{10}Q^2.$$

求利润函数、边际利润，并求产量为多少时，总利润最大？并验证最大利润原则.

解 利润函数

$$L(Q)=R(Q)-C(Q)=100Q-(20000-50Q+\frac{1}{10}Q^2)$$

$$=-20000+150Q-\frac{1}{10}Q^2.$$

边际利润为

$$L'(Q)=150-\frac{1}{5}Q.$$

令 $L'=0$，可得 $Q=750$，而 $L''=-\frac{1}{5}<0$，所以当 $Q=750$，总利润最大，最大利润为

$$L(750)=36250.$$

此时

$$R'(750)=100, \quad C'(750)=-50+\frac{1}{5}Q\bigg|_{750}=100,$$

从而 $R'(750)=C'(750)$，

$$R''(750)=0, \quad C''(750)=\frac{1}{5}, \text{ 即 } R''(750)\leqslant C''(750).$$

所以，符合最大利润原则.

4. 边际需求

需求函数为 $Q=f(P)$，则需求量 Q 对价格 P 的导数

$$f'(P) = \frac{dQ}{dP} = \lim_{\Delta P \to 0} \frac{\Delta Q}{\Delta P} = \lim_{\Delta P \to 0} \frac{f(P+\Delta P)-f(P)}{\Delta P}$$

称为**边际需求函数**.

$Q=f(P)$ 的反函数 $P=f^{-1}(Q)$，则价格 P 对需求量 Q 的导数

$$\frac{dP}{dQ} = \frac{1}{\dfrac{dQ}{dP}} = \frac{1}{\left[f^{-1}(Q)\right]'}$$

称为**边际价格函数**，它与边际需求函数互为倒数.

边际需求的经济意义为：在产品价格为 P 时，价格上涨（或降低）一个单位产品，需求量 Q 将减少（或增加）$f'(P)$ 个单位.

例 4 已知某产品的需求函数为 $Q=Q(P)=65-P^2$，求 $P=3$ 时的边际需求，并说明其经济意义.

解 $Q'(P)=\dfrac{dQ}{dP}=-2P$，当 $P=3$ 时的边际需求为

$$Q'(P)\big|_{P=3} = -6.$$

它的经济意义为：在产品价格为 3 时，价格上涨（或降低）一个单位，需求量将减少（或增加）6 个单位.

4.5.2 弹性分析

边际分析中讨论的是函数的绝对变化率，但在实际问题中，仅仅研究绝对变化率是不够的. 比如商场中原价 3 元的饮料如果降价 1 元，我们会很感兴趣，可是原价 100 元的豆油如果降价 1 元，我们则几乎不会在意它. 显然，这时由于降价对于两种商品原价的百分比不同造成的. 在经济学中，常用弹性概念来定量分析各经济变量之间的变动关系. 一般地，变量的弹性反映的是一个变量的变化对另一个变量变化的敏感依赖性. 用弹性函数来分析经济量的变化的方法称为弹性分析. 在经济活动分析中，主要有需求弹性、供给弹性等.

定义 2 设函数 $y=f(x)$ 在点 x_0 处可导，称 Δx 和 Δy 为自变量和函数的**绝对改变量**，$\dfrac{\Delta x}{x_0}$ 和 $\dfrac{\Delta y}{y_0}$ 为自变量和函数的**相对改变量**，而函数的相对改变量和自变量的相对改变量之比

$$\frac{\Delta y / y_0}{\Delta x / x_0}$$

称为函数 $f(x)$ 从点 $x = x_0$ 到点 $x = x_0 + \Delta x$ **两点间的相对变化率**，或称**两点间的弹性**，也称**区间弹性**. 其极限

$$\lim_{\Delta x \to 0} \frac{\frac{\Delta y}{y_0}}{\frac{\Delta x}{x_0}} = \lim_{\Delta x \to 0} \frac{\Delta y}{\Delta x} \cdot \frac{x_0}{y_0} = \frac{x_0}{y_0} f'(x_0)$$

称为函数 $f(x)$ 在点 $x = x_0$ 处的**相对变化率**，也称为**相对导数**，或称**点弹性**，简称**弹性**. 记作

$$\left.\frac{\mathrm{E}y}{\mathrm{E}x}\right|_{x=x_0} \text{ 或 } \left.\frac{\mathrm{E}}{\mathrm{E}x}f(x)\right|_{x=x_0}.$$

具体地，$\left.\frac{\mathrm{E}y}{\mathrm{E}x}\right|_{x=x_0}$ 表示在点 x_0 处，当 x 改变1%时，$f(x)$ 将改变 $\left.\frac{\mathrm{E}y}{\mathrm{E}x}\right|_{x=x_0}$ %.

如果函数 $y = f(x)$ 在区间 (a,b) 内每一点都存在弹性，则称 $y = f(x)$ 在区间 (a,b) 内有弹性，它是 x 的一个函数，称为 $f(x)$ 的**弹性函数**，记作

$$\frac{\mathrm{E}y}{\mathrm{E}x} = \frac{x}{y} f'(x).$$

函数 $f(x)$ 在点 x 的弹性 $\frac{\mathrm{E}y}{\mathrm{E}x}$ 反映的是随着 x 的变化 $f(x)$ 变化幅度的大小，即 $f(x)$ 对 x 变化反应的强烈程度或灵敏度.

具体地，$\left.\frac{\mathrm{E}y}{\mathrm{E}x}\right|_{x=x_0}$ 表示在点 x_0 处，当 x 改变1%时，$f(x)$ 将改变 $\left|\frac{\mathrm{E}y}{\mathrm{E}x}\right|$%.

注 (1) 两点间的弹性是有方向性的，因为相对性是对初始值相对而言的；
(2) 函数弹性与变量 x、y 的单位无关；
(3) 由于

$$\frac{\mathrm{E}y}{\mathrm{E}x} = \frac{x}{f(x)} f'(x) = \frac{f'(x)}{\frac{f(x)}{x}},$$

从这个角度，弹性可以理解为边际函数与平均函数之比.

例5 设函数 $y = x^4$，求弹性函数 $\frac{\mathrm{E}y}{\mathrm{E}x}$ 和 $\left.\frac{\mathrm{E}y}{\mathrm{E}x}\right|_{x=2}$.

解 由于 $y' = 4x^3$，故

$$\frac{Ey}{Ex} = y' \frac{x}{y} = 4, \quad \left.\frac{Ey}{Ex}\right|_{x=2} = 4,$$

表示在 $x = 2$ 处，当 x 增加 1% 时，y 将增加 4%；反之，当 x 减少 1% 时，y 将减少 4%.

在经济分析中常用到需求函数、供给函数和收益函数对价格的弹性.

1. 需求弹性

"需求"是指在一定价格条件下，消费者愿意购买并且有支付能力购买的商品量. 消费者对某种商品的需求由多种因素决定，其中价格是影响需求的主要因素之一. 需求的价格弹性表示在一定期间内一种商品的需求量对于该商品的价格变动反应程度.

定义 3 设某商品的需求函数 $Q = f(P)$ 可导，其中 P 为价格，则称

$$E_d(P) = \frac{P}{f(P)} \cdot f'(P)$$

为该商品的需求价格弹性，简称需求弹性.

从而，商品在点 P_0 处需求的价格弹性，记作

$$E_d(P_0) = \frac{P_0}{f(P_0)} \cdot f'(P_0).$$

由导数定义可得

$$E_d(P) = \frac{\frac{dQ}{Q}}{\frac{dP}{P}} \approx \frac{\frac{\Delta Q}{Q}}{\frac{\Delta P}{P}},$$

$$\frac{\Delta Q}{Q} \approx E_d(P) \frac{\Delta P}{P}.$$

由此可知，需求弹性 $E_d(P)$ 表示某种商品需求量 Q 对价格 P 变化的敏感程度. 由于需求函数为价格的递减函数，即需求弹性 $E_d(P)$ 一般为负值，所以我们关心的是其绝对值.

需求的价格弹性的经济意义为：当价格增加 1%，需求量将减少 $(|E_d|)\%$；当价格减少 1%，需求量将增加 $(|E_d|)\%$.

当我们比较商品需求弹性的大小时,通常是比较其弹性绝对值$|E_d|$的大小. 当我们说某种商品的需求弹性大时,通常指其绝对值大.

几种特殊的价格弹性如下:

(1)当$|E_d|=1$时,商品需求量变动的百分比与价格变动的百分比相当,称为**单位弹性**;

(2)当$|E_d|<1$时,商品需求量变动的百分比低于价格变动的百分比,即价格变动对需求影响不大,称为**低弹性**;

(3)当$|E_d|>1$时,商品需求量变动的百分比高于价格变动的百分比,即需求量对价格的变动较敏感,称为**高弹性**或**富有弹性**.

例6 设某商品的需求函数为$Q=150-2P^2$,试求:

(1)需求对价格的弹性函数;

(2)讨论当价格为多少时,弹性分别为缺乏弹性、单位弹性、富有弹性?

解 (1)根据定义,$Q'=-4P$,则

$$E_d = \frac{P}{Q} \cdot Q' = \frac{P}{150-2P^2} \cdot (-4P)$$

$$= \frac{-2P^2}{75-P^2}.$$

(2)令$E_d=-1$,解得$P=5$,即当价格$P=5$时,$|E_d|=1$是单位弹性;

令$|E_d|<1$,解得$0<P<5$,即当价格满足$0<P<5$时,$|E_d|<1$是缺乏弹性;

令$|E_d|>1$,解得$5<P<8$,即当价格满足$5<P<8$时,$|E_d|>1$是富有弹性.

在市场经济中,企业经营者关心的是商品涨价($\Delta P > 0$)或降价($\Delta P < 0$)对总收入的影响程度. 分析弹性概念:

$$E_d = \frac{P}{Q} \cdot \frac{dQ}{dP},$$

即
$$PdQ = E_d \cdot QdP.$$

当商品价格P有微小变化($|\Delta P|$非常小)时,商品销售收益$R=PQ$的改变量为

$$\Delta R = \Delta(PQ) \approx d(PQ)$$

$$= QdP + PdQ = QdP + E_d QdP$$

$$= (1+E_d)QdP,$$

即 $$\Delta R \approx (1-|E_d|)Q\mathrm{d}P \approx (1-|E_d|)Q\Delta P.$$

所以，当$|E_d|>1$时，商品涨价（$\Delta P>0$）将使商品销售总收益减少（$\Delta R<0$）；商品降价（$\Delta P<0$）将使商品销售总收益增加（$\Delta R>0$）.

当$|E_d|<1$时，商品涨价将使商品销售总收益增加，商品降价将使商品销售总收益减少.

当$|E_d|=1$时，商品涨价或降价对商品销售总收入基本没有影响.

2. 供给弹性

设供给函数$Q=g(P)$在P_0处可导，称比值$\dfrac{\dfrac{\Delta Q}{\Delta P}}{\dfrac{Q_0}{P_0}}$为从$P_0$到$P_0+\Delta P$**两点间的供给弹性**，其极限值

$$\lim_{\Delta P \to 0} \frac{\dfrac{\Delta Q}{\Delta P}}{\dfrac{Q_0}{P_0}} = \frac{\dfrac{\mathrm{d}Q}{\mathrm{d}P}}{\dfrac{Q_0}{P_0}} = \frac{P_0}{\varphi(P_0)} \cdot \varphi'(P),$$

称为该函数在**点 P_0 处的供给弹性**. 记作 $E_s(P_0)$.

供给的价格弹性表示在一定时期内一种商品的供给量对于该商品的价格变动的反映灵敏程度. 由于价格与供给量之间一般成正比相关关系，因此供给的价格弹性一般为正值.

类似地，

(1) $E_s>1$ 称为供给是富于弹性，其中若 $E_s=\infty$ 称为供给完全有弹性；

(2) $E_s<1$ 称为供给缺乏弹性，其中若 $E_s=0$ 称为供给完全缺乏弹性；

(3) $E_s=1$ 称为供给单位弹性.

例 7 设某商品的供给函数为 $Q=5+8P$，求：

(1) 供给弹性函数；

(2) 求当 $P=3$ 时的供给弹性.

解 (1) 由于 $Q'=8$，则

$$E_s = Q' \cdot \frac{P}{Q} = \frac{8P}{5+8P}.$$

(2) 当 $P=3$ 时，

$$E_s(3) = \frac{24}{29}.$$

习题 4.5

1. 填空题

(1) 某工厂生产某种产品，其总成本 C 是产量 Q 的函数 $C(Q)=1100+\dfrac{1}{1200}Q^2$，则生产 900 个单位产品时的边际成本为_____．

(2) 设某商品的需求函数为 $Q=10-\dfrac{P}{2}$，则需求 Q 对价格 P 的弹性函数为_____．

2. 设 $f(x)=\ln x$，求 $x=3$ 时的边际函数值，并解释其意义．

3. 某工厂生产某产品，其固定成本为 200 元，每多生产一单位产品，成本增加 10 元，该商品的需求函数为 $Q=500-2P$，求产量 Q 为多少时利润最大，并求最大利润．

4. 某企业生产某种产品的固定费用为 5000 元，每生产 100 件产品直接消耗的费用就增加 2500 元．市场对此产品的年需求量最高为 500 件．在此范围内产品可以全部售出，且销售的收益函数为

$$R(x)=5x-\frac{1}{2}x^2 \text{（万元）}，$$

其中 x 为产品的销售数量(单位：百件)．问：该产品年产多少件时，才能使该企业的年利润达到最大．

5. 求下列函数的弹性函数．

(1) $y=6x^5$；　(2) $y=\dfrac{1}{x}$；　(3) $y=\sin x$；　(4) $y=\mathrm{e}^x$．

本 章 小 结

一、本章主要知识点

1. 罗尔定理和拉格朗日中值定理的条件和结论以及这两个定理的简单应用．
2. 洛必达法则求极限的方法．
3. 函数单调性的判别方法及其应用，函数极值、最大值和最小值的求法，会求解较简单的应用题．
4. 用导数判断函数图形的凹凸性的方法，函数图形的拐点和渐近线的求法．
5. 函数作图的基本步骤和方法，会作简单函数的图形．
6. 边际函数、边际成本、边际收益以及边际利润的概念和求法，需求弹性的概念和求法，需求弹性与总收益的关系以及供给弹性的概念和求法．

二、本章教学重点

用洛必达法则求极限，罗尔定理和拉格朗日中值定理．

三、本章教学难点

拉格朗日中值定理的应用.

四、本章知识结构图

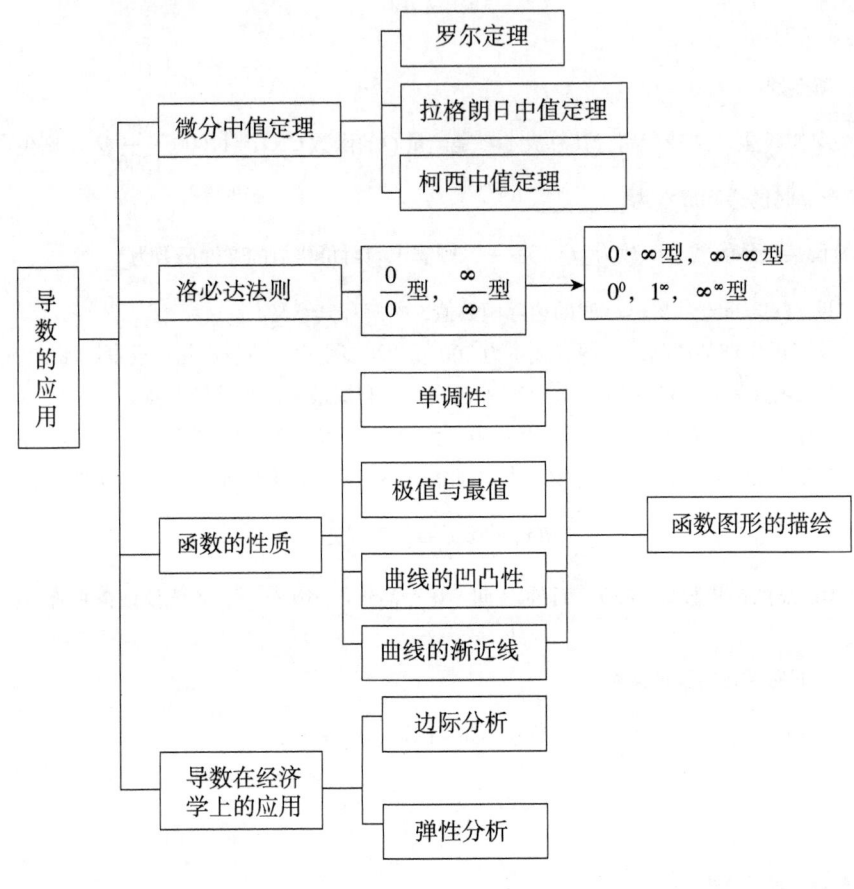

总 习 题 4

1. 函数 $f(x)=x^2-1$ 在区间 $[-1,1]$ 上满足罗尔定理条件，求 ξ 的值.

2. 不求出函数 $f(x)=(x-1)(x-2)(x-3)(x-4)$ 的导数，说明方程 $f'(x)=0$ 有几个实根，指出根所在的区间.

3. 设函数 $f(x)$ 在 $[0,1]$ 上连续，在 $(0,1)$ 内可导，且 $f(1)=0$，证明：至少存在一点 $\xi\in(0,1)$，使 $f(\xi)+\xi f'(\xi)=0$.

4. 已知方程 $a_0x^4+a_1x^3+a_2x^2+a_3x=0$ 有一正根 x_0，试证方程 $4a_0x^3+3a_1x^2+2a_2x+a_3=0$ 必有一小于 x_0 的正根.

5. 证明：方程 $\sin x+x\cos x=0$ 在 $(0,\pi)$ 内有实根.

6. 若函数 $f(x)$ 在 (a,b) 内具有二阶导数，且 $f(x_1)=f(x_2)=f(x_3)$，其中 $a<x_1<x_2<x_3<b$，证明：在 (x_1,x_3) 内至少有一点 ξ，使得 $f''(\xi)=0$.

7. 证明方程 $x^5-10x+3=0$ 在区间 $(0,1)$ 内只有一个实根.

8. 应用拉格朗日定理证明下列不等式.

(1) $|\sin a-\sin b|\leqslant|a-b|$；

(2) $\dfrac{b-a}{1+b^2}\leqslant\arctan b-\arctan a\leqslant\dfrac{b-a}{1+a^2}$，$a<b$；

(3) $\dfrac{x}{1+x}<\ln(1+x)<x$，$x>0$.

9. 设函数 $y=f(x)$ 在 $[a,b]$ 上连续，在 (a,b) 内可导，且 $f'(x)>0$，判断函数 $f(x)$ 在 $[a,b]$ 上的单调性.

10. 证明恒等式 $\arctan x+\operatorname{arccot} x=\dfrac{\pi}{2}$，$-\infty<x<+\infty$.

11. 设函数 $f(x)$ 和 $F(x)$ 在 a 的某邻域内可导，且 $F'(x)\neq 0$，又 $f(0)=F(0)=0$，$\lim\limits_{x\to a}\dfrac{f'(x)}{F'(x)}=k$，证明：$\lim\limits_{x\to a}\dfrac{f(x)}{F(x)}=k$.

12. 设函数 $f(x)=\begin{cases}\dfrac{\cos x-\cos a}{x-a},& x\neq a,\\ -\sin a,& x=a,\end{cases}$ 求 $f(x)$ 在 $x=a$ 处的导数.

13. 已知 $\lim\limits_{x\to 0}\left(\dfrac{\sin 3x}{x^3}+\dfrac{a}{x^2}+b\right)=0$，求 a 与 b 的值.

14. 证明下列不等式：

(1) 当 $x>1$ 时，有 $2\sqrt{x}>3-\dfrac{1}{x}$； (2) 当 $x>0$ 时，$1+\dfrac{1}{2}x>\sqrt{1+x}$；

(3) 当 $x>0$ 时 $x>\ln(1+x)$； (4) 当 $x>0$ 时 $\cos x>1-\dfrac{1}{2}x^2$.

15. 设函数 $f(x)$ 在 (a,b) 内具有二阶导数，且 $f''(x)>0$，利用单调性证明：对于 $\forall x_1,x_2\in(a,b)$，有 $\dfrac{f(x_1)+f(x_2)}{2}>f\left(\dfrac{x_1+x_2}{2}\right)$.

16. 证明：方程 $\sin x=x$ 只有一个实数根.

17. 设 $y=ax^3+bx$ 在 $x=1$ 处取得极值为 4，求 a,b 的值.

18. a 为何值时，函数 $f(x)=a\sin x+\dfrac{1}{3}\sin 3x$ 在 $x=\dfrac{\pi}{3}$ 处取得极值？它是极大值还是极小值，并求此极值.

19. 在面积为 S 的一切矩形中，求周长最小值.

20. 做一个体积为 V 的圆柱形容器，已知两端面的材料价格为每单位面积 a 元，侧面材料价格每单位面积 b 元，问底面直径与高的比例为多少时造价最省？

21. 用长为 6m 的铝合金材料加工成日字形窗户，问它的长宽各为多少时，面积最大，最大值是多少？

22. 某房地产公司有 50 套公寓要出租,当租金定为每月 180 元时,公寓会全部租出去.当租金每月增加 10 元时,就有一套公寓租不出去,而租出去的房子每月需花费 20 元的整修维护费.试问房租定为多少可获得最大收入?

23. 确定曲线 $y=\dfrac{x^2}{2}+\dfrac{9}{10}(x-2)^{\frac{5}{3}}$ 的凹、凸区间和拐点.

24. 已知点 $(2,4)$ 是曲线 $y=x^3+ax^2+bx+c$ 的拐点,且在 $x=3$ 点取得极值,求 a,b,c?

25. 求曲线 $f(x)=xe^{-x^2}$ 的渐近线.

26. 描绘函数 $y=\dfrac{x}{1+x^2}$ 的图形.

27. 描绘函数 $y=e^{-\frac{x^2}{2}}$ 的图形.

28. 某化工厂日产能力最高位 1000 吨,每日产品的总成本 C(单位:元)时日产量 Q(单位:吨)的函数:$C(Q)=1000+7Q+50\sqrt{Q}$,$Q\in[0,1000]$.

(1) 求当日产量为 100 吨时的边际成本.

(2) 求当日产量为 100 吨时的平均单位成本.

29. 已知某产品的总成本 C(单位:百元)是产量 Q(单位:百件)的函数:$C(Q)=4Q^2+5Q+36$,求使平均成本最低的产量及相应的总成本.

30. 设某产品的总收益函数为 $R(Q)=\dfrac{5Q}{(Q+1)}$,其中 Q 是产品的销售量,求该产品得边际收益函数,平均收益函数,并求当 $Q=3$ 时得边际收益,说明其经济意义.

31. 设某商品的需求函数是 $P+0.1Q=80$,总成本为 $C(Q)=5000+20Q$,求边际利润,并计算 $x=100$ 时的边际利润,并解释结果的经济意义.

32. 设某商品的需求函数为 $Q=10-\dfrac{P}{2}$,求

(1) 需求 Q 对价格 P 的弹性函数;

(2) 求 $P=4$ 时的需求弹性,说明其经济意义.

33. 设某商品的供给函数为 $Q=3+2P$,求供给弹性函数及 $P=2$ 时的弹性供给.

自 测 题 4

(满分 100 分,测试时间 100 分钟)

一、填空题(本题共 5 小题,每小题 4 分,共 20 分)

1. 设函数 $f(x)=\ln(1+x^2)$ 在 $[-1,1]$ 上满足罗尔定理条件,则由罗尔定理确定的 $\xi=$ _____.

2. $\lim\limits_{x\to 0}\dfrac{x}{\ln(1+x)}=$ _____.

3. 函数 $f(x)=\dfrac{1}{3}x^3-x$ 在区间 $(0,2)$ 内的驻点为 $x=$ _____.

4. 曲线 $y=\dfrac{1}{x-4}$ 的铅直渐近线为_____.

5. 设 $y=xe^{-x}$，则 $\dfrac{Ey}{Ex}=$ _____.

二、选择题（本题共 5 小题，每小题 2 分，共 10 分）

1. 若 $(x_0,f(x_0))$ 为连续曲线 $y=f(x)$ 上的凹弧与凸弧分界点，则（　　）.

   A. $(x_0,f(x_0))$ 必为曲线的拐点　　B. $(x_0,f(x_0))$ 必定为曲线的驻点

   C. x_0 为 $f(x_0)$ 的极值点　　　　D. x_0 必定不是 $f(x_0)$ 的极值点

2. 下列结论正确的有（　　）.

   A. x_0 是 $f(x)$ 的极值点且 $f'(x_0)$ 存在，则必有 $f'(x_0)=0$

   B. x_0 是 $f(x)$ 的极值点，则 x_0 必是 $f(x)$ 的驻点

   C. 若 $f'(x_0)=0$，则 x_0 必是 $f(x)$ 的极值点

   D. 使 $f'(x)$ 不存在的点 x_0 一定是 $f(x)$ 的极值点

3. 设 $f(x)$ 在 (a,b) 内一阶和二阶导数存在，且其图形为单调递减的凹曲线，则必有（　　）.

   A. $f'(x)>0$，$f''(x)>0$　　　　B. $f'(x)>0$，$f''(x)<0$

   C. $f'(x)<0$，$f''(x)>0$　　　　D. $f'(x)<0$，$f''(x)<0$

4. 导数不存在的点（函数在该点连续）（　　）.

   A. 一定不是极值点　　　　　　B. 一定是极值点

   C. 可能是极值点　　　　　　　D. 一定不是拐点

5. 设生产 Q 单位某产品的成本函数为 $C(Q)=100+\dfrac{Q^2}{2}$，则生产 6 个单位产品时的边际成本是（　　）.

   A. 1　　B. 2　　C. 12　　D. 6

三、计算题（本题共 5 小题，每小题 8 分，共 40 分）

1. 求下列函数的极限：

   (1) $\lim\limits_{x\to 0}\dfrac{\ln(1+x)-x}{\cos x-1}$；　　　　(2) $\lim\limits_{x\to 1}x^{\frac{1}{1-x}}$.

2. 求函数 $f(x)=x^3-12x$ 的单调区间与极值.

3. 判定曲线 $y=2x^3+3x^2-12x+4$ 的凹凸性与拐点.

4. 求曲线 $f(x)=\dfrac{x^2+2x}{1+x}$ 的渐近线.

5. 已知 $x_1=1,x_2=2$ 都是函数 $y=a\ln x+bx^2+x$ 的极值点，求 a,b 的值.

四、证明题（本题 10 分）

证明方程 $x-\dfrac{1}{2}\sin x=0$ 只有一个根 $x=0$.

五、应用题（本题共 2 小题，每小题 10 分，共 20 分）

1. 某车间靠墙壁要盖一间长方形小屋，现有存砖只够砌 20m 长的墙壁。问应围成怎样的长方形才能使这间小屋的面积最大？

2. 已知生产某种彩色电视机的总成本函数为

$$C(Q) = 2.2 \times 10^3 Q + 8 \times 10^7,$$

通过市场调查，可以预计这种彩电的年需求量为 $Q = 3.1 \times 10^5 - 50P$，其中 P（单位：元）是彩电售价，Q（单位：台）是需求量，求使利润最大的销售量和销售价格。

第 5 章 不定积分

在微分学中,我们讨论了求已知函数的导数(或微分)的问题.但是,在科学技术和经济的许多问题中,我们经常需要解决另一个的问题,那就是已知一个函数的导数(或微分),如何将这个函数"复原"出来.这种由已知函数的导数(或微分)去求原来函数问题,是积分学的基本问题之一——不定积分要完成的任务.

本章我们就来介绍不定积分的概念、性质及求不定积分的基本方法.

5.1 不定积分的概念及性质

5.1.1 原函数与不定积分的定义

先看两个例题

例 1 一曲线过点 $(1,1)$,且曲线上各点处的切线斜率等于该点横坐标的平方,求此曲线方程.

解 设所求的曲线方程为 $y=y(x)$,根据导数的几何意义,可知未知函数 $y=y(x)$ 应满足关系

$$y' = x^2.$$

解之得

$$y = \frac{1}{3}x^3 + C,$$

将 $y|_{x=1}=1$ 代入上式,得 $C = \frac{2}{3}$.

故所求的曲线方程为

$$y = \frac{1}{3}x^3 + \frac{2}{3}.$$

例 2 某商品的边际成本为 $C'(x) = 50 - x$,求总成本函数 $C(x)$.

解 因为 $C'(x) = 50 - x$,故 $C(x) = 50x - \frac{1}{2}x^2 + C$,其中的 C 为任意常数,可由固定成本来确定.

定义 1 设 $f(x)$ 是定义在某区间上的已知函数,如果存在一个函数 $F(x)$,对于该区间上的每一点 x,都满足

$$F'(x) = f(x) \quad \text{或者} \quad \mathrm{d}F(x) = f(x)\mathrm{d}x,$$

则称函数 $F(x)$ 是已知函数 $f(x)$ 在该区间上的一个**原函数**.

例如,$(x^3)' = 3x^2$,所以 x^3 是 $3x^2$ 的一个原函数.

又如,当 $x \in (1, +\infty)$ 时,$\left[\ln(x+\sqrt{x^2-1})\right]' = \dfrac{1}{\sqrt{x^2-1}}$,所以 $\ln(x+\sqrt{x^2-1})$ 是 $\dfrac{1}{\sqrt{x^2-1}}$ 在 $x \in (1, +\infty)$ 内的一个原函数.

研究原函数,必须解决下面两个问题:

(1) 在什么条件下一个函数的原函数存在? 如果存在,是否只有一个?

(2) 若已知某函数的原函数存在,怎样将它们求出来?

第二个问题将在后几节研究,关于第一个问题我们有下面两个定理.

定理 1 如果函数 $f(x)$ 在区间 I 上连续,那么 $f(x)$ 在区间 I 上存在原函数.

注 由于初等函数在其有定义的区间上是连续的,所以初等函数在其定义的区间上都有原函数.(在下册有详细的证明).

定理 2 若 $F(x)$ 是 $f(x)$ 在区间 I 内的一个原函数,则 $F(x)+C$ ($C \in \mathbf{R}$) 是 $f(x)$ 在区间 I 上的全部原函数.

下面我们只对定理 2 给出证明.

证 因为 $F(x)$ 是 $f(x)$ 在区间 I 内的一个原函数,故有 $F'(x) = f(x)$. 又

$$(F(x)+C)' = F'(x) = f(x),$$

所以 $F(x)+C$ 是 $f(x)$ 的原函数.

假设 $G(x)$ 是 $f(x)$ 在区间 I 内的任意一个原函数,则有 $G'(x) = f(x)$,而

$$(G(x)-F(x))' = G'(x) - F'(x) = 0,$$

所以 $G(x) - F(x) = C_0$,$G(x) = F(x) + C_0$,故 $F(x) + C$ 是 $f(x)$ 在区间 I 内的全部原函数.

定义 2 函数 $f(x)$ 的全部原函数,称为 $f(x)$ 的**不定积分**,记做 $\int f(x)\mathrm{d}x$,其中 $\int$ 称为**积分号**,x 称为**积分变量**,$f(x)$ 称为**被积函数**,$f(x)\mathrm{d}x$ 称为**积分表达式**.

如果 $F(x)$ 是 $f(x)$ 的一个原函数,则由定义有

$$\int f(x)\mathrm{d}x = F(x) + C.$$

因此，欲求已知函数的不定积分，只要求出它的一个原函数，再加上任意常数 C 即可.

例3 求函数 $f(x)=x^4$ 的不定积分.

解 因为 $\left(\dfrac{1}{5}x^5\right)'=x^4$，所以 $\dfrac{1}{5}x^5$ 是 x^4 的一个原函数，所以

$$\int x^4 dx = \dfrac{1}{5}x^5 + C.$$

例4 求函数 $f(x)=\dfrac{1}{x}$ 的不定积分.

解 因为当 $x>0$ 时，$(\ln x)' = \dfrac{1}{x}$，所以 $\int \dfrac{1}{x}dx = \ln x + C\,(x>0)$；

当 $x<0$ 时，因为 $-x>0$，$[\ln(-x)]' = -\dfrac{1}{x}\cdot(-1) = \dfrac{1}{x}$，所以

$$\int \dfrac{1}{x}dx = \ln(-x) + C\ (x<0).$$

把两个结果合起来，可写作

$$\int \dfrac{1}{x}dx = \ln|x| + C.$$

5.1.2 不定积分的性质

1. 线性性

设 $f(x)$，$g(x)$ 的原函数存在，则

(1) $\int kf(x)dx = k\int f(x)dx$（$k$ 是不为零的常数），

(2) $\int [f(x)\pm g(x)]dx = \int f(x)dx \pm \int g(x)dx$（可推广到有限个函数的情形）.

2. 可微性

(1) $[\int f(x)dx]' = f(x)$ 或 $d[\int f(x)dx] = f(x)dx$，

(2) $\int f'(x)dx = f(x) + C$ 或 $\int df(x) = f(x) + C$.

我们只证线性性中的(2)，其他留给读者自己完成.

证 将等式 $\int [f(x)\pm g(x)]dx = \int f(x)dx \pm \int g(x)dx$ 右端求导，得

$$[\int f(x)dx \pm \int g(x)dx]' = [\int f(x)dx]' \pm [\int g(x)dx]' = f(x)\pm g(x),$$

这表示 $\int f(x)dx \pm \int g(x)dx$ 是 $f(x)\pm g(x)$ 的原函数，又 $\int f(x)dx \pm \int g(x)dx$ 有两个积

分记号，形式上含两个任意常数，由于任意常数之和(差)仍为任意常数，故实际上含一个任意常数，因此$\int f(x)\mathrm{d}x \pm \int g(x)\mathrm{d}x$是$f(x) \pm g(x)$的不定积分. 证毕.

由上面性质可知下列各式成立.

$\int(5-x+2x^3)\mathrm{d}x = \int 5\mathrm{d}x - \int x\mathrm{d}x + 2\int x^3\mathrm{d}x$，　　$(\int \cos x\mathrm{d}x)' = \cos x$，

$\int(x^3+x)'\mathrm{d}x = x^3+x+C$，　　　　　　　$\int \mathrm{d}(2x) = 2x+C$.

5.1.3　不定积分的几何意义

在$f(x)$全部原函数$F(x)+C$ ($C \in \mathbf{R}$)中，对任何一个给定的C，都有一个确定的原函数，在几何上也就对应着一条确定的曲线，称为积分曲线. $F(x)+C$对应着一簇曲线，所以不定积分$\int f(x)\mathrm{d}x$在几何上对应着$f(x)$的积分曲线簇，这个积分曲线簇在横坐标相同点处的切线斜率相等，即它们在横坐标相同点处的切线彼此平行，积分曲线簇中的任何一条曲线都可以由其中的$y=F(x)$沿y轴上下平移而得到(如图 5-1).

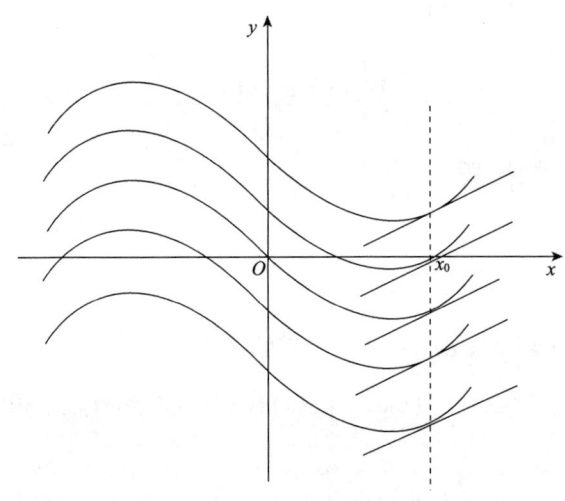

图 5-1　积分曲线图

例 5　设曲线通过点$(1, 2)$，且其上任一点处的切线斜率等于这点横坐标的两倍，求此曲线方程.

解　设所求曲线方程为$y=F(x)$，依题设，曲线上任一点(x,y)处的切线斜率$F'(x)=2x$，即$F(x)$是$2x$的一个原函数. 因为$\int 2x\mathrm{d}x = x^2+C$，故必有某个常数$C$，使$F(x)=x^2+C$，代入点$(1, 2)$得$C=1$，于是所求曲线方程为$F(x)=x^2+1$.

注　$F(x)=x^2+1$即是函数$2x$通过点$(1, 2)$的那条积分曲线，显然这条积分曲线可以由另一条积分曲线(例如$y=x^2$)经y轴方向平移而得到.

习题 5.1

1. 判断题

(1) 若 $\int f(x)dx = F(x)+C$ 则 $F'(x) = f(x)$；

(2) $\int f(x)g(x)dx = \int f(x)dx \int g(x)dx$；

(3) $d\int f(x)dx = f(x)$；

(4) $\int f(x)dx = \int f(m)dm$；

(5) 若 $f(x) = x^5$，则 $f(x)$ 的不定积分是 $\frac{1}{6}x^6 + C$.

2. 填空题

(1) 若 $\int f(x)dx = 2^x + \sin x + C$，则 $f(x) =$ _____.

(2) 若 $f(x)$ 的一个原函数为 $\cos x$，则 $\int f'(x)dx =$ _____.

(3) 若 $\frac{\sin x}{x}$ 是 $f(x)$ 的一个原函数，则 $\int f(x)dx =$ _____, $f'(x) =$ _____.

3. 单选题

(1) 已知 $y' = 3x^2$，且 $x = 1$ 时，$y = 2$. 则 $y = ($ $)$.

A. x^3　　　B. $x^3 + C$　　　C. $x^3 + 1$　　　D. $x^3 + 2$

(2) 若 $f'(x)$ 存在，则 $[\int df(x)]' = ($ $)$.

A. $f(x)$　　　B. $f'(x)$　　　C. $f(x) + C$　　　D. $f'(x) + C$

(3) $\int d\arctan\sqrt{x} = ($ $)$.

A. $\arctan\sqrt{x}$　　B. $\arctan\sqrt{x} + C$　　C. $\frac{1}{1+x}$　　D. $\frac{1}{2\sqrt{x}(1+x)}$

(4) 若 $\frac{2}{3}\ln\cos 2x$ 是 $f(x) = k\tan 2x$ 的一个原函数，则 $k = ($ $)$.

A. $\frac{2}{3}$　　　B. $-\frac{2}{3}$　　　C. $\frac{4}{3}$　　　D. $-\frac{4}{3}$

(5) 设 $f(x)$ 的导函数是 $\sin x$，则 $f(x)$ 的原函数是 ($ $)$.

A. $1 + \sin x$　　B. $1 - \sin x$　　C. $1 + \cos x$　　D. $1 - \cos x$

4. 根据原函数与不定积分的定义证明：

(1) $\int u\sqrt{u^2 - 5}du = \frac{1}{3}(u^2 - 5)^{\frac{3}{2}} + C$；

(2) 函数 $x(\ln x - 1)$ 是函数 $\ln x$ 的一个原函数.

5.2 不定积分的基本公式、直接积分法

5.2.1 基本积分公式表

由不定积分的定义我们知道：求一个函数的不定积分主要是求这个函数的原函数. 怎样求原函数？求原函数要比求导数或微分困难得多，原因在于原函数的定义不像导数那样具有构造性，原函数的定义只告诉我们它是一个函数，其导数刚好等于 $f(x)$，而没有指出怎样由 $f(x)$ 求出它的原函数的具体途径，因此我们只能按照微分法的已知结果进行试探，这就是积分法的困难所在. 为了有效地计算不定积分，必须先掌握一些基本公式，正如在求函数导数时必须掌握基本初等函数的求导公式一样. 由于积分法与微分法互为逆运算，故由导数的基本公式可以得到下面的 13 个基本积分公式.

1. $\int k\,\mathrm{d}x = kx + C$（$k$ 是常数）；

2. $\int x^{\alpha}\,\mathrm{d}x = \dfrac{x^{\alpha+1}}{\alpha+1} + C$（$\alpha \neq -1$）；

3. $\int \dfrac{1}{x}\,\mathrm{d}x = \ln|x| + C$；

4. $\int e^{x}\,\mathrm{d}x = e^{x} + C$；

5. $\int a^{x}\,\mathrm{d}x = \dfrac{a^{x}}{\ln a} + C$（$a > 0, a \neq 1$）；

6. $\int \sin x\,\mathrm{d}x = -\cos x + C$；

7. $\int \cos x\,\mathrm{d}x = \sin x + C$；

8. $\int \sec^{2} x\,\mathrm{d}x = \tan x + C$；

9. $\int \csc^{2} x\,\mathrm{d}x = -\cot x + C$；

10. $\int \sec x \tan x\,\mathrm{d}x = \sec x + C$；

11. $\int \csc x \cot x\,\mathrm{d}x = -\csc x + C$；

12. $\int \dfrac{1}{\sqrt{1-x^{2}}}\,\mathrm{d}x = \arcsin x + C$；

13. $\int \dfrac{1}{1+x^{2}}\,\mathrm{d}x = \arctan x + C$.

5.2.2 直接积分法

利用积分表中的公式和不定积分的性质可直接求一些简单函数的不定积分，这种求不定积分的方法称为直接积分法．它是一种最基础的积分方法．下面通过例题来看看如何用此法求一些函数的不定积分．

例1 求 $\int \dfrac{x^2\sqrt{x}-3x+2\sqrt[3]{x}}{x^2}dx$．

解 $\int \dfrac{x^2\sqrt{x}-3x+2\sqrt[3]{x}}{x^2}dx = \int(\sqrt{x}-\dfrac{3}{x}+2x^{-\frac{5}{3}})dx$

$\qquad\qquad = \dfrac{2}{3}x^{\frac{3}{2}}-3\ln|x|-3x^{-\frac{2}{3}}+C.$

例2 求 $\int(\dfrac{2}{\sqrt{1-x^2}}-4\sin^2 x\csc x)dx$．

解 $\int\left(\dfrac{2}{\sqrt{1-x^2}}-4\sin^2 x\csc x\right)dx = 2\int\dfrac{1}{\sqrt{1-x^2}}dx-4\int\sin x dx$

$\qquad\qquad = 2\arcsin x+4\cos x+C.$

例3 求 $\int(1-3^x)e^x dx$．

解 $\int(1-3^x)e^x dx = \int(e^x-3^x e^x)dx$

$\qquad\qquad = \int e^x dx-\int(3e)^x dx$

$\qquad\qquad = e^x-\dfrac{3^x e^x}{1+\ln 3}+C.$

例4 求 $\int\dfrac{x^4}{1+x^2}dx$．

解 $\int\dfrac{x^4}{1+x^2}dx = \int\dfrac{x^4-1+1}{1+x^2}dx$

$\qquad\qquad = \int(x^2-1+\dfrac{1}{x^2+1})dx$

$\qquad\qquad = \int x^2 dx-\int dx+\int\dfrac{1}{x^2+1}dx$

$\qquad\qquad = \dfrac{x^3}{3}-x+\arctan x+C.$

例5 求 $\int\sin^2\dfrac{x}{2}dx$．

解 $\int\sin^2\dfrac{x}{2}dx = \int\dfrac{1-\cos x}{2}dx$

$\qquad\qquad = \dfrac{1}{2}\int(1-\cos x)dx$

$$= \frac{x}{2} - \frac{\sin x}{2} + C.$$

例 6 求 $\int \csc x(\cot x + 2\csc x)\mathrm{d}x$.

解 $\int \csc x(\cot x + 2\csc x)\mathrm{d}x = \int (\csc x \cot x + 2\csc^2 x)\mathrm{d}x$
$$= -\csc x - 2\cot x + C.$$

例 7 求 $\int \frac{\tan^3 x + \tan^2 x - \tan x - 1}{\tan x + 1}\mathrm{d}x$.

解 $\int \frac{\tan^3 x + \tan^2 x - \tan x - 1}{\tan x + 1}\mathrm{d}x = \int \frac{\tan^2 x(\tan x + 1) - (\tan x + 1)}{\tan x + 1}\mathrm{d}x$
$$= \int (\tan^2 x - 1)\mathrm{d}x$$
$$= \int (\sec^2 x - 2)\mathrm{d}x = \tan x - 2x + C.$$

例 8 某化工厂生产某种产品,每日生产的产品的总成本 y 的变化率(即边际成本)是日产量 x 的函数,且有关系式 $y' = 7 + \frac{25}{\sqrt{x}}$,已知固定成本为 1000 元,求总成本与日产量的函数关系.

解 依题意有 $y = \int \left(7 + \frac{25}{\sqrt{x}}\right)\mathrm{d}x = 7x + 50\sqrt{x} + C$.

因为固定成本为 1000 元,即当 $x = 0$ 时,$y = 1000$,代入得 $C = 1000$,所以总成本 y 与日产量 x 的函数关系为
$$y = 7x + 50\sqrt{x} + 1000.$$

习题 5.2

1. 填空题

(1) $\int x^5 \mathrm{d}x = $ _____;

(2) $\int \frac{1}{x^5} \mathrm{d}x = $ _____;

(3) $\int \frac{1}{\sqrt{x}} \mathrm{d}x = $ _____;

(4) $\int \frac{1}{\sqrt[3]{x}} \mathrm{d}x = $ _____;

(5) $\int \mathrm{e}^{-x} \mathrm{d}x = $ _____;

2. 单选题

(1) $\int \mathrm{e}^{x+1} \mathrm{d}x = ($ $)$.

A. $\mathrm{e}^x + C$ B. $\mathrm{e}^{x+1} + C$ C. $(x+1)\mathrm{e}^x + C$ D. $\mathrm{e}^x + x + C$

(2) $\int 10^t \cdot 3^{2t} \mathrm{d}t = ($ $)$.

A. $90^t + C$ B. $\frac{90^t}{\ln 90} + C$ C. $90^t \ln 90 + C$ D. $10^t + 3^{2t} + C$

(3) $\int \left(\dfrac{1}{\sin^2 x} + \dfrac{1}{\cos^2 x} \right) dx = ($ $)$.

A. $\tan x + \cot x + C$ \hspace{2em} B. $\tan x - \cot x + C$

C. $\dfrac{1}{\sin x} + \dfrac{1}{\cos x} + C$ \hspace{2em} D. $\sec x - \csc x + C$

(4) $\int \tan^2 x dx = ($ $)$.

A. $\dfrac{1}{3}\tan^3 x + C$ \hspace{1em} B. $\tan x - x + C$ \hspace{1em} C. $\tan x + x + C$ \hspace{1em} D. $\tan^2 x - x + C$

(5) $\int (x+1)\sqrt{x} dx = ($ $)$.

A. $\dfrac{1}{3}(x+1)^2 x^{\frac{3}{2}} + C$ \hspace{2em} B. $\dfrac{1}{2}(x+1)^2 + \dfrac{2}{3} x^{\frac{3}{2}} + C$

C. $\dfrac{2}{5} x^2 \sqrt{x} + \dfrac{2}{3} x\sqrt{x} + C$ \hspace{2em} D. $\dfrac{5}{2} x^{\frac{5}{2}} + \dfrac{3}{2} x^{\frac{3}{2}} + C$

3. 计算下列不定积分：

(1) $\int (1-3x^2) dx$; \hspace{4em} (2) $\int \left(\sqrt[3]{x} - \dfrac{1}{\sqrt{x}} \right) dx$;

(3) $\int \left(\sqrt{x} + \dfrac{3}{x} + \dfrac{1}{x^4} \right) dx$; \hspace{2em} (4) $\int \dfrac{(t+1)^3}{t^2} dt$;

(5) $\int \dfrac{x^2}{x^2+1} dx$; \hspace{4em} (6) $\int \dfrac{1+2x^2}{x^2(1+x^2)} dx$;

(7) $\int \dfrac{x^3-27}{x-3} dx$; \hspace{4em} (8) $\int \dfrac{e^{2x}-1}{e^x-1} dx$;

(9) $\int \dfrac{2 \cdot 3^x - 2^x}{3^x} dx$; \hspace{3em} (10) $\int \left(3^x e^x - \dfrac{2}{\sqrt{1-x^2}} + 3\sin x \right) dx$;

(11) $\int e^x \left(1 - \dfrac{e^{-x}}{x} + 2e^{-x} \cos x \right) dx$; \hspace{2em} (12) $\int \cot^2 x dx$;

(13) $\int (e^x + e^{-x})^2 dx$; \hspace{3em} (14) $\int \dfrac{3}{\sqrt{4-4x^2}} dx$;

(15) $\int \cos^2 \dfrac{x}{2} dx$; \hspace{4em} (16) $\int \dfrac{\cos 2x}{\sin x + \cos x} dx$;

(17) $\int \dfrac{\cos 2x}{\sin^2 x \cos^2 x} dx$; \hspace{3em} (18) $\int \dfrac{1+\sin 2x}{\sin x + \cos x} dx$.

5.3 换元积分法

我们已经可以利用基本积分公式和不定积分的性质求出一些函数的不定积分. 但是还有很多函数的不定积分, 即使是简单的积分, 目前还不能求出, 如 $\int \cos 2x dx$, $\int \sqrt{1-x^2} dx$ 等. 因此, 有必要进一步研究求积分的方法. 这里我们来介绍换元积分法. 换元积分法通常分为两类, 第一类是把积分变量 x 作为自变量,

引入中间变量 $u=\varphi(x)$，第二类是把积分变量 x 作为中间变量，引入自变量 t，作变换 $x=\varphi(t)$，从而将复杂的不定积分化为简单的形式，进一步再利用基本积分表及积分性质求出不定积分.

例1 求不定积分 $\int \dfrac{1}{\sqrt{4-x^2}} \mathrm{d}x$.

解法1
$$\int \frac{1}{\sqrt{4-x^2}} \mathrm{d}x = \int \frac{1}{2\sqrt{1-\dfrac{x^2}{4}}} \mathrm{d}x$$
$$= \int \frac{1}{\sqrt{1-\left(\dfrac{x}{2}\right)^2}} \mathrm{d}\left(\frac{x}{2}\right),$$

设 $u=\dfrac{x}{2}$，则
$$原式 = \int \frac{1}{\sqrt{1-u^2}} \mathrm{d}u$$
$$= \arcsin u + C$$
$$= \arcsin \frac{x}{2} + C.$$

解法2 令 $x=2\sin t$，则 $\mathrm{d}x = 2\cos t \mathrm{d}t$ $\left(-\dfrac{\pi}{2}<t<\dfrac{\pi}{2}\right)$，

$$\int \frac{1}{\sqrt{4-x^2}} \mathrm{d}x = \int \frac{1}{\sqrt{4-4\sin^2 t}} 2\cos t \mathrm{d}t$$
$$= \int \frac{1}{2\cos t} 2\cos t \mathrm{d}t$$
$$= \int \mathrm{d}t = t+C = \arcsin \frac{x}{2}+C.$$

两种解法都得到了同样的结果.

从这两种解法不难看到它们的区别. 解法一是凑出中间变量 $\dfrac{x}{2}$，引入中间变量 $u=\dfrac{x}{2}$ 把积分化为基本积分表中的积分，此方法称为第一类换元积分法，又称为凑微分法. 解法二是直接利用代换 $x=2\sin t$ 把积分化为简单的积分，此方法称为第二类换元积分法.

5.3.1 第一类换元积分法

定理 1 设 $\int f(u)\mathrm{d}u = F(u)+C$,且 $u=\varphi(x)$ 是可微函数,则
$$\int f(\varphi(x))\varphi'(x)\mathrm{d}x = \int f(\varphi(x))\mathrm{d}\varphi(x) = \int f(u)\mathrm{d}u$$
$$= F(u)+C = F(\varphi(x))+C.$$

证 因为 $F'(u)=f(u)$,所以由复合函数求导法则有
$$[F(\varphi(x))]' = F'(\varphi(x))\varphi'(x) = f(\varphi(x))\varphi'(x),$$

所以
$$\int f(\varphi(x))\varphi'(x)\mathrm{d}x = F(\varphi(x))+C.$$

此方法也称凑微分法,它需要利用基本积分表中的积分公式把被积函数中的一部分凑成中间变量的微分. 常用的凑微分形式如下.

1. $\mathrm{d}x = \dfrac{1}{a}\mathrm{d}(ax+b)$;

2. $x^{n-1}\mathrm{d}x = \dfrac{1}{n}\mathrm{d}x^n$;

3. $e^x\mathrm{d}x = \mathrm{d}e^x$;

4. $\dfrac{1}{x}\mathrm{d}x = \mathrm{d}\ln x \ (x>0)$;

5. $a^x\mathrm{d}x = \dfrac{1}{\ln a}\mathrm{d}a^x$;

6. $\cos x\mathrm{d}x = \mathrm{d}\sin x$;

7. $\sin x\mathrm{d}x = -\mathrm{d}\cos x$;

8. $\dfrac{1}{\cos^2 x}\mathrm{d}x = \sec^2 x\mathrm{d}x = \mathrm{d}(\tan x)$;

9. $\dfrac{1}{\sin^2 x}\mathrm{d}x = \csc^2 x\mathrm{d}x = -\mathrm{d}(\cot x)$;

10. $\dfrac{1}{\sqrt{1-x^2}}\mathrm{d}x = \mathrm{d}\arcsin x$;

11. $\dfrac{1}{1+x^2}\mathrm{d}x = \mathrm{d}\arctan x$;

12. $\dfrac{1}{x^2}\mathrm{d}x = -\mathrm{d}\left(\dfrac{1}{x}\right)$;

13. $\dfrac{1}{\sqrt{x}}\mathrm{d}x = 2\mathrm{d}(\sqrt{x})$.

下面我们通过例子来学习如何用凑微分法求函数的不定积分.

例 2 求 $\int (2x+5)^{50} dx$.

解 $\int (2x+5)^{50} dx = \dfrac{1}{2} \int (2x+5)^{50} d(2x+5)$

$\qquad\qquad\qquad = \dfrac{1}{102}(2x+5)^{51} + C$.

例 3 求 $\int x\sqrt{1-x^2} dx$

解 $\int x\sqrt{1-x^2} dx = -\dfrac{1}{2}\int \sqrt{1-x^2} d(1-x^2)$

$\qquad\qquad\qquad = -\dfrac{1}{3}(1-x^2)^{\frac{3}{2}} + C$.

例 4 求 $\int xe^{x^2} dx$.

解 $\int xe^{x^2} dx = \dfrac{1}{2}\int e^{x^2} dx^2 = \dfrac{1}{2} e^{x^2} + C$.

例 5 求 $\int \dfrac{\cos\dfrac{1}{x}}{x^2} dx$.

解 $\int \dfrac{\cos\dfrac{1}{x}}{x^2} dx = \int \cos\dfrac{1}{x} d\left(-\dfrac{1}{x}\right)$

$\qquad\qquad = -\int \cos\dfrac{1}{x} d\dfrac{1}{x}$

$\qquad\qquad = -\sin\dfrac{1}{x} + C$.

例 6 求 $\int \tan x dx$.

解 $\int \tan x dx = \int \dfrac{\sin x}{\cos x} dx$

$\qquad\qquad = -\int \dfrac{d(\cos x)}{\cos x}$

$\qquad\qquad = -\ln|\cos x| + C$.

不难求得

$$\int \cot x dx = \ln|\sin x| + C.$$

例 7 求 $\int \csc x dx$.

解 $\int \csc x dx = \int \dfrac{dx}{\sin x}$

$$= \int \frac{dx}{2\sin\frac{x}{2}\cos\frac{x}{2}}$$

$$= \int \frac{d\frac{x}{2}}{\tan\frac{x}{2}\cos^2\frac{x}{2}}$$

$$= \int \frac{d\tan\frac{x}{2}}{\tan\frac{x}{2}}$$

$$= \ln\left|\tan\frac{x}{2}\right| + C.$$

因为 $\tan\dfrac{x}{2} = \dfrac{\sin\frac{x}{2}}{\cos\frac{x}{2}} = \dfrac{2\sin^2\frac{x}{2}}{\sin x} = \dfrac{1-\cos x}{\sin x} = \csc x - \cot x$ 所以上述不定积分又可表为

$$\int \csc x\, dx = \ln|\csc x - \cot x| + C.$$

由于 $\cos x = \sin\left(x + \dfrac{\pi}{2}\right)$，可得

$$\int \sec x\, dx = \int \frac{1}{\cos x}\, dx = \ln|\sec x + \tan x| + C.$$

例 8 求 $\int \left(\sin x \cos x + \dfrac{\cos\sqrt{x}}{\sqrt{x}}\right) dx$.

解 $\int \left(\sin x \cos x + \dfrac{\cos\sqrt{x}}{\sqrt{x}}\right) dx = \dfrac{1}{2}\int \sin 2x\, dx + 2\int \cos\sqrt{x}\, d\sqrt{x}$

$$= \dfrac{1}{4}\int \sin 2x\, d2x + 2\int \cos\sqrt{x}\, d\sqrt{x}$$

$$= -\dfrac{1}{4}\cos 2x + 2\sin\sqrt{x} + C.$$

例 9 求 $\int \left(e^{\arctan x}\dfrac{1}{1+x^2} + \dfrac{2}{\sqrt{1-x^2}}\arcsin x\right) dx$.

解 $\int \left(e^{\arctan x}\dfrac{1}{1+x^2} + \dfrac{2}{\sqrt{1-x^2}}\arcsin x\right) dx$

$$= \int e^{\arctan x}\, d\arctan x + 2\int \arcsin x\, d\arcsin x$$

$$= e^{\arctan x} + (\arcsin x)^2 + C.$$

例 10 求 $\int \dfrac{1}{x^2 + a^2} dx$.

解 $\displaystyle\int \dfrac{1}{x^2 + a^2} dx = \dfrac{1}{a^2} \int \dfrac{1}{1 + \dfrac{x^2}{a^2}} dx$

$$= \dfrac{1}{a} \int \dfrac{1}{1 + \left(\dfrac{x}{a}\right)^2} d\left(\dfrac{x}{a}\right)$$

$$= \dfrac{1}{a} \arctan \dfrac{x}{a} + C.$$

还可以求出 $\displaystyle\int \dfrac{1}{\sqrt{a^2 - x^2}} dx = \arcsin \dfrac{x}{a} + C \ (a > 0)$.

例 11 求 $\displaystyle\int \dfrac{dx}{a^2 - x^2}$.

解 $\displaystyle\int \dfrac{dx}{a^2 - x^2} = \int \dfrac{1}{2a} \left(\dfrac{1}{a - x} + \dfrac{1}{a + x}\right) dx$

$$= \dfrac{1}{2a} \left(\int \dfrac{1}{a - x} dx + \int \dfrac{1}{a + x} dx\right)$$

$$= \dfrac{1}{2a} \left(\int \dfrac{-d(a - x)}{a - x} + \int \dfrac{d(a + x)}{a + x}\right)$$

$$= \dfrac{1}{2a} (\ln|a + x| - \ln|a - x|) + C$$

$$= \dfrac{1}{2a} \ln \left|\dfrac{a + x}{a - x}\right| + C.$$

例 12 求 $\int \cos^2 x dx$.

解 $\displaystyle\int \cos^2 x dx = \int \dfrac{1 + \cos 2x}{2} dx$

$$= \dfrac{1}{2} \left(\int dx + \int \cos 2x dx\right)$$

$$= \dfrac{1}{2} \int dx + \dfrac{1}{4} \int \cos 2x d2x = \dfrac{1}{2} x + \dfrac{1}{4} \sin 2x + C.$$

例 13 求 $\int \sin^3 x dx$.

解 $\displaystyle\int \sin^3 x dx = \int \sin^2 x \cdot \sin x dx$

$$= -\int \sin^2 x d\cos x$$

$$= -\int (1-\cos^2 x)\,d\cos x$$
$$= -\cos x + \frac{1}{3}\cos^3 x + C.$$

例 14 求 $\int \cos^3 x \sin^2 x\,dx$.

解 $\int \cos^3 x \sin^2 x\,dx = \int \cos^2 x \sin^2 x\,d\sin x$
$$= \int (1-\sin^2 x)\sin^2 x\,d\sin x$$
$$= \int (\sin^2 x - \sin^4 x)\,d\sin x$$
$$= \frac{1}{3}\sin^3 x - \frac{1}{5}\sin^5 x + C.$$

例 15 求 $\int \sin 3x \sin 5x\,dx$.

解 $\int \sin 3x \sin 5x\,dx = \int -\frac{1}{2}(\cos 8x - \cos 2x)\,dx$
$$= \frac{1}{2}\int \cos 2x\,dx - \frac{1}{2}\int \cos 8x\,dx$$
$$= \frac{1}{4}\int \cos 2x\,d2x - \frac{1}{16}\int \cos 8x\,d8x$$
$$= \frac{1}{4}\sin 2x - \frac{1}{16}\sin 8x + C.$$

5.3.2 第二类换元积分法

有些积分用第一类换元积分法很难求出. 如 $\int \sqrt{1-x^2}\,dx$ 等,我们可以通过变量替换令 $x = \varphi(t)$ 求出不定积分. 这种积分方法称为第二类换元积分法.

关于第二类换元换元法有下面定理:

定理 2 设 $x = \varphi(t)$ 是单调可微函数,且 $\varphi'(t) \neq 0$,若

$$\int f(\varphi(t))\varphi'(t)\,dt = F(t) + C,$$

则

$$\int f(x)\,dx = \int f(\varphi(t))\varphi'(t)\,dt = F(t) + C \xrightarrow{t=\varphi^{-1}(x)} F[\varphi^{-1}(x)] + C,$$

其中 $t = \varphi^{-1}(x)$ 为 $x = \varphi(t)$ 的反函数.

第二类换元法中常见的有**根式代换法**、**三角代换法**和**倒代换法**三种.

1. 根式代换法 如果被积函数含有 $\sqrt[n]{ax+b}$ 或 $\sqrt[n]{\dfrac{ax+b}{cx+d}}$ $\left(\dfrac{a}{c} \neq \dfrac{b}{d}\right)$ 时,我们可以通过根式代换法,将原积分化为有理函数的积分计算.

例 16 求 $\int \dfrac{1}{1+\sqrt[3]{x+2}} \mathrm{d}x$.

解 设 $t=\sqrt[3]{x+2}$，则 $x=t^3-2$，$\mathrm{d}x=3t^2\mathrm{d}t$，代入得

$$\int \dfrac{1}{1+\sqrt[3]{x+2}} \mathrm{d}x = \int \dfrac{3t^2 \mathrm{d}t}{1+t}$$

$$= 3\int \dfrac{t^2-1+1}{1+t} \mathrm{d}t$$

$$= 3\int \left[(t-1) + \dfrac{1}{1+t}\right] \mathrm{d}t$$

$$= \dfrac{3}{2}(t-1)^2 + 3\ln|t+1| + C,$$

将 $t=\sqrt[3]{x+2}$ 回代得

$$\int \dfrac{1}{1+\sqrt[3]{x+2}} \mathrm{d}x = \dfrac{3}{2}(\sqrt[3]{x+2}-1)^2 + 3\ln|\sqrt[3]{x+2}+1| + C.$$

例 17 求 $\int \dfrac{1}{\sqrt{x}+\sqrt[4]{x}} \mathrm{d}x$.

解 设 $t=\sqrt[4]{x}$，则 $x=t^4$，$\mathrm{d}x=4t^3\mathrm{d}t$，代入得

$$\int \dfrac{1}{\sqrt{x}+\sqrt[4]{x}} \mathrm{d}x = \int \dfrac{4t^3 \mathrm{d}t}{t^2+t}$$

$$= 4\int \dfrac{t^2-1+1}{t+1} \mathrm{d}t$$

$$= 4\int \left(t-1+\dfrac{1}{t+1}\right) \mathrm{d}t$$

$$= 2t^2 - 4t + 4\ln|t+1| + C$$

$$= 2\sqrt{x} - 4\sqrt[4]{x} + 4\ln\left|\sqrt[4]{x}+1\right| + C.$$

例 18 求 $\int \dfrac{1}{\sqrt{x}(1+x)} \mathrm{d}x$.

解法 1 设 $t=\sqrt{x}$，则 $x=t^2$，$\mathrm{d}x=2t\mathrm{d}t$，于是

$$\int \dfrac{1}{\sqrt{x}(1+x)} \mathrm{d}x = \int \dfrac{2t \mathrm{d}t}{t(1+t^2)}$$

$$= 2\int \dfrac{1}{1+t^2} \mathrm{d}t$$

$$= 2\arctan t + C$$

$$= 2\arctan \sqrt{x} + C.$$

解法 2 凑微分法

由于 $\dfrac{1}{\sqrt{x}}\mathrm{d}x=\mathrm{d}(2\sqrt{x})=2\mathrm{d}(\sqrt{x}),1+x=1+(\sqrt{x})^2$，所以

$$\int\dfrac{\mathrm{d}x}{\sqrt{x}(1+x)}=\int\dfrac{2\mathrm{d}\sqrt{x}}{1+(\sqrt{x})^2}=2\arctan\sqrt{x}+C.$$

2. 三角换代法 有些特殊的二次根式，为了消除根号，通常利用三角函数关系式来换元，一般的作法是：

若被积函数中含有 $\sqrt{a^2-x^2}\,(a>0)$，则设 $x=a\sin t$，$\left(-\dfrac{\pi}{2}<t<\dfrac{\pi}{2}\right)$，此时 $\sqrt{a^2-x^2}=a\cos t$.

若被积函数中含有 $\sqrt{a^2+x^2}\,(a>0)$，则设 $x=a\tan t$，$\left(-\dfrac{\pi}{2}<t<\dfrac{\pi}{2}\right)$，此时 $\sqrt{a^2+x^2}=a\sec t$.

若被积函数中含有 $\sqrt{x^2-a^2}\,(a>0)$，则设 $x=a\sec t$，$\left(0<t<\dfrac{\pi}{2}\right)$，此时 $\sqrt{x^2-a^2}=a\tan t$.

例 19 求 $\int\sqrt{a^2-x^2}\,\mathrm{d}x\,(a>0)$.

解 设 $x=a\sin t\left(-\dfrac{\pi}{2}<t<\dfrac{\pi}{2}\right)$，则 $\mathrm{d}x=a\cos t\,\mathrm{d}t$，代入得

$$\begin{aligned}\int\sqrt{a^2-x^2}\,\mathrm{d}x&=\int\sqrt{a^2-a^2\sin^2 t}\cdot a\cos t\,\mathrm{d}t\\&=a^2\int\cos^2 t\,\mathrm{d}t\\&=a^2\int\dfrac{1+\cos 2t}{2}\mathrm{d}t\\&=\dfrac{a^2}{2}\left(t+\dfrac{1}{2}\sin 2t\right)+C\\&=\dfrac{a^2}{2}(t+\sin t\cos t)+C.\end{aligned}$$

为了把变量 t 还原为变量 x，由原假设的变式 $\sin t=\dfrac{x}{a}$，构造直角三角形（见图 5-2），得 $\cos t=\dfrac{\sqrt{a^2-x^2}}{a}$，代入有

$$\begin{aligned}\int\sqrt{a^2-x^2}\,\mathrm{d}x&=\dfrac{a^2}{2}(t+\sin t\cos t)+C\\&=\dfrac{a^2}{2}\left(\arcsin\dfrac{x}{a}+\dfrac{x}{a}\dfrac{\sqrt{a^2-x^2}}{a}\right)+C\end{aligned}$$

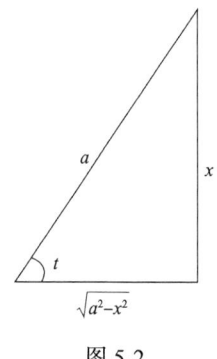

图 5-2

$$= \frac{a^2}{2}\arcsin\frac{x}{a} + \frac{x}{2}\sqrt{a^2-x^2} + C.$$

例 20　求 $\displaystyle\int \frac{\mathrm{d}x}{(1-x^2)^{\frac{3}{2}}}$.

解　设 $x = \sin t$ $\left(-\dfrac{\pi}{2} < t < \dfrac{\pi}{2}\right)$，则 $\mathrm{d}x = \cos t\,\mathrm{d}t$，于是

$$\int \frac{\mathrm{d}x}{(1-x^2)^{\frac{3}{2}}} = \int \frac{\cos t\,\mathrm{d}t}{(1-\sin^2 t)^{\frac{3}{2}}}$$

$$= \int \frac{\cos t}{\cos^3 t}\mathrm{d}t$$

$$= \int \frac{1}{\cos^2 t}\mathrm{d}t$$

$$= \tan t + C,$$

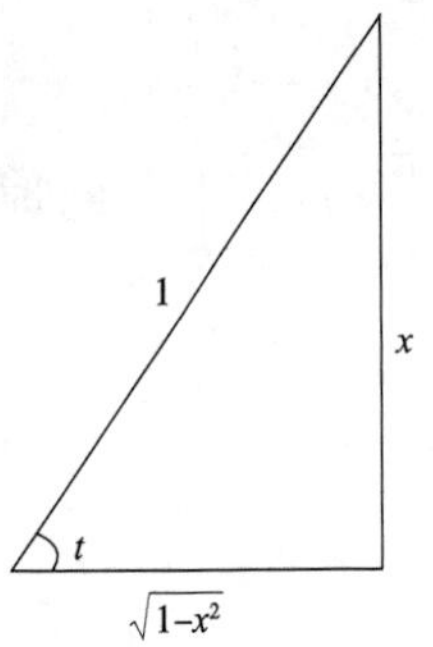

由 $x = \sin t$，构造直角三角形（见图 5-3），可得 $\tan t = \dfrac{x}{\sqrt{1-x^2}}$，

图 5-3

所以

$$\int \frac{\mathrm{d}x}{(1-x^2)^{\frac{3}{2}}} = \frac{x}{\sqrt{1-x^2}} + C.$$

例 21　求 $\displaystyle\int \frac{\mathrm{d}x}{\sqrt{a^2+x^2}}$ $(a > 0)$.

解　设 $x = a\tan t$ $\left(-\dfrac{\pi}{2} < t < \dfrac{\pi}{2}\right)$，则 $\mathrm{d}x = a\sec^2 t\,\mathrm{d}t$，于是

$$\int \frac{\mathrm{d}x}{\sqrt{a^2+x^2}} = \int \frac{a\sec^2 t\,\mathrm{d}t}{\sqrt{a^2+a^2\tan^2 t}}$$

$$= \int \frac{a\sec^2 t\,\mathrm{d}t}{\sqrt{a^2(1+\tan^2 t)}}$$

$$= \int \frac{a\sec^2 t\,\mathrm{d}t}{a\sec t}$$

$$= \int \sec t\,\mathrm{d}t = \ln|\tan t + \sec t| + C_1.$$

根据 $\tan t = \dfrac{x}{a}$，构造直角三角形（见图 5-4），得

$\sec t = \dfrac{\sqrt{a^2+x^2}}{a}$，所以

$$\int \frac{\mathrm{d}x}{\sqrt{a^2+x^2}} = \ln\left|\frac{x}{a} + \frac{\sqrt{a^2+x^2}}{a}\right| + C_1$$

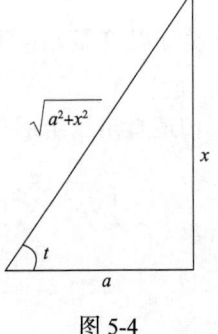

图 5-4

$$= \ln\left|x + \sqrt{a^2 + x^2}\right| - \ln a + C_1$$
$$= \ln\left|x + \sqrt{a^2 + x^2}\right| + C \ (C = C_1 - \ln a).$$

例 22 求 $\int \dfrac{dx}{\sqrt{9 + x^2}}$

解 设 $x = 3\tan t \ \left(-\dfrac{\pi}{2} < t < \dfrac{\pi}{2}\right)$,则 $dx = 3\sec^2 t\, dt$,代入得

$$\int \frac{dx}{\sqrt{9 + x^2}} = \int \frac{3\sec^2 t\, dt}{\sqrt{9 + 9\tan^2 t}}$$
$$= \int \frac{3\sec^2 t\, dt}{\sqrt{9\sec^2 t}}$$
$$= \int \sec t\, dt = \ln\left|\tan t + \sec t\right| + C_1,$$

根据 $\tan t = \dfrac{x}{3}$ 构造直角三角形(见图 5-5),得 $\sec t = \dfrac{\sqrt{9 + x^2}}{3}$,于是

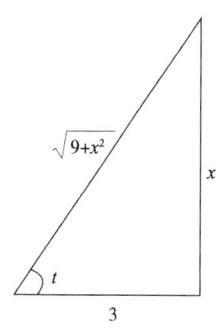

图 5-5

$$\int \frac{dx}{\sqrt{9 + x^2}} = \ln\left|\frac{\sqrt{9 + x^2}}{3} + \frac{x}{3}\right| + C_1$$
$$= \ln\left|x + \sqrt{9 + x^2}\right| + C \ (C = C_1 - \ln 3).$$

例 23 求 $\int \dfrac{dx}{\sqrt{x^2 - a^2}} \ (a > 0)$.

解 设 $x = a\sec t \ \left(0 < t < \dfrac{\pi}{2}\right)$,则 $dx = a\sec t \tan t\, dt$,于是

$$\int \frac{dx}{\sqrt{x^2 - a^2}} = \int \frac{a\sec t \tan t\, dt}{\sqrt{a^2(\sec^2 t - 1)}}$$
$$= \int \frac{a\sec t \tan t\, dt}{a\tan t}$$
$$= \int \sec t\, dt$$
$$= \ln\left|\sec t + \tan t\right| + C_1.$$

由 $x = a\sec t$ 构造的直角三角形(见图 5-6),

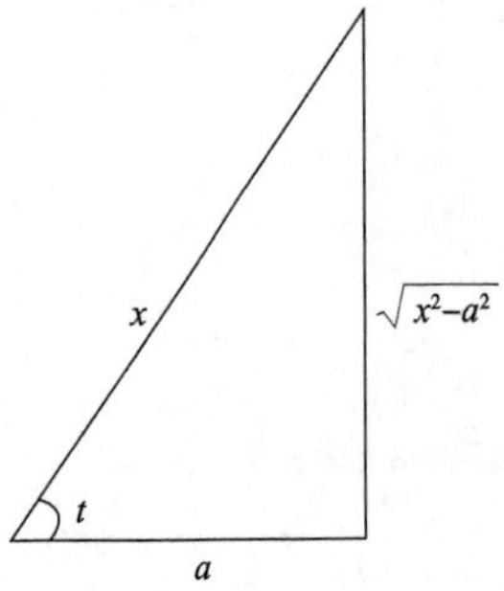

有 $\tan t = \dfrac{\sqrt{x^2-a^2}}{a}$ 代入上式得

$$\int \dfrac{\mathrm{d}x}{\sqrt{x^2-a^2}} = \int \sec t\, \mathrm{d}t = \ln|\sec t + \tan t| + C_1$$

$$= \ln\left|\dfrac{x}{a} + \dfrac{\sqrt{x^2-a^2}}{a}\right| + C_1$$

$$= \ln\left|x + \sqrt{x^2-a^2}\right| + C \quad (C = C_1 - \ln a).$$

图 5-6

例 24 求 $\displaystyle\int \dfrac{\mathrm{d}x}{x^2\sqrt{x^2-9}}$.

解 设 $x = 3\sec t\ \left(0 < t < \dfrac{\pi}{2}\right)$，则 $\mathrm{d}x = 3\sec t \tan t\, \mathrm{d}t$,

$$\int \dfrac{\mathrm{d}x}{x^2\sqrt{x^2-9}} = \int \dfrac{3\sec t \cdot \tan t\, \mathrm{d}t}{9\sec^2 t\sqrt{9\sec^2 t - 9}}$$

$$= \int \dfrac{3\sec t \cdot \tan t}{9\sec^2 t \cdot 3\tan t}\, \mathrm{d}t$$

$$= \dfrac{1}{9}\int \dfrac{1}{\sec t}\, \mathrm{d}t$$

$$= \dfrac{1}{9}\int \cos t\, \mathrm{d}t$$

$$= \dfrac{1}{9}\sin t + C,$$

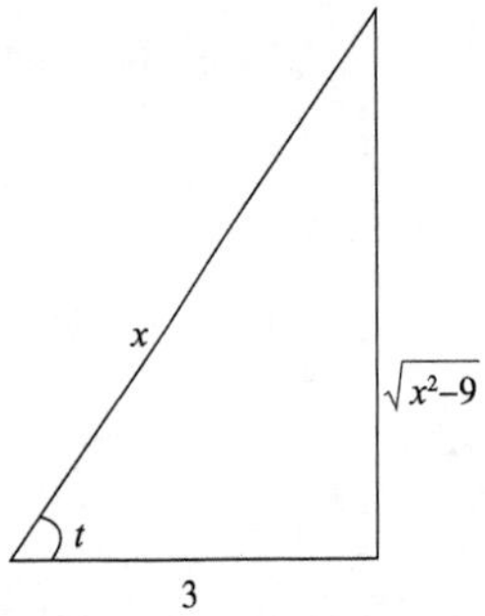

由 $x = 3\sec t$，构造的直角三角形（见图 5-7），得 $\sin t = \dfrac{\sqrt{x^2-9}}{x}$，故

图 5-7

$$\int \dfrac{\mathrm{d}x}{x^2\sqrt{x^2-9}} = \dfrac{\sqrt{x^2-9}}{9x} + C.$$

例 25 求 $\displaystyle\int \dfrac{\mathrm{d}x}{x^2\sqrt{1+x^2}}$.

解法 1 用第一类换元积分法，当 $x > 0$ 时，

$$\int \dfrac{\mathrm{d}x}{x^2\sqrt{1+x^2}} = \int \dfrac{\mathrm{d}x}{x^3\sqrt{\dfrac{1}{x^2}+1}}$$

$$= -\dfrac{1}{2}\int \dfrac{1}{\sqrt{1+\dfrac{1}{x^2}}}\, \mathrm{d}\left(\dfrac{1}{x^2}\right)$$

$$= -\frac{1}{2}\int \frac{dx}{\sqrt{1+\frac{1}{x^2}}} d\left(1+\frac{1}{x^2}\right)$$

$$= -\sqrt{1+\frac{1}{x^2}} + C$$

$$= -\frac{\sqrt{1+x^2}}{x} + C.$$

易验证，它也是 $x < 0$ 时的原函数.

解法 2 用第二类换元积分法，当 $x > 0$ 时，设 $x = \frac{1}{t}$，则 $dx = -\frac{1}{t^2}dt$，于是

$$\int \frac{dx}{x^2\sqrt{1+x^2}} = -\int \frac{tdt}{\sqrt{1+t^2}}$$

$$= -\frac{1}{2}\int \frac{1}{\sqrt{1+t^2}} d(1+t^2)$$

$$= -\sqrt{1+t^2} + C$$

$$= -\frac{\sqrt{1+x^2}}{x} + C.$$

易验证，它也是 $x < 0$ 时的原函数.

解法 3 将两种换元法结合起来，设 $x = \tan t \left(-\frac{\pi}{2} < t < \frac{\pi}{2}\right)$，$dx = \sec^2 t dt$

$$\int \frac{dx}{x^2\sqrt{1+x^2}} = \int \frac{\sec^2 t dt}{\tan^2 t \sec t} = \int \frac{\sec t dt}{\tan^2 t}$$

$$= \int \frac{\cos t dt}{\sin^2 t} = \int \frac{d\sin t}{\sin^2 t}$$

$$= -\frac{1}{\sin t} + C = -\frac{\sqrt{1+x^2}}{x} + C.$$

3. 倒代换法 所谓倒代换，即设 $x = \frac{1}{t}$ 或 $t = \frac{1}{x}$，一般的若被积函数是分式，分子、分母关于 x 的最高次幂分别是 m, n，当 $n - m > 1$ 时，可使用倒代换法.

例 26 求 $\int \frac{dx}{x(2+x^7)}$.

解 设 $x = \frac{1}{t}$，则 $dx = -\frac{1}{t^2}dt$. 代入得

$$\int \frac{dx}{x(2+x^7)} = \int \frac{-\frac{1}{t^2}dt}{\frac{1}{t}\left(2+\frac{1}{t^7}\right)}$$

$$= -\int \frac{t^6}{2t^7+1} dt$$

$$= -\frac{1}{14} \int \frac{d(2t^7+1)}{2t^7+1}$$

$$= -\frac{1}{14} \ln|2t^7+1| + C$$

$$= -\frac{1}{14} \ln\left|\frac{2}{x^7}+1\right| + C.$$

有几个积分是以后经常会遇到的,包括本节前面的几个例题,它们通常也被当作公式使用,这样,常用的积分公式,除了 5.2 节中的基本积分公式外,再添加下面几个公式(其中常数 $a > 0$).

14. $\int \tan x \, dx = -\ln|\cos x| + C$;

15. $\int \cot x \, dx = \ln|\sin x| + C$;

16. $\int \sec x \, dx = \ln|\sec x + \tan x| + C$;

17. $\int \csc x \, dx = \ln|\csc x - \cot x| + C$;

18. $\int \frac{1}{x^2+a^2} dx = \frac{1}{a} \arctan \frac{x}{a} + C$;

19. $\int \frac{1}{a^2-x^2} dx = \frac{1}{2a} \ln\left|\frac{x+a}{x-a}\right| + C$;

20. $\int \frac{dx}{\sqrt{a^2-x^2}} = \arcsin \frac{x}{a} + C$;

21. $\int \frac{dx}{\sqrt{x^2-a^2}} = \ln\left|x + \sqrt{x^2-a^2}\right| + C$;

22. $\int \frac{dx}{\sqrt{x^2+a^2}} = \ln(x + \sqrt{x^2+a^2}) + C$.

例 27 求 $\int \frac{dx}{x^2+2x+3}$.

解 $\int \frac{dx}{x^2+2x+3} = \int \frac{d(x+1)}{(x+1)^2+(\sqrt{2})^2}$,

由公式 18 便得

$$\int \frac{d(x+1)}{(x+1)^2+(\sqrt{2})^2} = \frac{1}{\sqrt{2}} \arctan \frac{x+1}{\sqrt{2}} + C.$$

习题 5.3

1. 填空题

(1) $x\mathrm{d}x = \mathrm{d}$ _____ ;

(2) $x^3\mathrm{d}x = \mathrm{d}$ _____ ;

(3) $x^n\mathrm{d}x = \mathrm{d}$ _____ ;

(4) $\dfrac{1}{x^2}\mathrm{d}x = \mathrm{d}$ _____ ;

(5) $\dfrac{1}{x}\mathrm{d}x = \mathrm{d}$ _____ ;

(6) $\dfrac{1}{\cos^2 x}\mathrm{d}x = \mathrm{d}$ _____ ;

(7) $\sec x \tan x \mathrm{d}x = \mathrm{d}$ _____ ;

(8) $\sin \dfrac{3}{2}x \mathrm{d}x = \mathrm{d}$ _____ ;

(9) $\mathrm{e}^{2x}\mathrm{d}x = \mathrm{d}$ _____ ;

(10) $\mathrm{e}^{\frac{x}{2}}\mathrm{d}x = \mathrm{d}$ _____ ;

(11) $\dfrac{1}{\sqrt{1-x^2}}\mathrm{d}x = \mathrm{d}$ _____ ;

(12) $\dfrac{1}{1+4x^2}\mathrm{d}x = \mathrm{d}$ _____ .

2. 单选题

(1) 设 $f'(\ln x) = 1+x$ ，则 $f(x) = (\quad)$.

A. $x+\mathrm{e}^x +C$
B. $\mathrm{e}^x + \dfrac{1}{2}x^2 +C$
C. $\ln x + \dfrac{1}{2}(\ln x)^2 +C$
D. $\mathrm{e}^x + \dfrac{1}{2}\mathrm{e}^{2x} +C$

(2) 若 $\int f(x)\mathrm{d}x = x^2 + C$ ，则 $\int x f(1-x^2)\mathrm{d}x = (\quad)$.

A. $2(1-x^2)^2 +C$
B. $-2(1-x^2)^2 +C$
C. $\dfrac{1}{2}(1-x^2)^2 +C$
D. $-\dfrac{1}{2}(1-x^2)^2 +C$

(3) 设 $f(x) = \mathrm{e}^{-x}$ ，则 $\int \dfrac{f'(\ln x)}{x}\mathrm{d}x = (\quad)$.

A. $-\dfrac{1}{x}+C$
B. $-\ln x +C$
C. $\dfrac{1}{x}+C$
D. $\ln x +C$

(4) $\int x(x+1)^{10}\mathrm{d}x = (\quad)$.

A. $\dfrac{1}{11}(x+1)^{11}+C$

B. $\dfrac{1}{2}x^2 + \dfrac{1}{11}(x+1)^{11}+C$

C. $\dfrac{1}{12}(x+1)^{12} - \dfrac{1}{11}(x+1)^{11}+C$

D. $\dfrac{1}{12}(x+1)^{12} + \dfrac{1}{11}(x+1)^{11}+C$

(5) $\int x f(x^2) f'(x^2)\mathrm{d}x = (\quad)$.

A. $\dfrac{1}{2}f(x^2)+C$
B. $\dfrac{1}{2}f^2(x^2)+C$
C. $\dfrac{1}{4}f^2(x^2)+C$
D. $\dfrac{1}{4}x^2 f^2(x^2)+C$

3. 用第一类换元法计算下列不定积分.

(1) $\int (3x-2)^{20}\mathrm{d}x$ ；

(2) $\int \dfrac{2x\mathrm{d}x}{1+x^2}$ ；

(3) $\int \dfrac{3x^3}{1-x^4}\mathrm{d}x$ ；

(4) $\int \mathrm{e}^{1-2x}\mathrm{d}x$ ；

(5) $\int (x-1)\mathrm{e}^{x^2-2x+2}\mathrm{d}x$ ；

(6) $\int \dfrac{\mathrm{e}^x}{4+\mathrm{e}^x}\mathrm{d}x$ ；

(7) $\int \dfrac{1}{1-2x} dx$;

(8) $\int x^2 \sqrt{1-x^3} dx$;

(9) $\int \dfrac{1}{\sqrt[3]{2-3x}} dx$;

(10) $\int \dfrac{1}{x^2-4x+6} dx$;

(11) $\int \dfrac{1}{4+9x^2} dx$;

(12) $\int \dfrac{1}{e^x-1} dx$;

(13) $\int \dfrac{e^{3\sqrt{x}}}{\sqrt{x}} dx$;

(14) $\int x^3 e^{x^4} dx$;

(15) $\int \dfrac{1}{e^x+e^{-x}} dx$;

(16) $\int \dfrac{1}{\sqrt{e^{2x}-1}} dx$;

(17) $\int \dfrac{1+\ln x}{x \ln x} dx$;

(18) $\int \dfrac{1}{x \ln x \ln \ln x} dx$;

(19) $\int \dfrac{1}{(\arcsin x)^3 \sqrt{1-x^2}} dx$;

(20) $\int \dfrac{x \sin \sqrt{1+x^2}}{\sqrt{1+x^2}} dx$;

(21) $\int \cos\left(\dfrac{2}{3}x-5\right) dx$;

(22) $\int \left(\tan 2x + \cot \dfrac{x}{2}\right) dx$;

(23) $\int \dfrac{\sin x}{\cos^3 x} dx$;

(24) $\int \sin^2 x\, dx$;

(25) $\int \tan^3 x \sec x\, dx$;

(26) $\int \sin^2 x \cos^5 x\, dx$;

(27) $\int \dfrac{1+\cos x}{x+\sin x} dx$;

(28) $\int \dfrac{\sin x + \cos x}{\sqrt{\sin x - \cos x}} dx$;

(29) $\int \dfrac{\ln \tan x}{\cos x \sin x} dx$;

(30) $\int \dfrac{\arctan \sqrt{x}}{\sqrt{x}(1+x)} dx$.

4. 用第二类换元法计算下列不定积分：

(1) $\int \dfrac{\sqrt{x}}{1+x} dx$;

(2) $\int \dfrac{dx}{\sqrt{2x-3}+1}$;

(3) $\int \dfrac{x}{\sqrt[4]{3x+1}} dx$;

(4) $\int \dfrac{1}{(1+\sqrt[3]{x})\sqrt{x}} dx$;

(5) $\int \dfrac{1}{1+\sqrt{x}} dx$;

(6) $\int \dfrac{1}{\sqrt[3]{x+1}+1} dx$;

(7) $\int \dfrac{1}{(1+x^2)^2} dx$;

(8) $\int \dfrac{\sqrt{a^2-x^2}}{x^4} dx\, (a>0)$;

(9) $\int \dfrac{x^2}{\sqrt{1-x^2}} dx$;

(10) $\int \dfrac{1}{\sqrt{9x^2-4}} dx$;

(11) $\int \dfrac{1}{\sqrt{(x^2+1)^3}} dx$;

(12) $\int \dfrac{\sqrt{x^2-9}}{x^2} dx$;

(13) $\int x^3 \sqrt{1-x^2}\, dx$;

(14) $\int \dfrac{1+x}{\sqrt{9-4x^2}} dx$;

(15) $\int \dfrac{1}{1+\sqrt{1-x^2}} dx$;

(16) $\int \dfrac{1}{x(x^6+4)} dx$;

5.4 分部积分法

现在我们利用两个函数乘积的求导法则,来推得另一个求积分的基本公式——分部积分公式.

设函数 $u=u(x)$ 及 $v=v(x)$ 具有连续导数,由积的求导法则
$$[u(x)v(x)]' = u'(x)v(x) + u(x)v'(x),\ 有$$
$$u(x)v'(x) = [u(x)v(x)]' - u'(x)v(x),$$
两边求不定积分,得
$$\int u(x)v'(x)dx = u(x)v(x) - \int u'(x)v(x)dx,$$
为简便起见,也可以把此式写成下面形式
$$\int uv'dx = uv - \int vu'dx \quad 或 \quad \int udv = uv - \int vdu.$$

这就是分部积分公式. 用此公式计算不定积分的方法称为分部积分法.

注 此公式两边都含有表面类似的积分,但往往左边积分 $\int udv$ 不易求,而化成积分 $\int vdu$ 就变得容易了.

应用分部积分公式求不定积分的方法和步骤:
(1) 把被积函数分为两部分 u 和 v';
(2) 把 v' 和 dx 凑成微分 dv;
(3) 应用分部积分公式 $\int udv = uv - \int vdu$;
(4) 计算 $du = u'dx$,再求出积分 $\int vu'dx$.

一般来说,当被积式的乘积因子有对数函数、三角函数、反三角函数以及指数函数时可考虑分部积分法. 用分部积分法求不定积分的关键是 u 的选择,u 选择后,其余部分即为 dv,下面介绍常见的几种用分部积分公式求不定积分的基本方法.

5.4.1 降幂法

当被积函数为幂函数与三角函数或指数函数的乘积时,选幂函数为 u,三角函数或指数函数为 v',应用分部积分公式后幂函数就降一次幂,因此称为降幂法.

例 1 求 $\int x\cos xdx$.

解 选 x 为 u,$\cos x$ 为 v',则 $dv = \cos xdx = d\sin x$,于是应用分部积分公式得

$$\int x\cos x dx = \int x d\sin x = x\sin x - \int \sin x dx$$
$$= x\sin x + \cos x + C.$$

例 2 求 $\int x^2 e^x dx$.

解
$$\int x^2 e^x dx = \int x^2 d(e^x)$$
$$= x^2 e^x - \int e^x dx^2$$
$$= x^2 e^x - \int e^x 2x dx$$
$$= x^2 e^x - 2\int x d(e^x)$$
$$= x^2 e^x - 2(xe^x - \int e^x dx)$$
$$= x^2 e^x - 2xe^x + 2e^x + C$$
$$= (x^2 - 2x + 2)e^x + C.$$

注 分部积分公式可以在解决同一问题中多次使用.

5.4.2 转换法

当被积函数为幂函数(或常数)与反三角函数或对数函数的乘积时,选反三角函数或对数函数为 u,幂函数为 v',应用分部积分公式后反三角函数或对数函数转变成别的函数,因此称为转换法.

例 3 求 $\int \ln x dx$.

解 选 $\ln x$ 为 u, $dv = dx$,于是应用分部积分公式,得
$$\int \ln x dx = x\ln x - \int x d\ln x$$
$$= x\ln x - \int x \cdot \frac{1}{x} dx$$
$$= x\ln x - \int dx$$
$$= x\ln x - x + C.$$

例 4 求 $\int x\ln x dx$.

解
$$\int x\ln x dx = \int \ln x d\frac{x^2}{2}$$
$$= \frac{x^2}{2}\ln x - \int \frac{x^2}{2} d\ln x$$
$$= \frac{x^2}{2}\ln x - \int \frac{x^2}{2} \cdot \frac{1}{x} dx$$

$$= \frac{x^2}{2}\ln x - \frac{1}{2}\int x\mathrm{d}x$$
$$= \frac{x^2}{2}\ln x - \frac{x^2}{4} + C.$$

例 5 求 $\int \arcsin x\mathrm{d}x$.

解
$$\int \arcsin x\mathrm{d}x = x\arcsin x - \int x\mathrm{d}\arcsin x$$
$$= x\arcsin x - \int \frac{x}{\sqrt{1-x^2}}\mathrm{d}x$$
$$= x\arcsin x + \frac{1}{2}\int \frac{\mathrm{d}(1-x^2)}{\sqrt{1-x^2}}$$
$$= x\arcsin x + \sqrt{1-x^2} + C.$$

例 6 求 $\int x\arctan x\mathrm{d}x$.

解
$$\int x\arctan x\mathrm{d}x = \int \arctan x\mathrm{d}\left(\frac{x^2}{2}\right)$$
$$= \frac{x^2}{2}\cdot\arctan x - \int \frac{x^2}{2}\mathrm{d}\arctan x$$
$$= \frac{x^2}{2}\cdot\arctan x - \frac{1}{2}\int x^2\cdot\frac{1}{1+x^2}\mathrm{d}x$$
$$= \frac{x^2}{2}\cdot\arctan x - \frac{1}{2}\int \frac{x^2+1-1}{1+x^2}\mathrm{d}x$$
$$= \frac{x^2}{2}\cdot\arctan x - \frac{1}{2}\left(\int 1 - \frac{1}{1+x^2}\right)\mathrm{d}x$$
$$= \frac{x^2}{2}\cdot\arctan x - \frac{1}{2}x + \frac{1}{2}\arctan x + C.$$

5.4.3 循环法

当被积函数为三角函数正弦或余弦与指数函数的乘积时，任意选定其中一个为 u，另一个为 v'，应用两次分部积分公式后都会还原为原来的积分，因此称为循环法.

例 7 求 $\int \mathrm{e}^x \sin x\mathrm{d}x$.

解
$$\int \mathrm{e}^x \sin x\mathrm{d}x = \int \mathrm{e}^x\mathrm{d}(-\cos x)$$
$$= -\mathrm{e}^x \cos x + \int \cos x\mathrm{d}\mathrm{e}^x$$
$$= -\mathrm{e}^x \cos x + \int \mathrm{e}^x \cos x\mathrm{d}x$$

$$= -e^x \cos x + \int e^x d(\sin x)$$
$$= -e^x \cos x + e^x \sin x - \int e^x \sin x dx,$$

由于上式右端的第三项就是所求的积分 $\int e^x \sin x dx$，把它移到左边去，再两端同除以 2 得

$$\int e^x \sin x dx = \frac{e^x}{2}(\sin x - \cos x) + C.$$

例 8 求 $\int \sec^3 x dx$.

解
$$\int \sec^3 x dx = \int \sec x d \tan x$$
$$= \sec x \tan x - \int \tan x d \sec x$$
$$= \sec x \tan x - \int \sec x \tan^2 x dx = \sec x \tan x - \int \sec x (\sec^2 x - 1) dx$$
$$= \sec x \tan x - \int \sec^3 x dx + \int \sec x dx$$
$$= \sec x \tan x - \int \sec^3 x dx + \ln|\sec x + \tan x|,$$

于是

$$\int \sec^3 x dx = \frac{1}{2}(\sec x \tan x + \ln|\sec x + \tan x|) + C.$$

5.4.4 递推法

当被积函数为某一函数的高次幂函数时，我们可以适当选择 u 及 v'，通过分部积分后，会得到该函数的高次幂函数与低次幂函数的关系（递推公式），此法称递推法.

例 9 求 $I_n = \int (\ln x)^n dx$ 的递推公式（其中 n 为正整数）.

解
$$I_n = \int (\ln x)^n dx = x(\ln x)^n - \int x d(\ln x)^n$$
$$= x(\ln x)^n - \int x \cdot n(\ln x)^{n-1} \frac{1}{x} dx$$
$$= x(\ln x)^n - n \int (\ln x)^{n-1} dx$$
$$= x(\ln x)^n - n I_{n-1},$$

所求的递推公式为

$$I_n = x(\ln x)^n - n I_{n-1},$$

其中 $I_0 = x + C_0$

$$I_1 = x\ln x - I_0 = x\ln x - x + C_1,$$

$$I_2 = x(\ln x)^2 - 2I_1 = x(\ln x)^2 - 2x\ln x + 2x + C_2.$$

在求不定积分的过程中，有时要同时使用换元积分法与分部积分法，前面有过例子，下面再看一例.

例 10 求 $\int e^{\sqrt{x}} dx$

解 设 $\sqrt{x} = t$ 则 $x = t^2, dx = 2tdt$，

$$\begin{aligned}\int e^{\sqrt{x}} dx &= \int e^t 2t dt \\ &= 2\int t de^t \\ &= 2(te^t - \int e^t dt) \\ &= 2(te^t - e^t) + C \\ &= 2e^t(t-1) + C \\ &= 2e^{\sqrt{x}}(\sqrt{x} - 1) + C.\end{aligned}$$

习题 5.4

1. 填空题

(1) $\int x e^x dx = $ _____； (2) $\int x e^{-x} dx = $ _____；

(3) $\int x\sin x dx = $ _____； (4) $\int \ln(x+1) dx = $ _____；

(5) $\int x f''(x) dx = $ _____.

2. 单选题

(1) 若 $\sin x$ 是 $f(x)$ 的一个原函数，则 $\int x f'(x) dx = ($ _____ $)$.

A. $x\cos x - \sin x + C$ B. $x\sin x + \cos x + C$

C. $x\cos x + \sin x + C$ D. $x\sin x - \cos x + C$

(2) $\int \dfrac{\ln x}{x^2} dx = ($ _____ $)$.

A. $\dfrac{1}{x}\ln x + \dfrac{1}{x} + C$ B. $-\dfrac{1}{x}\ln x + \dfrac{1}{x} + C$ C. $\dfrac{1}{x}\ln x - \dfrac{1}{x} + C$ D. $-\dfrac{1}{x}\ln x - \dfrac{1}{x} + C$

(3) $\int x de^{-x} = ($ _____ $)$.

A. $xe^{-x} + C$ B. $-xe^{-x} + C$ C. $xe^{-x} + e^{-x} + C$ D. $xe^{-x} - e^{-x} + C$

(4) 设 $f(x)$ 有原函数 $x\ln x$，则 $\int x f(x) dx = ($ _____ $)$.

A. $x^2\left(\dfrac{1}{2} + \dfrac{1}{4}\ln x\right) + C$ B. $x^2\left(\dfrac{1}{4} + \dfrac{1}{2}\ln x\right) + C$

C. $x^2\left(\dfrac{1}{4} - \dfrac{1}{2}\ln x\right) + C$ D. $x^2\left(\dfrac{1}{2} - \dfrac{1}{4}\ln x\right) + C$

(5) 设 e^x 是 $f(x)$ 的一个原函数,则 $\int xf(x)dx = ($ $)$.

A. $e^x(1-x)+C$ B. $e^x(1+x)+C$ C. $e^x(x-1)+C$ D. $-e^x(1+x)+C$

3. 用分部积分法计算下列不定积分

(1) $\int x^2 e^{-x} dx$;

(2) $\int x^2 \cos x dx$;

(3) $\int x \cos \dfrac{x}{3} dx$;

(4) $\int \ln(x^2+1) dx$;

(5) $\int \arccos x dx$;

(6) $\int x^2 \arctan x dx$;

(7) $\int x^2 \ln x dx$;

(8) $\int x \tan^2 x dx$;

(9) $\int e^x \cos x dx$;

(10) $\int e^{-x} \sin^2 x dx$;

(11) $\int \dfrac{\ln \ln x}{x} dx$;

(12) $\int (x^2+1)\sin 2x dx$;

(13) $\int x \sin x \cos x dx$;

(14) $\int (\arcsin x)^2 dx$.

4. 求 $I_n = \int x^n e^x dx$ 的递推公式,其中 n 为非负整数,并求 I_1, I_2, I_3.

5.5 简单的有理函数积分法

5.5.1 简单的有理函数的积分

前面介绍了直接积分法、换元积分法及分部积分法,下面讨论有理函数的积分法.

有理函数是指由两个多项式的商所表示的函数,即具有如下形式的函数

$$\frac{p(x)}{q(x)} = \frac{a_0 x^n + a_1 x^{n-1} + \cdots a_{n-1} x + a_n}{b_0 x^m + b_1 x^{m-1} + \cdots b_{n-1} x + b_m},$$

其中 m, n 都是非负整数, $a_0, a_1 \cdots b_0, b_1 \cdots$ 都是实数,并且 $a_0 \neq 0, b_0 \neq 0$. 我们假定 $p(x), q(x)$ 无公因式,当 $n \geq m$ 时称这有理函数为**假分式**;当 $n < m$ 时称这有理函数为**真分式**. 因为假分式总可以根据多项式除法写成一个多项式与一个真分式和的形式,所以这里只介绍真分式的积分方法.

下面先看几个式子

$$\dfrac{6}{x-3} + \dfrac{5}{x-2} = \dfrac{11x-27}{(x-3)(x-2)}, \tag{5.5.1}$$

$$\dfrac{1}{x} - \dfrac{1}{x-1} + \dfrac{1}{(x-1)^2} = \dfrac{1}{x(x-1)^2}, \tag{5.5.2}$$

$$\dfrac{2}{x+2} - \dfrac{x+1}{x^2+2x+2} = \dfrac{x^2+x+2}{(x+2)(x^2+2x+2)}. \tag{5.5.3}$$

从上面三个式子可以看出等式左端是几个较简单的真分式的和,经通分合并后变为一个较复杂的真分式,不难想象,为了解决复杂的真分式的积分问题,可先把复杂的真分式分解成若干个简单的真分式的和,然后再对简单的真分式积分.下面介绍把复杂的真分式分解成若干个简单的真分式的方法.

观察上面三个式子:(5.5.1)的右端分母有因式$(x-3)$及$(x-2)$,左端就有形如$\dfrac{A}{x-3}$和$\dfrac{B}{x-2}$的分式;(5.5.2)的右端分母有因式x及$(x-1)^2$,左端就有形如$\dfrac{A}{x}$和$\dfrac{B}{x-1}+\dfrac{C}{(x-1)^2}$的分式;(5.5.3)的右端分母有形如$(x+2)$及$(x^2+2x+2)$的因式,左端就有形如$\dfrac{A}{x+2}$和$\dfrac{Bx+C}{(x^2+2x+2)}$的分式.由代数学可知:任一有理真分式都可以分解为以下四类最简单分式之和.

$$\frac{A}{x-a}, \quad \frac{A}{(x-a)^n},$$

$$\frac{Ax+B}{x^2+px+q}, \quad \frac{Ax+B}{(x^2+px+q)^n} \quad (n \geqslant 2), (p^2-4q<0).$$

若有理真分式分母中含有因式$(x-a)^n$ $(n \geqslant 2)$,那么分解后分式中含有

$$\frac{A_1}{x-a}+\frac{A_2}{(x-a)^2}+\cdots+\frac{A_n}{(x-a)^n};$$

若有理真分式分母中含有因式$(x^2+px+q)^n$ $(n \geqslant 2)$ $(p^2-4q<0)$,那么分解后分式中含有

$$\frac{A_1x+B_1}{x^2+px+q}+\frac{A_2x+B_2}{(x^2+px+q)^2}+\cdots+\frac{A_nx+B_n}{(x^2+px+q)^n}.$$

例1 求$\displaystyle\int\frac{x+3}{x^2+5x-6}\mathrm{d}x$.

解
$$\frac{x+3}{x^2+5x-6}=\frac{x+3}{(x+6)(x-1)}=\frac{A}{x+6}+\frac{B}{x-1}, \tag{5.5.4}$$

A,B为待定常数,

两端同乘$(x-1)(x+6)$去分母得

$$x+3=(A+B)x-A+6B, \tag{5.5.5}$$

比较系数得

$$\begin{cases} A+B=1, \\ -A+6B=3, \end{cases}$$

解方程得 $A=\dfrac{3}{7}$，$B=\dfrac{4}{7}$，故

$$\int \frac{x+3}{x^2+5x-6}\mathrm{d}x = \frac{3}{7}\int \frac{1}{x+6}\mathrm{d}x + \frac{4}{7}\int \frac{1}{x-1}\mathrm{d}x$$
$$= \frac{3}{7}\ln|x+6| + \frac{4}{7}\ln|x-1| + C.$$

还可以用下面方法求 A 和 B，在式(5.5.5)中，令 $x=1$ 得 $B=\dfrac{4}{7}$，令 $x=-6$ 得 $A=\dfrac{3}{7}$。

例2 求 $\displaystyle\int \frac{x^2+1}{x(x-1)^2}\mathrm{d}x$.

解 设 $\dfrac{x^2+1}{x(x-1)^2} = \dfrac{A}{x} + \dfrac{B}{x-1} + \dfrac{C}{(x-1)^2}$，去分母得

$$x^2+1 = A(x-1)^2 + Bx(x-1) + Cx,$$

令 $x=0$，得 $A=1$，令 $x=1$，得 $C=2$，令 $x=2$，得 $B=0$，故

$$\int \frac{x^2+1}{x(x-1)^2}\mathrm{d}x = \int \left(\frac{1}{x} + \frac{2}{(x-1)^2}\right)\mathrm{d}x = \ln|x| - \frac{2}{x-1} + C.$$

例3 求 $\displaystyle\int \frac{1}{(x^2+1)(x^2+x)}\mathrm{d}x$.

解 令 $\dfrac{1}{(x^2+1)(x^2+x)} = \dfrac{1}{x(x+1)(x^2+1)} = \dfrac{A}{x} + \dfrac{B}{x+1} + \dfrac{Cx+D}{x^2+1}$，

令 $x=0$，得 $A=1$，令 $x=-1$，得 $B=-\dfrac{1}{2}$，令 $x=1, x=2$，得 $C=D=-\dfrac{1}{2}$，故

$$\int \frac{1}{(x^2+1)(x^2+x)}\mathrm{d}x = \int \left(\frac{1}{x} - \frac{1}{2(x+1)} - \frac{x+1}{2(x^2+1)}\right)\mathrm{d}x$$
$$= \ln|x| - \frac{1}{2}\ln|x+1| - \frac{1}{2}\arctan x - \frac{1}{4}\ln(x^2+1) + C.$$

5.5.2 三角函数有理式的积分法

例4 求 $\displaystyle\int \frac{\mathrm{d}x}{1+\sin x + \cos x}$.

解 设 $\tan\dfrac{x}{2} = u$，则 $x = 2\arctan u$，于是

$$\mathrm{d}x = \frac{2\mathrm{d}u}{1+u^2}, \quad \cos x = \frac{1-u^2}{1+u^2}, \quad \sin x = \frac{2u}{1+u^2},$$

所以
$$\int \frac{dx}{1+\sin x+\cos x} = \int \frac{\frac{2}{1+u^2}du}{1+\frac{2u}{1+u^2}+\frac{1-u^2}{1+u^2}}$$
$$= \int \frac{1}{1+u}du = \ln|1+u|+C$$
$$= \ln\left|1+\tan\frac{x}{2}\right|+C.$$

说明：对于三角函数有理式 $\int R(\cos x, \sin x)dx$ 的积分，可采用"万能"代换法，

设 $\tan\frac{x}{2}=u$，使之有理化，其中 $\sin x = \frac{2u}{1+u^2}$，$\cos x = \frac{1-u^2}{1+u^2}$，$dx = \frac{2du}{1+u^2}$.

习题 5.5

1. 计算下列有理函数的不定积分

(1) $\int \frac{dx}{(1-x)(1+x)}$ ；

(2) $\int \frac{x+3}{x^2-5x+6}dx$ ；

(3) $\int \frac{x-1}{x(1+x^2)}dx$ ；

(4) $\int \frac{2x+3}{x^3+x^2-2x}dx$ ；

(5) $\int \frac{x^3}{x+3}dx$ ；

(6) $\int \frac{6}{x^3+1}dx$ ；

(7) $\int \frac{x^2+1}{(x+1)^2(x-1)}dx$ ；

(8) $\int \frac{2}{(x+1)(x+2)(x+3)}dx$.

2. 计算下列三角函数有理式的不定积分

(1) $\int \frac{1}{3+\cos x}dx$ ；

(2) $\int \frac{1+\sin x}{\sin x(1+\cos x)}dx$ ；

(3) $\int \frac{1}{1+\sin^2 x}dx$ ；

(4) $\int \frac{dx}{8-4\sin x+7\cos x}$.

本 章 小 结

一、本章主要知识点

(1) 原函数与不定积分的概念.

(2) 不定积分的几何意义及性质.

(3) 积分公式表及积分法："一表四法"（一表：积分表；四法：直接积分法、换元积分法、分部积分法、有理函数积分法）

二、本章教学重点

不定积分的概念及积分法.

三、本章教学难点

第二类换元积分法及有理函数积分法.

四、本章知识结构图

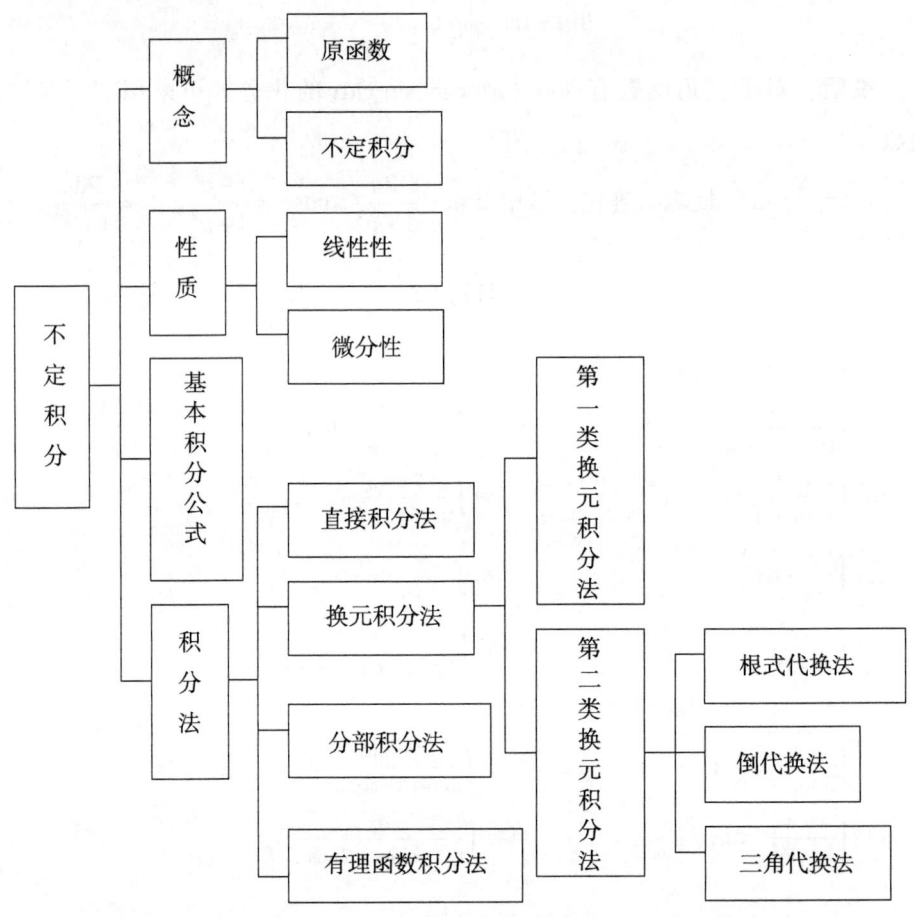

总习题 5

1. 计算下列不定积分

(1) $\int \dfrac{x+2\sin x\cos x}{1+\cos 2x}\mathrm{d}x$;

(2) $\int x\sqrt{1-x^2}\arcsin x\,\mathrm{d}x$;

(3) $\int \dfrac{1}{1+\cos x}\mathrm{d}x$;

(4) $\int \dfrac{\arctan\sqrt{x}}{\sqrt{x}(1+x)}\mathrm{d}x$;

(5) $\int \dfrac{1}{1+\sqrt{2x}}dx$;

(6) $\int \dfrac{1+x}{(1-x)^3}dx$;

(7) $\int x\sin^2 x\,dx$;

(8) $\int \dfrac{1-\cos x}{x-\sin x}dx$;

(9) $\int \dfrac{1}{\sqrt{x(4-x)}}dx$;

(10) $\int \dfrac{1}{x^2(1-x^2)^{\frac{3}{2}}}dx$;

(11) $\int \cos\sqrt{x}\,dx$;

(12) $\int \dfrac{\ln\cos x}{\cos^2 x}dx$;

(13) $\int \dfrac{dx}{\sqrt{1+e^x}}$;

(14) $\int \sqrt{x}\sin\sqrt{x}\,dx$;

(15) $\int \dfrac{\cos x}{1+\sin x}dx$;

(16) $\int \dfrac{\cos x}{1+\cos x}dx$;

(17) $\int \dfrac{1}{1+\tan x}dx$;

(18) $\int \dfrac{dx}{\sqrt{x}+\sqrt{x+1}}$;

(19) $\int \dfrac{1}{x+\sqrt{1-x^2}}dx$;

(20) $\int \dfrac{1}{x\sqrt{x^2-1}}dx$;

(21) $\int x\cos^2\dfrac{x}{2}dx$;

(22) $\int \dfrac{\ln^2 x}{x^2}dx$;

(23) $\int x\ln(x+1)dx$;

(24) $\int x\tan x\sec^4 x\,dx$.

2. 已知 $\int xf(x)dx=\arcsin x+C$，计算 $\int \dfrac{1}{f(x)}dx$ 的值.

3. 若 $f'(e^x)=1+e^{2x}$，且 $f(0)=1$，求 $f(x)$.

4. 已知 $f(x)$ 的一个原函数是 $\ln^2 x$，证明 $\int xf'(x)dx=2\ln x-\ln^2 x+C$.

5. 已知 $f'(\cos x)=\sin x$，求 $f(\cos x)$.

6. 设 $I_n=\int \sin^n x\,dx$，证明
$$I_n=-\dfrac{1}{n}\sin^{n-1}x\cos x+\dfrac{n-1}{n}I_{n-2}.$$

7. 一曲线经过点 $(e^3,3)$，且在任一点处的切线的斜率等于该点横坐标的倒数，求该曲线方程.

8. 一曲线 $y=f(x)$ 过点 $(0,2)$，且其上任意点处的切线的斜率为 $x+e^x$，求 $f(x)$.

9. 一质点做直线运动，已知其加速度 $\dfrac{d^2s}{dt^2}=4t^3-\cos t$，如果初速度 $v_0=3$，初始位移 $s_0=0$，求：(1) v 和 t 之间的函数关系；(2) s 和 t 之间的函数关系.

10. 已知某某种公司生产的某产品的边际收入是 $64q-q^2$，其中 q 是售出的产品数量，求收入函数.

11. 已知某产品产量为 q（单位：千件），边际成本函数为 $c'(q)=3e^{\frac{1}{3}q}$（单位：万元/千件），且固定成本为 89 万元，求总成本函数.

自 测 题 5

（满分 100 分，测试时间 100 分钟）

一、填空题（本题共 10 个小题，每小题 2 分，共 20 分）

1. $x\mathrm{d}x = \underline{\quad}\mathrm{d}(1-2x^2)$；

2. $\int \tan x \mathrm{d}x = \underline{\quad}$；

3. $\mathrm{d}\int \mathrm{e}^{-x^3}\mathrm{d}x = \underline{\quad}$；

4. $\int \dfrac{x}{2}\mathrm{d}x^2 = \underline{\quad}$；

5. $\int \underline{\quad} \mathrm{d}x = 7^{2x}+C$；

6. $f(x) = \int \dfrac{1}{\sqrt{1-x^2}}\mathrm{d}x$，则 $f'(0) = \underline{\quad}$.

7. $f(x)$ 的一个原函数为 $x^2 \mathrm{e}^{-x}$，则 $\int f(x)\mathrm{d}x = \underline{\quad}$；

8. 若 $f(x)$ 的一个原函数为 $x\sin x$，则 $f(x) = \underline{\quad}$；

9. 若 $y' = 2x$，且 $x = 0$ 时 $y = 2$，则 $y = \underline{\quad}$；

10. 设 $\int f(x)\mathrm{d}x = F(x)+C$，则 $\int \mathrm{e}^{-x}f(\mathrm{e}^{-x})\mathrm{d}x = \underline{\quad}$.

二、单选题（本题共 6 个小题，每小题 3 分，共 18 分）

1. 称函数的（　　）原函数为不定积分.

   A. 任意一个　　B. 所有　　C. 某一个　　D. 唯一一个

2. 在区间 (a,b) 内，如果 $f'(x) = \phi'(x)$，则一定有（　　）.

   A. $f(x) = \phi(x)$　　B. $f(x) = \phi(x)+C$

   C. $\left[\int f(x)\mathrm{d}x\right]' = \left[\int \phi(x)\mathrm{d}x\right]'$　　D. $\int f(x)\mathrm{d}x = \int \phi(x)\mathrm{d}x$

3. 下列各等式

   (1) $\int \dfrac{1}{1+x}\mathrm{d}x = \ln(1+x)+C$，

   (2) $\int \sin^3 x \mathrm{d}x = \dfrac{1}{4}\sin^4 x + C$，

   (3) $\int f'(2x)\mathrm{d}x = f(2x)+C$，

   (4) $\int \dfrac{\sin x}{1+\cos^2 x}\mathrm{d}x = \arctan(\cos x) + C$，

   正确的个数为（　　）.

   A. 0　　B. 1　　C. 2　　D. 3

4. 若 $\int f(x)\mathrm{d}x = x^2 \mathrm{e}^{2x}+C$，则 $f(x) = ($　　$)$.

   A. $2x\mathrm{e}^{2x}$　　B. $2x^2 \mathrm{e}^{2x}$　　C. $x\mathrm{e}^{2x}$　　D. $2x\mathrm{e}^{2x}(1+x)$

5. $\sqrt{x}$ 是（　　）的一个原函数.

   A. $\dfrac{1}{2x}$　　B. $\dfrac{1}{2\sqrt{x}}$　　C. $\ln x$　　D. $\sqrt{x^3}$

6. 若 $f(x)$ 的一个原函数是 $\ln x$，则 $f'(x) = ($　　$)$.

   A. $x \ln x$　　B. $\ln x$

   C. $\dfrac{1}{x}$　　D. $-\dfrac{1}{x^2}$

三、计算题（本题共 8 个小题，每小题 6 分，共 48 分）

1. 求 $\int (2^x \mathrm{e}^x + \dfrac{2}{1+x^2} - \sqrt{x\sqrt{x}})\mathrm{d}x$.

2. $f(x)$ 的一个原函数是 $\dfrac{\sin x}{x}$,求 $\int xf'(x)dx$.

3. 求 $\int \tan^5 x \sec^3 x dx$.   4. 求 $\int \dfrac{1}{x^4(1+x^2)}dx$.

5. 计算 $\int x\sqrt{x+1}dx$.   6. 计算 $\int x\sin(2x-3)dx$.

7. 计算 $\int \dfrac{2x-1}{x^2-5x+6}dx$.   8. 计算 $\int \dfrac{dx}{x^2\sqrt{4+x^2}}$.

四、解答题(本题 7 分)

已知曲线 $y=f(x)$ 上点 (x,y) 处切线斜率为 $\dfrac{1}{x\sqrt{x^2-1}}$,又知曲线通过点 $(2,0)$,求该曲线方程.

五、应用题(本题 7 分)

设某商品的需求量 Q 是价格 P 的函数,该商品的最大需求量为 1000(即 $P=0$ 时,$Q=1000$),已知需求量的变化率(边际需求)为 $Q'(P)=-1000\ln 3 \cdot \left(\dfrac{1}{3}\right)^P$,求需求量 Q 与价格 P 的函数关系.

习题参考答案

习题 1.1

1. (1) $\{x \mid x > 5\}$；(2) $\{(x,y) \mid x^2 + y^2 < 25\}$；(3) $\{(0,0),(1,1)\}$.
2. (1) A；(2) D；(3) A.
3. (1) $[-2,2]$；   (2) $(1,7)$；
   (3) $(-\infty,-4] \cup [6,+\infty)$； (4) $(-\infty,-2) \cup (6,+\infty)$.

习题 1.2

1. (1) $[1,2) \cup (2,4)$；(2) $[-3,0]$；(3) $(-2,3]$；(4) $e^{-4}, 15, 3$.
2. (1) C；(2) C；(3) D；(4) C；
3. (1) 不是；   (2) 不是；
   (3) 是；   (4) 是；
   (5) 不是；   (6) 是.
4. (1) $V = x(a-2x)^2, x \in \left(0, \dfrac{a}{2}\right)$；
   (2) $P = \begin{cases} ax, & 0 < x \leqslant 100, \\ \dfrac{4}{5}ax + 20a, & x > 100. \end{cases}$

习题 1.3

1. (1) $y = \ln u, u = v^2, v = \sin x$；$y = e^u, u = \sin x \ln x$.
   (2) $f(-x) = \dfrac{1}{1-x^2}$；$f[f(x)] = \dfrac{(1-x^2)^2}{x^4 - 2x^2}$；$f\left[\dfrac{1}{f(x)}\right] = \dfrac{1}{2x^2 - x^4}$.
2. (1) D；(2) C.
3. $f(x) = x^2 - 2$.
4. $f[g(x)] = \dfrac{x^2}{(1+x)^2}$.
5. (1) $y = \dfrac{x+4}{x-1}$；(2) $y = \begin{cases} \sqrt{4x-x^2}, & 0 \leqslant x \leqslant 2, \\ \dfrac{1}{2}x + 1, & 2 < x \leqslant 4. \end{cases}$

习题 1.4

1. (1) $p=30$ 元，$Q_d=25$ 万件； (2) $p=32$ 元，$Q_d=20$ 万件.

2. $C(8)=96+8+\dfrac{1}{8}\times 64=112$； $\overline{C(8)}=\dfrac{C(8)}{8}=\dfrac{112}{8}=14$.

3. $L(30)=430$（万元）.

4. $R=\begin{cases} ax, & 0\leqslant x\leqslant 60, \\ (x-60)\times 0.7a+60a, & x>60. \end{cases}$

5. 总成本函数 $C(Q)=1000+7Q$；利润函数 $L(Q)=8Q-1000$.

总习题 1

1. (1) $\left[-\sqrt{5},\sqrt{5}\right]$； (2) $[-3,0)\cup(2,3]$；
   (3) $(-\infty,1)\cup(2,+\infty)$； (4) $(-\infty,+\infty)$.

2. (1) $[-1,1]$； (2) $[a,1-a]\left(0<a\leqslant\dfrac{1}{2}\right)$.

3. (1) 偶函数； (2) 奇函数；
   (3) 奇函数； (4) 奇函数；
   (5) 偶函数； (6) 非奇非偶函数.

4. (1) $T=\pi$； (2) $T=2\pi$；
   (3) 是周期函数，但没有最小正周期； (4) $T=2\pi$.

5. (1) $y=\sqrt{u},u=\sin x$； (2) $y=\cos u,u=\sqrt{v},v=2x+3$；
   (3) $y=\mathrm{e}^u,u=\sin v,v=\dfrac{1}{x}$； (4) $y=4\arcsin u,u=v^3,v=1-x$.

6. $f(x)=2(1-x^2),|x|\leqslant 1$.

7. (1) $f[f(x)]=\begin{cases} 0, & x\leqslant 0, \\ x, & x>0; \end{cases}$ (2) $g[g(x)]=0$； (3) $f[g(x)]=0$.

8. 当 $a=2$ 时，$y=\lg(a-\sin x)$ 是复合函数，定义域是 $(-\infty,+\infty)$；
   当 $a=-2$ 时，$y=\lg(a-\sin x)$ 不是复合函数.

9. (1) $f^{-1}(x)=\begin{cases} x+\sqrt{x^2+1}, & x\geqslant 1, \\ x-\sqrt{x^2+1}, & x<-1; \end{cases}$ (2) $f^{-1}(x)=\begin{cases} x, & x<1, \\ \sqrt{x}, & 1\leqslant x<16, \\ \log_2 x, & x\geqslant 16. \end{cases}$

10. $R=\dfrac{1}{50}(x-30)(6000-x)$，（$1000\leqslant x<6000$，且为 50 的倍数）.

11. $p=\begin{cases} ax, & 0<x<100, \\ \dfrac{4}{5}ax+20a, & x>100. \end{cases}$

12. $y=65000\left(\dfrac{3}{4}\right)^t$.

自测题 1

一、1. $(-\infty,-2]\cup(2,+\infty)$ ； 2. $\dfrac{1}{(x-1)^2}+\dfrac{3}{(x-1)}+3$ ；

3. $\begin{cases}1, & -1<x<0, \\ e^x, & 0\leqslant x\leqslant 1;\end{cases}$ 4. $y=\sqrt{1+\sin^2(\log_a x)}$ ；

5. π ； 6. $y=10^{x-1}-2$ ；

7. $\arcsin(1-x^2)$ ； 8. $3+\cos 2x$ ；

9. $a=-3$ ； 10. $\dfrac{1}{2}\log_2\dfrac{1+x}{1-x}, x\in(-1,1)$.

二、1. C ； 2. B ； 3. D ； 4. C ； 5. B .

三、1. $[-7,2)\cup(2,3)$ ； $f[f(-7)]=\dfrac{1}{\lg 2}+4\sqrt{3}$.

2. $f(x)=\dfrac{a\mathrm{e}^x-b\mathrm{e}^{\frac{x}{x-1}}}{a^2-b^2}$.

3. $g[f(x)]=\begin{cases}-x^2, & x>0, \\ -(1+x)^2, & -1<x\leqslant 0, \\ 1+x, & x\leqslant -1.\end{cases}$

4. $f(x-1)=\begin{cases}1, & x<1, \\ 0, & x=1, \\ 1, & x>1;\end{cases}$ $f(x^2-1)=\begin{cases}1, & |x|<1, \\ 0, & |x|=1, \\ 1, & |x|>1.\end{cases}$

四、1. 每天至少要生产 200 套玩具.

2. $y=\begin{cases}(a-b)x, & 0\leqslant x\leqslant 1000, \\ 1000(a-b)+(0.9a-b)(x-1000), & 1000<x\leqslant 1300, \\ 1270a-bx, & x>1300.\end{cases}$

习题 2.1

1. (1) 1； (2) 2； (3) e^2 .
2. (1) B； (2) C.
3. (1) $\dfrac{4}{3}$ ； (2) 0； (3) e^3 ； (3) e .
4. 提示：利用夹逼准则.

习题 2.2

1. (1) 必要；充分． (2) 1，2． (3) -1，-2． (4) 4，e^3． (5) 9．
2. (1) D． (2) C． (1) D． (2) D．
3. (1) 1； (2) -9； (3) e^3 ； (4) e

4. $a=-5$,$b=6$.

习题 2.3

1. (1) $p \neq 3q$,$p=5,q=\frac{5}{3}$; (2) 5; (3) 1; (4) $\frac{1}{4}$.
2. (1) A; (2) C; (3) C.
3. (1) $\frac{2}{3}$; (2) 1; (3) 4; (4) 1; (5) 0; (6) $\frac{1}{2}$; (7) 1; (8) 0; (9) $\frac{1}{6}$; (10) 0.

习题 2.4

1. (1) 0. (2) $(-\infty,1),(2,+\infty)$. (3) 0. (4) 第二类.
2. (1) B; (2) B; (3) A.
3. (1) $x=0$ 是第一类间断点(可去间断点);
   (2) $x=0$ 是第一类间断点(跳跃间断点).
4. $a=b=2$.
5. (1) $f(0)=1$; (2) $f(0)=0$.

习题 2.5

1. (1) √; (2) ×; (3) ×.
2. 提示：零点定理.

习题 2.6

1. (1) 11600; (2) 1664.00; (3) 11716.59; (4) 11728.88; (5) 11735.11.
2. 56289 元.

总习题 2

1. (1) 0; (2) $2a$; (3) $\frac{1}{5}$; (4) 0; (5) -1; (6) $\frac{8}{5}$; (7) 1; (8) 3^{10}; (9) e^2;
   (10) e^{-2}; (11) 3; (12) e; (13) $-\frac{2}{3}$; (14) 2; (15) $\frac{1}{128}$; (16) 3.
2. (1) 1, 1; (2) 0.
3. 递减有下界, 极限值为 3.

4. 存在，且 $\lim\limits_{x \to 0} f(x) = 2$.

5. 证明略.

6. $a = 4$，$b = -5$.

7. $\dfrac{1}{3}$.

8. 0，0.

9. (1) $x = 1$，第一类间断点(可去间断点)，$x = 2$，第二类间断点，(无穷间断点)；
   (2) $x = 1$，第一类间断点(跳跃间断点).

10. $x = 0$，第二类间断点，(无穷间断点)；$x = 1$，第一类间断点(跳跃间断点).

11. $a = 0$，$b = 1$. 提示：$f(x) = \begin{cases} ax^2 + bx, & |x| < 1, \\ \dfrac{1}{x}, & |x| > 1, \\ \dfrac{-1+a-b}{2}, & x = -1, \\ \dfrac{1+a+b}{2}, & x = 1. \end{cases}$

12. 证明略.

13. $(ab)^{\frac{3}{2}}$.

14. $\dfrac{1}{2} \ln a$.

自测题 2

一、1. 必要；充分； 2. $(-\infty, 1) \cup (2, +\infty)$ 3. $\dfrac{4}{3}$； 4. e^2； 5. e；

6. 0； 7. e^{-2}； 8. π； 9. 第一类（跳跃）； 10. $\dfrac{2}{3}$.

二、1. C； 2. D； 3. C； 4. B； 5. C.

三、1. $\dfrac{1}{4}$； 2. $-\dfrac{2}{5}$； 3. 1；

   4. e； 5. $\dfrac{1}{2}$； 6. 4.

四、$a = 0$.

五、证明(略).

习题 3.1

1. (1) $-f'(x_0)$； (2) $2f'(x_0)$； (3) $3x - y - 4 = 0$； (4) 必要.

2. (1) B. (2) C. (3) C.

3. (1) $2x + 1$； (2) $-\sin(x + 3)$.

4. (1) $y' = 4x^3$; (2) $y' = \dfrac{3}{4\sqrt[4]{x}}$; (3) $y' = -\dfrac{3}{x^4}$;

(4) $y' = -\dfrac{1}{3x\sqrt[3]{x}}$; (5) $y' = \dfrac{5}{2}x\sqrt{x}$; (6) $y' = \dfrac{9}{4}x\sqrt[4]{x}$.

习题 3.2

1. (1) $2^x \ln 2 + 2x + 6x^{-3}$; (2) 1; (3) 1.
2. (1) A; (2) B.
3. (1) $y' = 6x^2 + \dfrac{4}{x^3}$; (2) $y' = 1 - \dfrac{5}{2}x^{-\frac{7}{2}} - 3x^{-4}$;

(3) $y' = e^x + xe^x = e^x(1+x)$; (4) $y' = -\dfrac{1}{4}x^{-\frac{5}{4}}$;

(5) $y = 15x^3 + 6x^2 - 20x + 8$, $y' = 45x^2 + 12x - 20$; (6) $y' = \dfrac{-6x}{(x^2-2)^2}$.

4. (1) $y' = 6\cos 6x$; (2) $y' = 4x\sec^2 2x^2$; (3) $y' = \dfrac{1}{3}e^{\frac{x}{3}}(x^2 + 6x + 1)$;

(4) $y' = \dfrac{3}{\sqrt{-9x^2 - 12x - 3}}$; (5) $y' = -\tan x$; (6) $y' = \dfrac{3}{x}$; (7) $y' = \dfrac{1}{x\sqrt{x^2-1}}$;

(8) $y' = \dfrac{-1}{|x|\sqrt{x^2-1}}$; (9) $y' = 4\cot 4x$; (10) $y' = \dfrac{-x}{|x|\sqrt{1-x^2}}$.

习题 3.3

1. (1) $y'' = e^x(\tan x + 2\sec^2 x + 2\sec^2 x \cdot \tan x)$; (2) $y^{(n)} = 2^n \sin(2x + \dfrac{n}{2}\pi)$.
2. (1) C; (2) A.
3. (1) $y' = -\dfrac{1}{(x+2)^2}$, $y'' = \dfrac{2}{(x+2)^3}$; (2) $y' = \sec^2 x$, $y'' = 2\sec^2 x \tan x$;

(3) $y' = e^x + xe^x$, $y'' = e^x(x+2)$; (4) $y' = 3\cos(3x+2)$, $y'' = -9\sin(3x+2)$;

(5) $y' = e^x \cos x - e^x \sin x$, $y'' = -2e^x \sin x$; (6) $y' = \ln x + 1$, $y'' = \dfrac{1}{x}$;

(7) $y' = \dfrac{\cos x}{\sin x}$, $y'' = -\csc^2 x$; (8) $y' = \dfrac{1}{\sqrt{1-x^2}}$, $y'' = \dfrac{x}{(1-x^2)^{\frac{3}{2}}}$.

4. $f^{(100)}(x) = 2 + e^x$.
5. $y^{(4)} = 4e^x \cos x$.

习题 3.4

1. (1) $\dfrac{dy}{dx}=\dfrac{1}{1+e^y}$ ；(2) 3 或 -1 ；(3) $9x-2y-36=0$ ；(4) 1.

2. (1) B ；(2) D.

3. (1) $\dfrac{dy}{dx}=\dfrac{2y}{3y^2-2x}$ ；(2) $\dfrac{dy}{dx}=-\dfrac{x}{y}$ ；(3) $\dfrac{dy}{dx}=\dfrac{ye^{xy}-y^2}{2xy-xe^{xy}}$ ；(4) $\dfrac{dy}{dx}=-\dfrac{ye^x}{1+e^x}$ ；

   (5) $\dfrac{dy}{dx}=-\dfrac{2xye^{-x^2y}+1}{x^2e^{-x^2y}+1}$ ；(6) $\dfrac{dy}{dx}=-\dfrac{y}{x}$.

4. (1) $y'=y(\ln x+1)=x^x(\ln x+1)$ ；(2) $y'=\cos x^{\sin x}(\cos x\ln\cos x-\sin x\tan x)$ ；

   (3) $y'=\left(\dfrac{x}{x+1}\right)^x\left(\ln\dfrac{x}{x+1}+\dfrac{1}{x+1}\right)$ ；(4) $y'=\dfrac{1}{5}\sqrt[5]{\dfrac{x-5}{\sqrt[5]{x^2+2}}}\left[\dfrac{1}{x-5}-\dfrac{2x}{5(x^2+2)}\right]$.

5. (1) $\dfrac{dy}{dx}=-\dfrac{1}{t}$ ；(2) $\dfrac{dy}{dx}=\dfrac{\cos t-t\sin t}{1-\sin t-t\cos t}$ ；

6. $\dfrac{d^2y}{dx^2}=-\dfrac{1}{4t^3}-\dfrac{3}{2t}$.

习题 3.5

1. (1) $-\dfrac{1}{1+x}$ ；(2) $\dfrac{1}{2}x^2$ ；(3) $\dfrac{1}{3}e^{3x}$ ；

   (4) $\sin x$ ；(5) $2\sqrt{x}$ ；(6) $-\ln(1-x)$ ；

   (7) $\dfrac{1}{\sqrt{1-x^2}}f'(\arcsin x)dx$ ；(8) 充分.

2. (1) B ；(2) D.

3. $dy=-2xe^{-x^2+1}dx$.

4. $dy=\dfrac{1-xy-y^2}{x^2+xy-1}dx$.

5. $dy=\dfrac{2xe^{x^2}}{1+e^{x^2}}dx$.

总习题 3

1. $f(x)$ 在 $x=0$ 点处可导，可导则连续.

2. 切线方程为 $y=-(x-1)$，即 $x+y-1=0$.

3. $-\dfrac{3}{2}$.

4. 可导.

5. (1) $y'=-\dfrac{1}{x^2}\left(1+\dfrac{1}{x}\right)$ ；(2) $y'=\dfrac{1}{2}\left(\dfrac{1}{x-1}+\dfrac{1}{\sqrt{1-x^2}\cdot\arccos x}\right)$ ；

(3) $y' = \dfrac{x\cos\sqrt{1+x^2}}{\sqrt{1+x^2}}$; (4) $y' = n\sin^{n-1}x \cdot \sin(n+1)x$.

6. (1) $y' = 3x^2 f'(x^3)$; (2) $y' = \sin 2x[f'(\sin^2 x) - f'(\cos^2 x)]$.

7. (1) $y'' = \dfrac{1}{2\sqrt{2}} \dfrac{1+x-4x^2}{(1+x)^2(x-x^2)^{\frac{3}{2}}}$; (2) $y'' = \dfrac{1}{x}\cos(\ln x)$.

8. 略

9. 切线方程为 $x + y = \dfrac{\sqrt{2}}{2}a$; 法线方程为 $x - y = 0$.

10. 切线方程为 $x + 2y - 4 = 0$; 法线方程为 $2x - y - 3 = 0$.

11. (1) $\dfrac{d^2 y}{dx^2} = -\dfrac{b}{a}\left(-\dfrac{1}{\sin^2 t}\right)\left(-\dfrac{1}{a\sin t}\right) = -\dfrac{b}{a^2 \sin^3 t}$;

(2) $\dfrac{d^2 y}{dx^2} = -\dfrac{2}{3}(2e^{2t}) \cdot \dfrac{1}{-3e^{-t}} = \dfrac{4}{9}e^{3t}$;

(3) $\dfrac{d^2 y}{dx^2} = \dfrac{\left(\dfrac{3bt}{2a}\right)'}{(at^2)'} = \dfrac{\dfrac{3b}{2a}}{2at} = \dfrac{3b}{4a^2 t}$;

(4) $\dfrac{d^2 y}{dx^2} = \dfrac{\left(\dfrac{t}{2}\right)'}{(\ln(1+t^2))'} = \dfrac{\dfrac{1}{2}}{\dfrac{2t}{1+t^2}} = \dfrac{1+t^2}{4t}$.

12. (1) $dy = \left(-\dfrac{1}{x^2} + \dfrac{1}{\sqrt{x}}\right)dx$; (2) $dy = (\tan x + x\sec^2 x)dx$;

(3) $dy = \dfrac{\sqrt{x^2+1} - x \cdot 2x \cdot \dfrac{1}{2} \cdot \dfrac{1}{\sqrt{x^2+1}}}{x^2+1}dx$;

(4) $dy = \dfrac{6\ln(3x+2)}{3x+2}dx$; (5) $dy = \dfrac{1}{\sqrt{-x^2-x}}$;

(6) $dy = \left[e^x \cos(3-x) + e^x \sin(3-x)\right]dx$.

13. $dy = e^{f(x)}\left[f'(\ln x) \cdot \dfrac{1}{x} + f(\ln x) \cdot f'(x)\right]dx$.

自测题 3

一、1. $y' = 5^x \ln 5$. 2. $2f'(1)$. 3. $2x - y + 1 = 0$. 4. $y' = x^{\sin x}\left(\cos x \ln x + \dfrac{\sin x}{x}\right)$. 5. $\dfrac{2\sqrt{15}}{3}$.

6. $dy = 4x \cdot e^{2x^2} dx$. 7. $y''' = -8\cos(2x+5)$. 8. $\dfrac{d^2 y}{dx^2} = 0$. 9. $\dfrac{dy}{dx} = -\dfrac{a}{b}\cot t$. 10. $y' = \dfrac{2e^{2x+y} - y}{x - e^{2x+y}}$.

二、1. D; 2. A; 3. C; 4. C; 5. B.

三、1. $y' = e^{3x} \dfrac{3\ln(x+2) + \dfrac{1}{x+2}}{\ln^2(x+2)}$；2. $\dfrac{d^2y}{dx^2} = e^{3x}(9x^2 + 12x + 2)$；3. $a = 1, b = 0$；

4. $y' = \dfrac{y \cdot \cos xy}{3y^2 - x \cdot \cos xy}$；5. $\dfrac{dy}{dx} = \dfrac{\cos\theta - \theta\sin\theta}{1 - \sin\theta - \theta\cos\theta}$；6. $dy = e^{3x}\dfrac{3\sin x - \cos x}{\sin^2 x}dx$.

习题 4.1

1. (1) $\xi = \dfrac{\pi}{2}$；(2) $\xi = e - 1$；(3) $\xi = \dfrac{14}{9}$.

2. (1) C. (2) B. (3) C.

3. $\xi = -\dfrac{1}{4}$.

4. $\xi = \dfrac{1}{\ln 2}$.

5. $\xi = \dfrac{2}{3}$.

6. 略

习题 4.2

1. (1) $a = -1, b = -4$；(2) $-\dfrac{1}{2}$；(3) $\dfrac{1}{3}$.

2. (1) B； (2) A.

3. (1) $\dfrac{5}{8}$；(2) $\dfrac{3}{2}$；(3) 0；(4) 4；(5) 2；(6) -1；(7) 1；(8) 2；(9) $\dfrac{a^2}{b^2}$；

   (10) 0；(11) 2；(12) 0；(13) $\dfrac{1}{3}$；(14) $\dfrac{1}{2}$；(15) 0；(16) 1；(17) 1；(18) e^3

习题 4.3

1. (1) 既非充分也非必要；(2) 小.

2. (1) C； (2) D.

3. (1) 错；(2) 错；(3) 对；(4) 错.

4. (1) 函数在 $(-\infty, -1]$，$[3, +\infty)$ 内单调递增，$[-1, 3]$ 上单调减少.

   (2) 函数在 $(-\infty, 0]$ 上单调递增，在在 $[0, +\infty)$ 单调递减.

   (3) 函数在 $(-\infty, +\infty)$ 内函数为单调递增.

   (4) 函数在 $[1, +\infty)$ 上单调递增，在 $(0, 1]$ 上单调递减.

   (5) 函数在 $(-\infty, 3]$ 和 $(0, 3)$ 上单调递减少，在 $[3, +\infty)$ 上单调递增.

   (6) 函数在 $[-1, 0]$，$[1, +\infty)$ 上单调递减少,在 $(-\infty, -1]$，$[(0, 1]$ 上单调递增.

5. (1) $f(1)=2$ 为极小值，$f(-1)=-2$ 为极大值.

 (2) $f(1)=-2$ 为极小值，$f(-1)=2$ 为极大值.

 (3) $f(e^{-\frac{1}{2}})=-\dfrac{1}{2e}$ 为极小值.

 (4) 函数无极值点.

 (5) 极大值 $f(0)=2$，极小值 $f(2)=-14$.

6. (1) 最大值为 $f(\pm\sqrt{2})=f(0)=5$，最小值为 $f(\pm 1)=4$.

 (2) 最大值为 $f(-1)=3$，最小值为 $f(1)=1$.

 (3) 最大值为 $f(2)=\dfrac{5}{2}$，最小值为 $f(1)=2$.

 (4) 最大值为 $f\left(-\dfrac{\pi}{2}\right)=\pi-1$，最小值为 $f\left(\dfrac{\pi}{2}\right)=1-\pi$.

习题 4.4

1. (1) 单调递减的凹曲线；(2) $\left(\dfrac{5}{3},\dfrac{20}{27}\right)$，$\left(-\infty,\dfrac{5}{3}\right]$；(3) $x=-1,x=1$；(4) 凹，大于.

2. (1) B；(2) A.

3. 略

4. (1) $(-1,\ln 2),(1,\ln 2)$；(2) 没有拐点；(3) $\left(2,\dfrac{2}{e^2}\right)$；(4) $(-1,-7),(1,-3)$；(5) $(1,-3)$ 和 $(2,6)$；

 (6) $\left(-\dfrac{1}{5},-\dfrac{6}{5\sqrt[3]{25}}\right)$.

5. (1) $x=2$ 是 $y=\dfrac{1}{x-2}$ 的一条铅直渐近线；$y=0$ 是 $y=\dfrac{1}{x-2}$ 的一条水平渐近线.

 (2) $x=0$ 是 $y=\ln x$ 的一条铅直渐近线.

 (3) $x=1$ 是 $y=\dfrac{x^2+3}{x-1}$ 的一条铅直渐近线；$y=x+1$ 是该曲线的一条斜渐近线.

 (4) $y=1$ 是该曲线的一条水平渐近线.

习题 4.5

1. (1) 1.5；(2) $\dfrac{p}{20-p}$.

2. 当 $x=3$ 时，x 改变一个单位，$f(x)$ 改变 $\dfrac{1}{3}$ 个单位.

3. 最大利润为 $L(240)=28600$.

4. $L(4.75)=10.78125$ 万元.

5. (1) $\dfrac{Ey}{Ex}=5$；(2) $\dfrac{Ey}{Ex}=-1$；(3) $\dfrac{Ey}{Ex}=x\cot x$；(4) $\dfrac{Ey}{Ex}=x$.

总习题 4

1. $\xi = 0$.

2. 方程 $f'(x) = 0$ 有且仅有三个实根，它们分别位于区间 $(1,2),(2,3),(3,4)$ 内.

3. 略.

4. 略.

5. 略.

6. 略.

7. 略.

8. 略.

9. $f(x)$ 在 $[a,b]$ 上单调减少.

10. 略.

11. 略.

12. $-\dfrac{1}{2}\cos a$.

13. $a = -3$，$b = -\dfrac{9}{2}$.

14. 略.

15. 略.

16. 略.

17. $\begin{cases} a = -2, \\ b = 6. \end{cases}$

18. $a = 2$，函数在 $x = \dfrac{\pi}{3}$ 处取得极大值.

19. 当 $x = \sqrt{S}$ 时，周长最小，最小值为 $L = 2(x+y) = 4\sqrt{S}$.

20. 当底面直径与高的比例为 $b:a$ 时，造价最省.

21. 长为 $\dfrac{3}{2}$，宽为 1 时，面积最大，最大值为 $\dfrac{3}{2}$.

22. 每月每套租金为 350 元时收入最高. 最大收入为 10890 元.

23. 曲线的凹区间为 $(1,2)$；曲线的凸区间为 $(-\infty,1)$ 和 $(2,+\infty)$；曲线的拐点为 $\left(1, -\dfrac{2}{5}\right)$ 和 $(2,2)$.

24. $a = -6, b = 9, c = 2$.

25. 水平渐近线 $y = 0$；但无垂直渐近线和斜渐近线.

26. 略.

27. 略.

28. (1) 9.5；(2) 22.

29. $C(3) = 87$.

习题参考答案

30. $Q=3$ 时，$R'(3)=\dfrac{5}{(3+1)^2}=\dfrac{5}{16}$. 其经济意义为：当销售量为 3 个单位时，以后，再多卖出 1 个单位的产品，总收益就将增加 $\dfrac{5}{16}$.

31. $L'(100)=60-20=40$. 经济意义为：当产量为 100 的时候，如果再生产一件产品，利润将增加 40 个单位.

32. (1) $E_d=\dfrac{-P}{20-P}$； (2) $E_d(4)=-\dfrac{1}{4}$.

    经济意义：当 $P=4$ 时，价格上涨 1%，需求量下降 0.25%.

33. $E_s(2)=\dfrac{4}{7}$.

自测题 4

一、1. 0； 2. 1； 3. 1； 4. ； 5. $1-x$.

二、1. A； 2. A； 3. C； 4. C； 5. D.

三、1. (1) 1； (2) e^{-1}.

2. $f(x)$ 在 $(-\infty,-2]\cup[2,+\infty)$ 内单调递增；在 $[-2,2]$ 内单调递减. 极大值 $f(-2)=16$，极小值 $f(2)=-16$.

3. $x\in\left(-\infty,-\dfrac{1}{2}\right)$ 时，$f(x)$ 的图像为凸的；当 $x\in\left(-\dfrac{1}{2},+\infty\right)$ 时，$f(x)$ 的图像为凹的. 拐点为 $\left(-\dfrac{1}{2},\dfrac{21}{2}\right)$.

4. $x=-1$ 为曲线的铅直渐近线；$y=x+1$ 为曲线的斜渐近线.

5. $a=-\dfrac{2}{3}, b=-\dfrac{1}{6}$.

四、略.

五、1. 宽为 5m，长为 10m 时，这间小屋的面积最大.

2. 当 $Q=10^5$ 时，彩电的销售价格为 $P=6.2\times 10^3-0.02\times 10^5=4200$（元）.

习题 5.1

1. (1) 正确； (2) 不正确； (3) 不正确； (4) 正确； (5) 正确.

2. (1) $2^x\ln 2+\cos x$； (2) $-\sin x+C$；

    (3) $\dfrac{\sin x}{x}+C$； $\dfrac{2-x^2}{x^3}\sin x-\dfrac{2}{x^2}\cos x$.

3. (1) C； (2) B； (3) B； (4) D； (5) B.

4. 略.

习题 5.2

1. (1) $\frac{1}{6}x^6+C$; (2) $-\frac{1}{4x^4}+C$; (3) $2\sqrt{x}+C$; (4) $\frac{3}{2}x^{\frac{2}{3}}+C$; (5) $-e^{-x}+C$.

2. (1) B; (2) B; (3) B; (4) B; (5) C.

3. (1) $x-x^3+C$;
   (2) $\frac{3}{4}x^{\frac{4}{3}}-2x^{\frac{1}{2}}+C$;
   (3) $\frac{2x^{\frac{3}{2}}}{3}+3\ln|x|-\frac{1}{3}x^{-3}+C$;
   (4) $\frac{t^2}{2}+3t+3\ln|t|-\frac{1}{t}+C$;
   (5) $x-\arctan x+C$;
   (6) $-\frac{1}{x}+\arctan x+C$;
   (7) $\frac{1}{3}x^3+\frac{3}{2}x^2+9x+C$;
   (8) e^x+x+C;
   (9) $2x-\dfrac{\left(\frac{2}{3}\right)^x}{\ln 2-\ln 3}+C$;
   (10) $\dfrac{3^x e^x}{1+\ln 3}-2\arcsin x-3\cos x+C$;
   (11) $e^x-\ln|x|+2\sin x+C$;
   (12) $-\cot x-x+C$;
   (13) $\frac{1}{2}(e^{2x}-e^{-2x})+2x+C$;
   (14) $\frac{3}{2}\arcsin x+C$;
   (15) $\frac{1}{2}(x+\sin x)+C$;
   (16) $\sin x+\cos x+C$;
   (17) $-\cot x-\tan x+C$;
   (18) $-\cos x+\sin x+C$.

习题 5.3

1. (1) $\frac{1}{2}x^2$; (2) $\frac{1}{4}x^4$; (3) $\frac{1}{n+1}x^{n+1}$;
   (4) $-\frac{1}{x}$; (5) $\ln|x|$; (6) $\tan x$;
   (7) $\sec x$; (8) $-\frac{2}{3}\cos\frac{3}{2}x$; (9) $\frac{1}{2}e^{2x}$;
   (10) $-2e^{\frac{x}{2}}$; (11) $\arcsin x$; (12) $\frac{1}{2}\arctan 2x$.

2. (1) A; (2) D; (3) C; (4) C; (5) C.

3. (1) $\frac{1}{63}(3x-2)^{21}+C$;
   (2) $\ln(1+x^2)+C$;
   (3) $-\frac{3}{4}\ln|1-x^4|+C$;
   (4) $-\frac{1}{2}e^{1-2x}+C$;
   (5) $\frac{1}{2}e^{x^2-2x+2}+C$;
   (6) $\ln(4+e^x)+C$;
   (7) $-\frac{1}{2}\ln|1-2x|+C$;
   (8) $-\frac{2}{9}(1-x^3)^{\frac{3}{2}}+C$;

(9) $-\dfrac{1}{2}(2-3x)^{\frac{2}{3}}+C$;

(10) $\dfrac{1}{\sqrt{2}}\arctan\dfrac{x-2}{\sqrt{2}}+C$;

(11) $\dfrac{1}{6}\arctan\dfrac{3}{2}x+C$;

(12) $\ln|e^x-1|-x+C$;

(13) $\dfrac{2}{3}e^{3\sqrt{x}}+C$;

(14) $\dfrac{1}{4}e^{x^4}+C$;

(15) $\arctan e^x+C$;

(16) $\arccos e^{-x}+C$;

(17) $\ln|x\ln x|+C$;

(18) $\ln|\ln\ln x|+C$;

(19) $-\dfrac{1}{2(\arcsin x)^2}+C$;

(20) $-\cos\sqrt{1+x^2}+C$;

(21) $\dfrac{3}{2}\sin\left(\dfrac{2}{3}x-5\right)+C$;

(22) $-\dfrac{1}{2}\ln|\cos 2x|+2\ln\left|\sin\dfrac{x}{2}\right|+C$;

(23) $\dfrac{1}{2\cos^2 x}+C$;

(24) $\dfrac{1}{2}x-\dfrac{1}{4}\sin 2x+C$;

(25) $\dfrac{1}{3}\sec^3 x-\sec x+C$;

(26) $\dfrac{1}{3}\sin^3 x-\dfrac{2}{5}\sin^5 x+\dfrac{1}{7}\sin^7 x+C$;

(27) $\ln|x+\sin x|+C$;

(28) $2\sqrt{\sin x-\cos x}+C$;

(29) $\dfrac{1}{2}(\ln\tan x)^2+C$;

(30) $(\arctan\sqrt{x})^2+C$.

4. (1) $2\sqrt{x}-2\arctan\sqrt{x}+C$;

(2) $\sqrt{2x-3}-\ln|\sqrt{2x-3}+1|+C$;

(3) $\dfrac{4}{63}(3x+1)\sqrt[4]{(3x+1)^3}-\dfrac{4}{27}\sqrt[4]{(3x+1)^3}+C$;

(4) $6(\sqrt[6]{x}-\arctan\sqrt[6]{x})+C$;

(5) $2(\sqrt{x}-\ln|1+\sqrt{x}|)+C$;

(6) $\dfrac{3}{2}(\sqrt[3]{(x+1)^2}-3\sqrt[3]{x+1}+3\ln|\sqrt[3]{x+1}+1|)+C$;

(7) $\dfrac{1}{2}\arctan x+\dfrac{x}{2(1+x^2)}+C$;

(8) $-\dfrac{(a^2-x^2)^{\frac{3}{2}}}{3a^2 x^3}+C$;

(9) $\dfrac{1}{2}\arcsin x-\dfrac{1}{2}x\sqrt{1-x^2}+C$;

(10) $\dfrac{1}{3}\ln|3x+\sqrt{9x^2-4}|+C$;

(11) $\dfrac{x}{\sqrt{x^2+1}}+C$;

(12) $\ln|x+\sqrt{x^2-9}|-\dfrac{\sqrt{x^2-9}}{x}+C$;

(13) $-\dfrac{1}{3}(\sqrt{1-x^2})^3+\dfrac{1}{5}(\sqrt{1-x^2})^5+C$;

(14) $\dfrac{1}{2}\arcsin\dfrac{2x}{3}-\dfrac{1}{4}\sqrt{9-4x^2}+C$;

(15) $\arcsin x-\dfrac{x}{1+\sqrt{1-x^2}}+C$;

(16) $-\dfrac{1}{24}\ln(1+\dfrac{4}{x^6})+C$.

习题 5.4

1. (1) $e^x(x-1)+C$; (2) $-e^{-x}(x+1)+C$; (3) $-x\cos x+\sin x+C$;

(4) $(x+1)\ln(x+1)-x+C$; (5) $xf'(x)-f(x)+C$.

2. (1) A ; (2) D ; (3) C ; (4) B ; (5) C.

3. (1) $-e^{-x}(x^2+x+2)+C$;

(2) $x^2\sin x+2x\cos x-2\sin x+C$;

(3) $3x\sin\dfrac{x}{3}+9\cos\dfrac{x}{3}+C$;

(4) $x\ln(x^2+1)-2x+2\arctan x+C$;

(5) $x\arccos x-\sqrt{1-x^2}+C$;

(6) $\dfrac{1}{3}x^3\arctan x-\dfrac{1}{6}x^2+\dfrac{1}{6}\ln(1+x^2)+C$;

(7) $\dfrac{1}{3}x^3\ln x-\dfrac{1}{9}x^3+C$;

(8) $-\dfrac{1}{2}x^2+x\tan x+\ln|\cos x|+C$;

(9) $\dfrac{e^x}{2}(\sin x+\cos x)+C$;

(10) $\dfrac{1}{2}e^x-\dfrac{1}{5}e^x\sin 2x-\dfrac{1}{10}e^x\cos 2x+C$;

(11) $\ln x(\ln\ln x-1)+C$;

(12) $-\dfrac{1}{2}\left(x^2+\dfrac{1}{2}\right)\cos 2x+\dfrac{1}{2}x\sin 2x+C$;

(13) $-\dfrac{x}{4}\cos 2x+\dfrac{\sin 2x}{8}+C$;

(14) $x(\arcsin x)^2+2\sqrt{1-x^2}\arcsin x-2x+C$.

4. $I_n=x^n e^x-nI_{n-1}$ $(n=1,2,3\ldots)$，其中 $I_0=e^x+C_0$; $I_1=xe^x-e^x+C_1$; $I_2=x^2e^x-2xe^x+2e^x+C_2$.

习题 5.5

1. (1) $\dfrac{1}{2}\ln|x+1|-\dfrac{1}{2}\ln|x-1|+C$;

(2) $-5\ln|x-2|+6\ln|x-3|+C$;

(3) $-\ln|x|+\arctan x+\dfrac{1}{2}\ln(x^2+1)+C$;

(4) $-\dfrac{3}{2}\ln|x|+\dfrac{5}{3}\ln|x-1|-\dfrac{1}{6}\ln|x+2|+C$;

(5) $\dfrac{1}{3}x^3-\dfrac{3}{2}x^2+9x-27\ln|x+3|+C$;

(6) $2\ln|x+1|-\ln|x^2-x+1|+2\sqrt{3}\arctan\dfrac{2x-1}{\sqrt{3}}+C$;

(7) $\dfrac{1}{x+1}+\dfrac{1}{2}\ln|x^2-1|+C$;

(8) $\ln|x+1|-2\ln|x+2|+\ln|x+3|+C$.

2. (1) $\dfrac{1}{\sqrt{2}}\arctan\dfrac{\tan\dfrac{x}{2}}{\sqrt{2}}+C$;

(2) $\dfrac{1}{2}\ln\left|\tan\dfrac{x}{2}\right|+\dfrac{1}{4}\tan^2\dfrac{x}{2}+\dfrac{1}{2}\tan\dfrac{x}{2}+C$;

(3) $\dfrac{1}{\sqrt{2}}\arctan(\sqrt{2}\tan x)+C$;

(4) $\ln\left|\dfrac{\tan\dfrac{x}{2}-5}{\tan\dfrac{x}{2}-3}\right|+C$.

总习题 5

1. (1) $\dfrac{x}{2}\tan x-\dfrac{1}{2}\ln|\cos x|+C$;

(2) $-\dfrac{1}{3}(1-x^2)^{\frac{3}{2}}\arcsin x-\dfrac{x^3}{9}+\dfrac{x}{3}+C$;

(3) $\csc x-\cot x+C$;

(4) $(\arctan\sqrt{x})^2+C$;

(5) $\sqrt{2x} - \ln|\sqrt{2x}+1| + C$;

(6) $\dfrac{1}{(1-x)^2} - \dfrac{1}{1-x} + C$;

(7) $\dfrac{1}{4}x^2 - \dfrac{1}{4}x\sin 2x - \dfrac{1}{8}\cos 2x + C$;

(8) $\ln|x - \sin x| + C$;

(9) $\arcsin\dfrac{x-2}{2} + C$;

(10) $\dfrac{x}{\sqrt{1-x^2}} - \dfrac{\sqrt{1-x^2}}{x} + C$;

(11) $2\sqrt{x}\sin\sqrt{x} + 2\cos\sqrt{x} + C$;

(12) $\tan x \ln(\cos x) + \tan x - x + C$;

(13) $\ln\left|\dfrac{\sqrt{1+e^x}-1}{\sqrt{1+e^x}+1}\right| + C$;

(14) $(4-2x)\cos\sqrt{x} + 4\sqrt{x}\sin\sqrt{x} + C$;

(15) $\ln|1+\sin x| + C$;

(16) $x - \tan\dfrac{x}{2} + C$;

(17) $\dfrac{1}{2}x + \dfrac{1}{2}\ln|\cos x + \sin x| + C$;

(18) $\dfrac{2}{3}(x+1)^{\frac{3}{2}} - \dfrac{2}{3}x^{\frac{3}{2}} + C$;

(19) $\dfrac{1}{2}\left(\arcsin x + \ln|x + \sqrt{1-x^2}|\right) + C$;

(20) $\arccos\dfrac{1}{|x|}$;

(21) $\dfrac{x^2}{4} + \dfrac{x}{2}\sin x + \dfrac{1}{2}\cos x + C$;

(22) $-\dfrac{1}{x}(\ln^2 x + 2\ln x + 2) + C$;

(23) $\dfrac{1}{2}(x^2 - 1)\ln|x+1| - \dfrac{1}{4}x^2 + \dfrac{1}{2}x + C$;

(24) $\dfrac{x}{4}\sec^4 x - \dfrac{1}{4}\tan x - \dfrac{1}{12}\tan^3 x + C$.

2. $-\dfrac{1}{3}\sqrt{(1-x^2)^3} + C$.

3. $f(x) = x + \dfrac{x^3}{3} + 1$.

4. 略.

5. $\dfrac{1}{2}(\sin x \cos x - x) + C$.

6. 略.

7. $y = \ln|x|$.

8. $f(x) = \dfrac{1}{2}x^2 + e^x + 1$.

9. (1) $v(t) = t^4 - \sin t + 3$. (2) $s(t) = \dfrac{t^5}{5} + \cos t + 3t + 1$.

10. $R(q) = 32q^2 - \dfrac{q^3}{3}$.

11. $c(q) = 9e^{\frac{1}{3}q} + 80$.

自测题 5

一、1. $-\dfrac{1}{4}$; 2. $-\ln|\cos x| + C$; 3. $e^{-x^3}dx$; 4. $\dfrac{x^3}{3} + C$; 5. $7^{2x}2\ln 7$; 6. 1; 7. $x^2 e^{-x} + c$;

8. $\sin x + x\cos x$; 9. $y = x^2 + 2$; 10. $-F(e^{-x}) + C$.

二、1. B; 2. B; 3. A; 4. D; 5. B; 6. D.

三、1. $\dfrac{2^x e^x}{1+\ln 2}+2\arctan x-\dfrac{4}{7}x^{\frac{7}{4}}+C$;

2. $\cos x-\dfrac{2\sin x}{x}+C$;

3. $\dfrac{1}{7}\sec^7 x-\dfrac{2}{5}\sec^5 x+\dfrac{1}{3}\sec^3 x+C$;

4. $-\dfrac{1}{3x^3}+\dfrac{1}{x}-\arctan\dfrac{1}{x}+C$;

5. $\dfrac{2}{5}(x+1)^{\frac{5}{2}}-\dfrac{2}{3}(x+1)^{\frac{3}{2}}+C$;

6. $-\dfrac{1}{2}x\cos(2x-3)+\dfrac{1}{4}\sin(2x-3)+C$;

7. $-3\ln|x-2|+5\ln|x-3|+C$;

8. $-\dfrac{\sqrt{4+x^2}}{4x}+C$.

四、$f(x)=\arccos\dfrac{1}{x}-\dfrac{\pi}{3}$.

五、$Q=1000\left(\dfrac{1}{3}\right)^P$.

附录1 初等数学常用公式

一、乘法公式与二项式定理

(1) $(a+b)^2 = a^2 + 2ab + b^2$; $(a-b)^2 = a^2 - 2ab + b^2$

(2) $(a+b)^3 = a^3 + 3a^2b + 3ab^2 + b^3$; $(a-b)^3 = a^3 - 3a^2b + 3ab^2 - b^3$

(3) $(a+b)^n = C_n^0 a^n + C_n^1 a^{n-1}b + C_n^2 a^{n-2}b^2 + \cdots + C_n^k a^{n-k}b^k + C_n^{n-1} ab^{n-1} + C_n^n b^n$

(4) $(a+b+c)(a^2+b^2+c^2-ab-ac-bc) = a^3+b^3+c^3-3abc$

(5) $(a+b-c)^2 = a^2+b^2+c^2+2ab-2ac-2bc$

二、因式分解

(1) $a^2 - b^2 = (a+b)(a-b)$

(2) $a^3 + b^3 = (a+b)(a^2-ab+b^2)$; $a^3 - b^3 = (a-b)(a^2+ab+b^2)$

(3) $a^n - b^n = (a-b)(a^{n-1} + a^{n-2}b + \cdots + b^{n-1})$

三、对数运算

(1) $a^{\log_a N} = N$

(2) $\log_a b^n = n \log_a b$

(3) $\log_a \sqrt[n]{b} = \frac{1}{n} \log_a b$

(4) $\log_a a = 1$

(5) $\log_a 1 = 0$

(6) $\log_a MN = \log_a M + \log_a N$

(7) $\log_a \frac{M}{N} = \log_a M - \log_a N$

(8) $\log_a b = \frac{1}{\log_b a}$

(9) $\lg a = \log_{10} a, \ln a = \log_e a$

四、排列组合

(1) $P_n^m = n(n-1)\cdots[n-(m-1)] = \frac{n!}{(n-m)!}$ (约定 $0! = 1$)

(2) $C_n^m = \frac{P_n^m}{m!} = \frac{n!}{m!(n-m)!}$

(3) $C_n^m = C_n^{n-m}$

(4) $C_n^m + C_n^{m-1} = C_{n+1}^m$

(5) $C_n^0 + C_n^1 + C_n^2 + \cdots + C_n^n = 2^n$

五、三角公式

1. $L_{弧长} = |\alpha|R = \frac{n\pi R}{180}$ $S_{扇} = \frac{1}{2}LR = \frac{1}{2}R^2|\alpha| = \frac{n\pi \cdot R^2}{360}$

2. 正弦定理：$\frac{a}{\sin A} = \frac{b}{\sin B} = \frac{c}{\sin C} = 2R$ (R 为三角形外接圆半径)

3. 余弦定理：$a^2 = b^2 + c^2 - 2bc\cos A$

   $b^2 = a^2 + c^2 - 2ac\cos B$

$$c^2 = a^2 + b^2 - 2ab\cos C$$

4. 和差角公式：① $\sin(\alpha \pm \beta) = \sin\alpha\cos\beta \pm \cos\alpha\sin\beta$

② $\cos(\alpha \pm \beta) = \cos\alpha\cos\beta \mp \sin\alpha\sin\beta$

③ $\tan(\alpha \pm \beta) = \dfrac{\tan\alpha \pm \tan\beta}{1 \mp \tan\alpha \cdot \tan\beta}$

5. 二倍角公式：(含万能公式)

① $\sin 2\theta = 2\sin\theta\cos\theta = \dfrac{2\tan\theta}{1+\tan^2\theta}$

② $\cos 2\theta = \cos^2\theta - \sin^2\theta = 2\cos^2\theta - 1 = 1 - 2\sin^2\theta$

③ $\tan 2\theta = \dfrac{2\tan\theta}{1-\tan^2\theta}$ ④ $\sin^2\theta = \dfrac{\tan^2\theta}{1+\tan^2\theta} = \dfrac{1-\cos 2\theta}{2}$ ⑤ $\cos^2\theta = \dfrac{1+\cos 2\theta}{2}$

6. 积化和差公式：

$\sin\alpha\cos\beta = \dfrac{1}{2}[\sin(\alpha+\beta) + \sin(\alpha-\beta)]$

$\cos\alpha\sin\beta = \dfrac{1}{2}[\sin(\alpha+\beta) - \sin(\alpha-\beta)]$

$\cos\alpha\cos\beta = \dfrac{1}{2}[\cos(\alpha+\beta) + \cos(\alpha-\beta)]$

$\sin\alpha\sin\beta = -\dfrac{1}{2}[\cos(\alpha+\beta) - \cos(\alpha-\beta)]$

7. 和差化积公式：

① $\sin\alpha + \sin\beta = 2\sin\dfrac{\alpha+\beta}{2}\cos\dfrac{\alpha-\beta}{2}$

② $\sin\alpha - \sin\beta = 2\cos\dfrac{\alpha+\beta}{2}\sin\dfrac{\alpha-\beta}{2}$

③ $\cos\alpha + \cos\beta = 2\cos\dfrac{\alpha+\beta}{2}\cos\dfrac{\alpha-\beta}{2}$

④ $\cos\alpha - \cos\beta = -2\sin\dfrac{\alpha+\beta}{2}\sin\dfrac{\alpha-\beta}{2}$

8. 反三角函数：

名称	函数式	定义域	值域	性质
反正弦函数	$y = \arcsin x$	$[-1,1]$ 增	$\left[-\dfrac{\pi}{2}, \dfrac{\pi}{2}\right]$	$\arcsin(-x) = -\arcsin x$ 奇
反余弦函数	$y = \arccos x$	$[-1,1]$ 减	$[0,\pi]$	$\arccos(-x) = \pi - \arccos x$
反正切函数	$y = \text{arctg}\, x$	R 增	$\left(-\dfrac{\pi}{2}, \dfrac{\pi}{2}\right)$	$\text{arctg}(-x) = -\text{arctg}\, x$ 奇
反余切函数	$y = \text{arcctg}\, x$	R 减	$(0,\pi)$	$\text{arcctg}(-x) = \pi - \text{arcctg}\, x$

附录 2 常用积分公式

(一) 含有 $ax+b$ 的积分 ($a \neq 0$)

1. $\int \dfrac{\mathrm{d}x}{ax+b} = \dfrac{1}{a}\ln|ax+b|+C$

2. $\int (ax+b)^\mu \mathrm{d}x = \dfrac{1}{a(\mu+1)}(ax+b)^{\mu+1}+C$ ($\mu \neq -1$)

3. $\int \dfrac{x}{ax+b}\mathrm{d}x = \dfrac{1}{a^2}(ax+b-b\ln|ax+b|)+C$

4. $\int \dfrac{x^2}{ax+b}\mathrm{d}x = \dfrac{1}{a^3}\left[\dfrac{1}{2}(ax+b)^2 - 2b(ax+b) + b^2\ln|ax+b|\right]+C$

5. $\int \dfrac{\mathrm{d}x}{x(ax+b)} = -\dfrac{1}{b}\ln\left|\dfrac{ax+b}{x}\right|+C$

6. $\int \dfrac{\mathrm{d}x}{x^2(ax+b)} = -\dfrac{1}{bx} + \dfrac{a}{b^2}\ln\left|\dfrac{ax+b}{x}\right|+C$

7. $\int \dfrac{x}{(ax+b)^2}\mathrm{d}x = \dfrac{1}{a^2}\left(\ln|ax+b| + \dfrac{b}{ax+b}\right)+C$

8. $\int \dfrac{x^2}{(ax+b)^2}\mathrm{d}x = \dfrac{1}{a^3}\left(ax+b - 2b\ln|ax+b| - \dfrac{b^2}{ax+b}\right)+C$

9. $\int \dfrac{\mathrm{d}x}{x(ax+b)^2} = \dfrac{1}{b(ax+b)} - \dfrac{1}{b^2}\ln\left|\dfrac{ax+b}{x}\right|+C$

(二) 含有 $\sqrt{ax+b}$ 的积分

10. $\int \sqrt{ax+b}\,\mathrm{d}x = \dfrac{2}{3a}\sqrt{(ax+b)^3}+C$

11. $\int x\sqrt{ax+b}\,\mathrm{d}x = \dfrac{2}{15a^2}(3ax-2b)\sqrt{(ax+b)^3}+C$

12. $\int x^2\sqrt{ax+b}\,\mathrm{d}x = \dfrac{2}{105a^3}(15a^2x^2 - 12abx + 8b^2)\sqrt{(ax+b)^3}+C$

13. $\int \dfrac{x}{\sqrt{ax+b}}\mathrm{d}x = \dfrac{2}{3a^2}(ax-2b)\sqrt{ax+b}+C$

14. $\int \dfrac{x^2}{\sqrt{ax+b}}\mathrm{d}x = \dfrac{2}{15a^3}(3a^2x^2 - 4abx + 8b^2)\sqrt{ax+b}+C$

15. $\int \dfrac{\mathrm{d}x}{x\sqrt{ax+b}} = \begin{cases} \dfrac{1}{\sqrt{b}}\ln\left|\dfrac{\sqrt{ax+b}-\sqrt{b}}{\sqrt{ax+b}+\sqrt{b}}\right|+C, & (b>0) \\ \dfrac{2}{\sqrt{-b}}\arctan\sqrt{\dfrac{ax+b}{-b}}+C & (b<0) \end{cases}$

16. $\int \dfrac{dx}{x^2\sqrt{ax+b}} = -\dfrac{\sqrt{ax+b}}{bx} - \dfrac{a}{2b}\int \dfrac{dx}{x\sqrt{ax+b}}$

17. $\int \dfrac{\sqrt{ax+b}}{x}dx = 2\sqrt{ax+b} + b\int \dfrac{dx}{x\sqrt{ax+b}}$

18. $\int \dfrac{\sqrt{ax+b}}{x^2}dx = -\dfrac{\sqrt{ax+b}}{x} + \dfrac{a}{2}\int \dfrac{dx}{x\sqrt{ax+b}}$

(三)含有 $x^2 \pm a^2$ 的积分

19. $\int \dfrac{dx}{x^2+a^2} = \dfrac{1}{a}\arctan\dfrac{x}{a} + C$

20. $\int \dfrac{dx}{(x^2+a^2)^n} = \dfrac{x}{2(n-1)a^2(x^2+a^2)^{n-1}} + \dfrac{2n-3}{2(n-1)a^2}\int \dfrac{dx}{(x^2+a^2)^{n-1}}$

21. $\int \dfrac{dx}{x^2-a^2} = \dfrac{1}{2a}\ln\left|\dfrac{x-a}{x+a}\right| + C$

(四)含有 $ax^2+b\,(a>0)$ 的积分

22. $\int \dfrac{dx}{ax^2+b} = \begin{cases} \dfrac{1}{\sqrt{ab}}\arctan\sqrt{\dfrac{a}{b}}\,x + C & (b>0) \\ \dfrac{1}{2\sqrt{-ab}}\ln\left|\dfrac{\sqrt{a}x-\sqrt{-b}}{\sqrt{a}x+\sqrt{-b}}\right| + C & (b<0) \end{cases}$

23. $\int \dfrac{x}{ax^2+b}dx = \dfrac{1}{2a}\ln|ax^2+b| + C$

24. $\int \dfrac{x^2}{ax^2+b}dx = \dfrac{x}{a} - \dfrac{b}{a}\int \dfrac{dx}{ax^2+b}$

25. $\int \dfrac{dx}{x(ax^2+b)} = \dfrac{1}{2b}\ln\dfrac{x^2}{|ax^2+b|} + C$

26. $\int \dfrac{dx}{x^2(ax^2+b)} = -\dfrac{1}{bx} - \dfrac{a}{b}\int \dfrac{dx}{ax^2+b}$

27. $\int \dfrac{dx}{x^3(ax^2+b)} = \dfrac{a}{2b^2}\ln\dfrac{|ax^2+b|}{x^2} - \dfrac{1}{2bx^2} + C$

28. $\int \dfrac{dx}{(ax^2+b)^2} = \dfrac{x}{2b(ax^2+b)} + \dfrac{1}{2b}\int \dfrac{dx}{ax^2+b}$

(五)含有 $ax^2+bx+c\ (a>0)$ 的积分

29. $\int \dfrac{dx}{ax^2+bx+c} = \begin{cases} \dfrac{2}{\sqrt{4ac-b^2}}\arctan\dfrac{2ax+b}{\sqrt{4ac-b^2}} + C, & (b^2<4ac) \\ \dfrac{1}{\sqrt{b^2-4ac}}\ln\left|\dfrac{2ax+b-\sqrt{b^2-4ac}}{2ax+b+\sqrt{b^2-4ac}}\right| + C & (b^2>4ac) \end{cases}$

30. $\int \dfrac{x}{ax^2+bx+c}dx = \dfrac{1}{2a}\ln|ax^2+bx+c| - \dfrac{b}{2a}\int \dfrac{dx}{ax^2+bx+c}$

(六) 含有 $\sqrt{x^2+a^2}$ $(a>0)$ 的积分

31. $\int \dfrac{dx}{\sqrt{x^2+a^2}} = \text{arsh}\dfrac{x}{a} + C_1 = \ln(x+\sqrt{x^2+a^2}) + C$

32. $\int \dfrac{dx}{\sqrt{(x^2+a^2)^3}} = \dfrac{x}{a^2\sqrt{x^2+a^2}} + C$

33. $\int \dfrac{x}{\sqrt{x^2+a^2}}dx = \sqrt{x^2+a^2} + C$

34. $\int \dfrac{x}{\sqrt{(x^2+a^2)^3}}dx = -\dfrac{1}{\sqrt{x^2+a^2}} + C$

35. $\int \dfrac{x^2}{\sqrt{x^2+a^2}}dx = \dfrac{x}{2}\sqrt{x^2+a^2} - \dfrac{a^2}{2}\ln(x+\sqrt{x^2+a^2}) + C$

36. $\int \dfrac{x^2}{\sqrt{(x^2+a^2)^3}}dx = -\dfrac{x}{\sqrt{x^2+a^2}} + \ln(x+\sqrt{x^2+a^2}) + C$

37. $\int \dfrac{dx}{x\sqrt{x^2+a^2}} = \dfrac{1}{a}\ln\dfrac{\sqrt{x^2+a^2}-a}{|x|} + C$

38. $\int \dfrac{dx}{x^2\sqrt{x^2+a^2}} = -\dfrac{\sqrt{x^2+a^2}}{a^2 x} + C$

39. $\int \sqrt{x^2+a^2}\,dx = \dfrac{x}{2}\sqrt{x^2+a^2} + \dfrac{a^2}{2}\ln(x+\sqrt{x^2+a^2}) + C$

40. $\int \sqrt{(x^2+a^2)^3}\,dx = \dfrac{x}{8}(2x^2+5a^2)\sqrt{x^2+a^2} + \dfrac{3}{8}a^4\ln(x+\sqrt{x^2+a^2}) + C$

41. $\int x\sqrt{x^2+a^2}\,dx = \dfrac{1}{3}\sqrt{(x^2+a^2)^3} + C$

42. $\int x^2\sqrt{x^2+a^2}\,dx = \dfrac{x}{8}(2x^2+a^2)\sqrt{x^2+a^2} - \dfrac{a^4}{8}\ln(x+\sqrt{x^2+a^2}) + C$

43. $\int \dfrac{\sqrt{x^2+a^2}}{x}dx = \sqrt{x^2+a^2} + a\ln\dfrac{\sqrt{x^2+a^2}-a}{|x|} + C$

44. $\int \dfrac{\sqrt{x^2+a^2}}{x^2}dx = -\dfrac{\sqrt{x^2+a^2}}{x} + \ln(x+\sqrt{x^2+a^2}) + C$

(七) 含有 $\sqrt{x^2-a^2}$ $(a>0)$ 的积分

45. $\int \dfrac{dx}{\sqrt{x^2-a^2}} = \dfrac{x}{|x|}\text{arch}\dfrac{|x|}{a} + C_1 = \ln\left|x+\sqrt{x^2-a^2}\right| + C$

46. $\int \dfrac{dx}{\sqrt{(x^2-a^2)^3}} = -\dfrac{x}{a^2\sqrt{x^2-a^2}} + C$

47. $\int \dfrac{x}{\sqrt{x^2-a^2}} dx = \sqrt{x^2-a^2} + C$

48. $\int \dfrac{x}{\sqrt{(x^2-a^2)^3}} dx = -\dfrac{1}{\sqrt{x^2-a^2}} + C$

49. $\int \dfrac{x^2}{\sqrt{x^2-a^2}} dx = \dfrac{x}{2}\sqrt{x^2-a^2} + \dfrac{a^2}{2}\ln\left|x+\sqrt{x^2-a^2}\right| + C$

50. $\int \dfrac{x^2}{\sqrt{(x^2-a^2)^3}} dx = -\dfrac{x}{\sqrt{x^2-a^2}} + \ln\left|x+\sqrt{x^2-a^2}\right| + C$

51. $\int \dfrac{dx}{x\sqrt{x^2-a^2}} = \dfrac{1}{a}\arccos\dfrac{a}{|x|} + C$

52. $\int \dfrac{dx}{x^2\sqrt{x^2-a^2}} = \dfrac{\sqrt{x^2-a^2}}{a^2 x} + C$

53. $\int \sqrt{x^2-a^2}\, dx = \dfrac{x}{2}\sqrt{x^2-a^2} - \dfrac{a^2}{2}\ln\left|x+\sqrt{x^2-a^2}\right| + C$

54. $\int \sqrt{(x^2-a^2)^3}\, dx = \dfrac{x}{8}(2x^2-5a^2)\sqrt{x^2-a^2} + \dfrac{3}{8}a^4\ln\left|x+\sqrt{x^2-a^2}\right| + C$

55. $\int x\sqrt{x^2-a^2}\, dx = \dfrac{1}{3}\sqrt{(x^2-a^2)^3} + C$

56. $\int x^2\sqrt{x^2-a^2}\, dx = \dfrac{x}{8}(2x^2-a^2)\sqrt{x^2-a^2} - \dfrac{a^4}{8}\ln\left|x+\sqrt{x^2-a^2}\right| + C$

57. $\int \dfrac{\sqrt{x^2-a^2}}{x} dx = \sqrt{x^2-a^2} - a\arccos\dfrac{a}{|x|} + C$

58. $\int \dfrac{\sqrt{x^2-a^2}}{x^2} dx = -\dfrac{\sqrt{x^2-a^2}}{x} + \ln\left|x+\sqrt{x^2-a^2}\right| + C$

(八) 含有 $\sqrt{a^2-x^2}$ ($a>0$) 的积分

59. $\int \dfrac{dx}{\sqrt{a^2-x^2}} = \arcsin\dfrac{x}{a} + C$

60. $\int \dfrac{dx}{\sqrt{(a^2-x^2)^3}} = \dfrac{x}{a^2\sqrt{a^2-x^2}} + C$

61. $\int \dfrac{x}{\sqrt{a^2-x^2}} dx = -\sqrt{a^2-x^2} + C$

62. $\int \dfrac{x}{\sqrt{(a^2-x^2)^3}} dx = \dfrac{1}{\sqrt{a^2-x^2}} + C$

63. $\int \dfrac{x^2}{\sqrt{a^2-x^2}} dx = -\dfrac{x}{2}\sqrt{a^2-x^2} + \dfrac{a^2}{2}\arcsin\dfrac{x}{a} + C$

64. $\int \dfrac{x^2}{\sqrt{(a^2-x^2)^3}}dx = \dfrac{x}{\sqrt{a^2-x^2}} - \arcsin\dfrac{x}{a} + C$

65. $\int \dfrac{dx}{x\sqrt{a^2-x^2}} = \dfrac{1}{a}\ln\dfrac{a-\sqrt{a^2-x^2}}{|x|} + C$

66. $\int \dfrac{dx}{x^2\sqrt{a^2-x^2}} = -\dfrac{\sqrt{a^2-x^2}}{a^2 x} + C$

67. $\int \sqrt{a^2-x^2}\,dx = \dfrac{x}{2}\sqrt{a^2-x^2} + \dfrac{a^2}{2}\arcsin\dfrac{x}{a} + C$

68. $\int \sqrt{(a^2-x^2)^3}\,dx = \dfrac{x}{8}(5a^2-2x^2)\sqrt{a^2-x^2} + \dfrac{3}{8}a^4\arcsin\dfrac{x}{a} + C$

69. $\int x\sqrt{a^2-x^2}\,dx = -\dfrac{1}{3}\sqrt{(a^2-x^2)^3} + C$

70. $\int x^2\sqrt{a^2-x^2}\,dx = \dfrac{x}{8}(2x^2-a^2)\sqrt{a^2-x^2} + \dfrac{a^4}{8}\arcsin\dfrac{x}{a} + C$

71. $\int \dfrac{\sqrt{a^2-x^2}}{x}dx = \sqrt{a^2-x^2} + a\ln\dfrac{a-\sqrt{a^2-x^2}}{|x|} + C$

72. $\int \dfrac{\sqrt{a^2-x^2}}{x^2}dx = -\dfrac{\sqrt{a^2-x^2}}{x} - \arcsin\dfrac{x}{a} + C$

(九) 含有 $\sqrt{\pm ax^2 + bx + c}\ (a>0)$ 的积分

73. $\int \dfrac{dx}{\sqrt{ax^2+bx+c}} = \dfrac{1}{\sqrt{a}}\ln\left|2ax+b+2\sqrt{a}\sqrt{ax^2+bx+c}\right| + C$

74. $\int \sqrt{ax^2+bx+c}\,dx = \dfrac{2ax+b}{4a}\sqrt{ax^2+bx+c}$
    $\qquad + \dfrac{4ac-b^2}{8\sqrt{a^3}}\ln\left|2ax+b+2\sqrt{a}\sqrt{ax^2+bx+c}\right| + C$

75. $\int \dfrac{x}{\sqrt{ax^2+bx+c}}dx = \dfrac{1}{a}\sqrt{ax^2+bx+c}$
    $\qquad - \dfrac{b}{2\sqrt{a^3}}\ln\left|2ax+b+2\sqrt{a}\sqrt{ax^2+bx+c}\right| + C$

76. $\int \dfrac{dx}{\sqrt{c+bx-ax^2}} = -\dfrac{1}{\sqrt{a}}\arcsin\dfrac{2ax-b}{\sqrt{b^2+4ac}} + C$

77. $\int \sqrt{c+bx-ax^2}\,dx = \dfrac{2ax-b}{4a}\sqrt{c+bx-ax^2} + \dfrac{b^2+4ac}{8\sqrt{a^3}}\arcsin\dfrac{2ax-b}{\sqrt{b^2+4ac}} + C$

78. $\int \dfrac{x}{\sqrt{c+bx-ax^2}}dx = -\dfrac{1}{a}\sqrt{c+bx-ax^2} + \dfrac{b}{2\sqrt{a^3}}\arcsin\dfrac{2ax-b}{\sqrt{b^2+4ac}} + C$

(十) 含有 $\sqrt{\pm\dfrac{x-a}{x-b}}$ 或 $\sqrt{(x-a)(b-x)}$ 的积分

79. $\int \sqrt{\dfrac{x-a}{x-b}}\,dx = (x-b)\sqrt{\dfrac{x-a}{x-b}} + (b-a)\ln(\sqrt{|x-a|}+\sqrt{|x-b|}) + C$

80. $\int \sqrt{\dfrac{x-a}{b-x}}\,dx = (x-b)\sqrt{\dfrac{x-a}{b-x}} + (b-a)\arcsin\sqrt{\dfrac{x-a}{b-x}} + C$

81. $\int \dfrac{dx}{\sqrt{(x-a)(b-x)}} = 2\arcsin\sqrt{\dfrac{x-a}{b-x}} + C \quad (a<b)$

82. $\int \sqrt{(x-a)(b-x)}\,dx = \dfrac{2x-a-b}{4}\sqrt{(x-a)(b-x)} + \dfrac{(b-a)^2}{4}\arcsin\sqrt{\dfrac{x-a}{b-x}} + C$

$(a<b)$

(十一) 含有三角函数的积分

83. $\int \sin x\,dx = -\cos x + C$

84. $\int \cos x\,dx = \sin x + C$

85. $\int \tan x\,dx = -\ln|\cos x| + C$

86. $\int \cot x\,dx = \ln|\sin x| + C$

87. $\int \sec x\,dx = \ln\left|\tan\left(\dfrac{\pi}{4}+\dfrac{x}{2}\right)\right| + C = \ln|\sec x + \tan x| + C$

88. $\int \csc x\,dx = \ln\left|\tan\dfrac{x}{2}\right| + C = \ln|\csc x - \cot x| + C$

89. $\int \sec^2 x\,dx = \tan x + C$

90. $\int \csc^2 x\,dx = -\cot x + C$

91. $\int \sec x \tan x\,dx = \sec x + C$

92. $\int \csc x \cot x\,dx = -\csc x + C$

93. $\int \sin^2 x\,dx = \dfrac{x}{2} - \dfrac{1}{4}\sin 2x + C$

94. $\int \cos^2 x\,dx = \dfrac{x}{2} + \dfrac{1}{4}\sin 2x + C$

95. $\int \sin^n x\,dx = -\dfrac{1}{n}\sin^{n-1} x \cos x + \dfrac{n-1}{n}\int \sin^{n-2} x\,dx$

96. $\int \cos^n x\,dx = \dfrac{1}{n}\cos^{n-1} x \sin x + \dfrac{n-1}{n}\int \cos^{n-2} x\,dx$

97. $\int \dfrac{dx}{\sin^n x} = -\dfrac{1}{n-1}\cdot\dfrac{\cos x}{\sin^{n-1} x} + \dfrac{n-2}{n-1}\int \dfrac{dx}{\sin^{n-2} x}$

98. $\int \dfrac{dx}{\cos^n x} = \dfrac{1}{n-1} \cdot \dfrac{\sin x}{\cos^{n-1} x} + \dfrac{n-2}{n-1} \int \dfrac{dx}{\cos^{n-2} x}$

99. $\int \cos^m x \sin^n x\, dx = \dfrac{1}{m+n} \cos^{m-1} x \sin^{n+1} x + \dfrac{m-1}{m+n} \int \cos^{m-2} x \sin^n x\, dx$

$= -\dfrac{1}{m+n} \cos^{m+1} x \sin^{n-1} x + \dfrac{n-1}{m+n} \int \cos^m x \sin^{n-2} x\, dx$

100. $\int \sin ax \cos bx\, dx = -\dfrac{1}{2(a+b)} \cos(a+b)x - \dfrac{1}{2(a-b)} \cos(a-b)x + C$

101. $\int \sin ax \sin bx\, dx = -\dfrac{1}{2(a+b)} \sin(a+b)x + \dfrac{1}{2(a-b)} \sin(a-b)x + C$

102. $\int \cos ax \cos bx\, dx = \dfrac{1}{2(a+b)} \sin(a+b)x + \dfrac{1}{2(a-b)} \sin(a-b)x + C$

103. $\int \dfrac{dx}{a+b\sin x} = \dfrac{2}{\sqrt{a^2-b^2}} \arctan \dfrac{a\tan\dfrac{x}{2}+b}{\sqrt{a^2-b^2}} + C \quad (a^2 > b^2)$

104. $\int \dfrac{dx}{a+b\sin x} = \dfrac{1}{\sqrt{b^2-a^2}} \ln \left| \dfrac{a\tan\dfrac{x}{2}+b-\sqrt{b^2-a^2}}{a\tan\dfrac{x}{2}+b+\sqrt{b^2-a^2}} \right| + C \quad (a^2 < b^2)$

105. $\int \dfrac{dx}{a+b\cos x} = \dfrac{2}{a+b} \sqrt{\dfrac{a+b}{a-b}} \arctan \left(\sqrt{\dfrac{a-b}{a+b}} \tan \dfrac{x}{2} \right) + C \quad (a^2 > b^2)$

106. $\int \dfrac{dx}{a+b\cos x} = \dfrac{1}{a+b} \sqrt{\dfrac{a+b}{b-a}} \ln \left| \dfrac{\tan\dfrac{x}{2}+\sqrt{\dfrac{a+b}{b-a}}}{\tan\dfrac{x}{2}-\sqrt{\dfrac{a+b}{b-a}}} \right| + C \quad (a^2 < b^2)$

107. $\int \dfrac{dx}{a^2\cos^2 x + b^2\sin^2 x} = \dfrac{1}{ab} \arctan\left(\dfrac{b}{a}\tan x\right) + C$

108. $\int \dfrac{dx}{a^2\cos^2 x - b^2\sin^2 x} = \dfrac{1}{2ab} \ln\left|\dfrac{b\tan x + a}{b\tan x - a}\right| + C$

109. $\int x\sin ax\, dx = \dfrac{1}{a^2}\sin ax - \dfrac{1}{a}x\cos ax + C$

110. $\int x^2\sin ax\, dx = -\dfrac{1}{a}x^2\cos ax + \dfrac{2}{a^2}x\sin ax + \dfrac{2}{a^3}\cos ax + C$

111. $\int x\cos ax\, dx = \dfrac{1}{a^2}\cos ax + \dfrac{1}{a}x\sin ax + C$

112. $\int x^2\cos ax\, dx = \dfrac{1}{a}x^2\sin ax + \dfrac{2}{a^2}x\cos ax - \dfrac{2}{a^3}\sin ax + C$

(十二) 含有反三角函数的积分(其中 $a>0$)

113. $\int \arcsin \dfrac{x}{a} \mathrm{d}x = x \arcsin \dfrac{x}{a} + \sqrt{a^2-x^2} + C$

114. $\int x \arcsin \dfrac{x}{a} \mathrm{d}x = \left(\dfrac{x^2}{2} - \dfrac{a^2}{4}\right)\arcsin \dfrac{x}{a} + \dfrac{x}{4}\sqrt{a^2-x^2} + C$

115. $\int x^2 \arcsin \dfrac{x}{a} \mathrm{d}x = \dfrac{x^3}{3}\arcsin \dfrac{x}{a} + \dfrac{1}{9}(x^2+2a^2)\sqrt{a^2-x^2} + C$

116. $\int \arccos \dfrac{x}{a} \mathrm{d}x = x\arccos \dfrac{x}{a} - \sqrt{a^2-x^2} + C$

117. $\int x \arccos \dfrac{x}{a} \mathrm{d}x = \left(\dfrac{x^2}{2} - \dfrac{a^2}{4}\right)\arccos \dfrac{x}{a} - \dfrac{x}{4}\sqrt{a^2-x^2} + C$

118. $\int x^2 \arccos \dfrac{x}{a} \mathrm{d}x = \dfrac{x^3}{3}\arccos \dfrac{x}{a} - \dfrac{1}{9}(x^2+2a^2)\sqrt{a^2-x^2} + C$

119. $\int \arctan \dfrac{x}{a} \mathrm{d}x = x\arctan \dfrac{x}{a} - \dfrac{a}{2}\ln(a^2+x^2) + C$

120. $\int x \arctan \dfrac{x}{a} \mathrm{d}x = \dfrac{1}{2}(a^2+x^2)\arctan \dfrac{x}{a} - \dfrac{a}{2}x + C$

121. $\int x^2 \arctan \dfrac{x}{a} \mathrm{d}x = \dfrac{x^3}{3}\arctan \dfrac{x}{a} - \dfrac{a}{6}x^2 + \dfrac{a^3}{6}\ln(a^2+x^2) + C$

(十三) 含有指数函数的积分

122. $\int a^x \mathrm{d}x = \dfrac{1}{\ln a} a^x + C$

123. $\int \mathrm{e}^{ax} \mathrm{d}x = \dfrac{1}{a}\mathrm{e}^{ax} + C$

124. $\int x\mathrm{e}^{ax} \mathrm{d}x = \dfrac{1}{a^2}(ax-1)\mathrm{e}^{ax} + C$

125. $\int x^n \mathrm{e}^{ax} \mathrm{d}x = \dfrac{1}{a}x^n \mathrm{e}^{ax} - \dfrac{n}{a}\int x^{n-1}\mathrm{e}^{ax} \mathrm{d}x$

126. $\int x a^x \mathrm{d}x = \dfrac{x}{\ln a}a^x - \dfrac{1}{(\ln a)^2}a^x + C$

127. $\int x^n a^x \mathrm{d}x = \dfrac{1}{\ln a}x^n a^x - \dfrac{n}{\ln a}\int x^{n-1}a^x \mathrm{d}x$

128. $\int \mathrm{e}^{ax}\sin bx \mathrm{d}x = \dfrac{1}{a^2+b^2}\mathrm{e}^{ax}(a\sin bx - b\cos bx) + C$

129. $\int \mathrm{e}^{ax}\cos bx \mathrm{d}x = \dfrac{1}{a^2+b^2}\mathrm{e}^{ax}(b\sin bx + a\cos bx) + C$

130. $\int \mathrm{e}^{ax}\sin^n bx \mathrm{d}x = \dfrac{1}{a^2+b^2n^2}\mathrm{e}^{ax}\sin^{n-1}bx(a\sin bx - nb\cos bx)$

$$+\frac{n(n-1)b^2}{a^2+b^2n^2}\int e^{ax}\sin^{n-2}bx\mathrm{d}x$$

131. $\int e^{ax}\cos^n bx\mathrm{d}x = \frac{1}{a^2+b^2n^2}e^{ax}\cos^{n-1}bx(a\cos bx + nb\sin bx)$

$$+\frac{n(n-1)b^2}{a^2+b^2n^2}\int e^{ax}\cos^{n-2}bx\mathrm{d}x$$

(十四)含有对数函数的积分

132. $\int \ln x\mathrm{d}x = x\ln x - x + C$

133. $\int \frac{\mathrm{d}x}{x\ln x} = \ln|\ln x| + C$

134. $\int x^n \ln x\mathrm{d}x = \frac{1}{n+1}x^{n+1}\left(\ln x - \frac{1}{n+1}\right) + C$

135. $\int (\ln x)^n\mathrm{d}x = x(\ln x)^n - n\int (\ln x)^{n-1}\mathrm{d}x$

136. $\int x^m(\ln x)^n\mathrm{d}x = \frac{1}{m+1}x^{m+1}(\ln x)^n - \frac{n}{m+1}\int x^m(\ln x)^{n-1}\mathrm{d}x$

(十五)含有双曲函数的积分

137. $\int \mathrm{sh}x\mathrm{d}x = \mathrm{ch}x + C$

138. $\int \mathrm{ch}x\mathrm{d}x = \mathrm{sh}x + C$

139. $\int \mathrm{th}x\mathrm{d}x = \ln \mathrm{ch}x + C$

140. $\int \mathrm{sh}^2 x\mathrm{d}x = -\frac{x}{2} + \frac{1}{4}\mathrm{sh}2x + C$

141. $\int \mathrm{ch}^2 x\mathrm{d}x = \frac{x}{2} + \frac{1}{4}\mathrm{sh}2x + C$

(十六)定积分

142. $\int_{-\pi}^{\pi}\cos nx\mathrm{d}x = \int_{-\pi}^{\pi}\sin nx\mathrm{d}x = 0$

143. $\int_{-\pi}^{\pi}\cos mx\sin nx\mathrm{d}x = 0$

144. $\int_{-\pi}^{\pi}\cos mx\cos nx\mathrm{d}x = \begin{cases} 0, & m \neq n \\ \pi, & m = n \end{cases}$

145. $\int_{-\pi}^{\pi}\sin mx\sin nx\mathrm{d}x = \begin{cases} 0, & m \neq n \\ \pi, & m = n \end{cases}$

146. $\int_{0}^{\pi}\sin mx\sin nx\mathrm{d}x = \int_{0}^{\pi}\cos mx\cos nx\mathrm{d}x = \begin{cases} 0, & m \neq n \\ \dfrac{\pi}{2}, & m = n \end{cases}$

147. $I_n = \int_0^{\frac{\pi}{2}} \sin^n x \mathrm{d}x = \int_0^{\frac{\pi}{2}} \cos^n x \mathrm{d}x$

$I_n = \dfrac{n-1}{n} I_{n-2}$

$I_n = \dfrac{n-1}{n} \cdot \dfrac{n-3}{n-2} \cdot \cdots \cdot \dfrac{4}{5} \cdot \dfrac{2}{3}$ （n 为大于 1 的正奇数），$I_1 = 1$

$I_n = \dfrac{n-1}{n} \cdot \dfrac{n-3}{n-2} \cdot \cdots \cdot \dfrac{3}{4} \cdot \dfrac{1}{2} \cdot \dfrac{\pi}{2}$ （n 为正偶数），$I_0 = \dfrac{\pi}{2}$

附录3 几种常用的曲线

(1) 三次抛物线

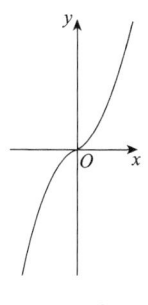

$y = ax^3$

(2) 半立方抛物线

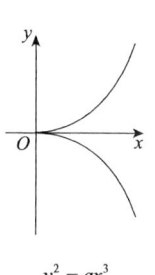

$y^2 = ax^3$

(3) 概率曲线

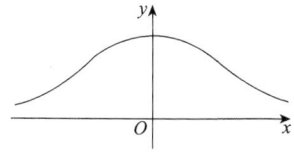

$y = e^{-x^2}$

(4) 箕舌线

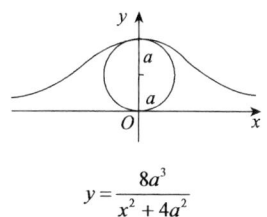

$y = \dfrac{8a^3}{x^2 + 4a^2}$

(5) 蔓叶线

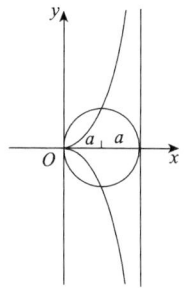

$y^2(2a - x) = x^3$

(6) 笛卡儿叶形线

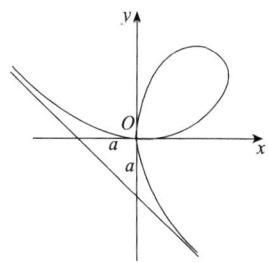

$x^3 + y^3 - 3axy = 0$

$x = \dfrac{3at}{1+t^3}, \, y = \dfrac{3at^2}{1+t^3}$

(7) 星形线(内摆线的一种)

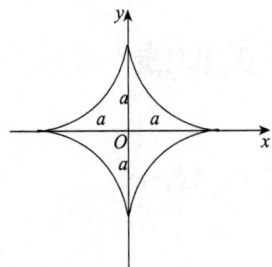

$$x^{\frac{2}{3}} + y^{\frac{2}{3}} = a^{\frac{2}{3}}$$
$$\begin{cases} x = a\cos^3\theta, \\ y = a\sin^3\theta \end{cases}$$

(8) 摆线

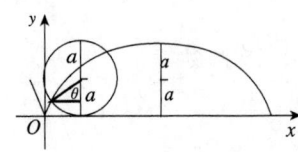

$$\begin{cases} x = a(\theta - \sin\theta), \\ y = a(1 - \cos\theta) \end{cases}$$

(9) 心形线(外摆线的一种)

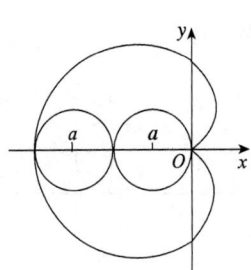

$$x^2 + y^2 + ax = a\sqrt{x^2 + y^2}$$
$$\rho = a(1 - \cos\theta)$$

(10) 阿基米德螺线

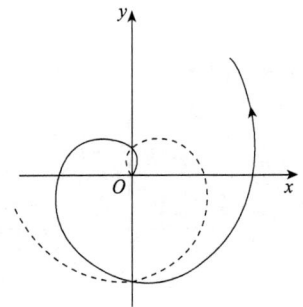

$$\rho = a\theta$$

(11) 对数螺线

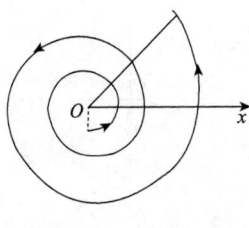

$$\rho = e^{a\theta}$$

(12) 双曲螺线

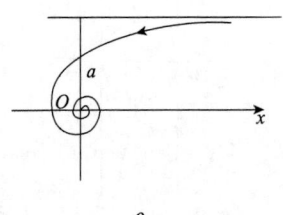

$$\rho\theta = a$$

(13) 伯努利双纽线

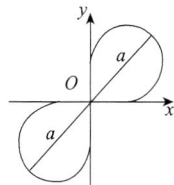

$(x^2 + y^2)^2 = 2a^2 xy$
$\rho^2 = a^2 \sin 2\theta$

(14) 伯努利双纽线

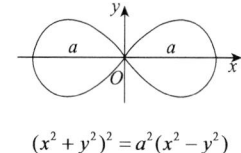

$(x^2 + y^2)^2 = a^2(x^2 - y^2)$
$\rho^2 = a^2 \cos 2\theta$

(15) 三叶玫瑰线

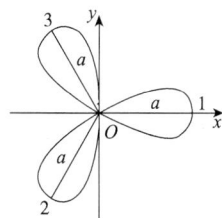

$\rho = a \cos 3\theta$

(16) 三叶玫瑰线

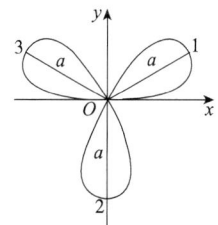

$\rho = a \sin 3\theta$

(17) 四叶玫瑰线

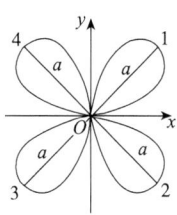

$\rho = a \sin 2\theta$

(18) 四叶玫瑰线

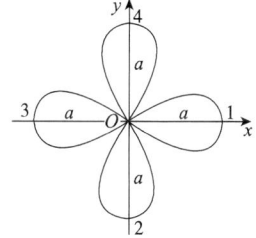

$\rho = a \cos 2\theta$

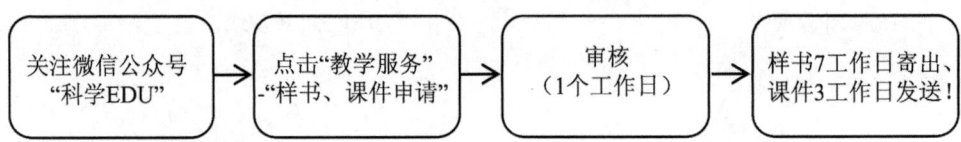

教师教学服务指南

为了更好服务于广大教师的教学工作，科学出版社打造了"科学 EDU"教学服务公众号，教师可通过扫描下方二维码，享受样书、课件、会议信息等服务.

样书、电子课件仅为任课教师获得，并保证只能用于教学，不得复制传播用于商业用途. 否则，科学出版社保留诉诸法律的权利.

关注微信公众号"科学EDU" → 点击"教学服务"-"样书、课件申请" → 审核（1个工作日） → 样书7工作日寄出、课件3工作日发送！

科学EDU

关注科学EDU，获取教学样书、课件资源

面向高校教师，提供优质教学、会议信息

分享行业动态，关注最新教育、科研资讯

学生学习服务指南

为了更好服务于广大学生的学习，科学出版社打造了"学子参考"公众号，学生可通过扫描下方二维码，了解海量经典教材、教辅、考研信息，轻松面对考试.

学子参考

面向高校学子，提供优秀教材、教辅信息

分享热点资讯，解读专业前景、学科现状

为大家提供海量学习指导，轻松面对考试

教师咨询：010-64033787　QQ：2405112526　yuyuanchun@mail.sciencep.com

学生咨询：010-64014701　QQ：2862000482　zhangjianpeng@mail.sciencep.com